廿载履职录

写在绿水青山间的环境法论文

黄梅贤题

廿载履职录

写在绿水青山间的环境法论文

吕忠梅　著

中国文史出版社

时间向左　记忆向右（代序）

　　年轻时，总听老教授们说，到六十岁就可以写体系书了。有些不解，为何要到六十岁而不是更早，为何只写学术性的体系书而不写点更随性的什么书？那个时候，每每说到六十岁写体系书的事情，偶尔也会闪过一丝念头，自己也会这么做吗？

　　转瞬之间，六十花甲与从教四十年接踵而至，学生们提议做一本学术总结的书。我笑言：体系书情节代代相传，必须赓续；但我还有多年来穿行于学术与实践的体验与感悟，特别是担任全国人大代表、政协委员的经历与成果，似乎更应总结。

　　我自 2003 年担任第十届全国人大代表至今已逾二十年，其间既有第十二届全国人大代表和政协委员的"双跨"，也有第十二届、十三届全国政协社会和法制委员会驻会副主任的过往，还有重返第十四届全国人大代表的今天。作为农工民主党党员和法学研究工作者，二十多年的履职实践中，见证了许多人民共和国的重要历史时刻，参与了一些国家治理的重大实践，真切地体会着中国根本政治制度和基本政治制度的成长与进步，也深刻地感受着代表、委员在中国政治制度中的功能与作用，可以分享的经历与故事有很多。

　　往事历历在目，但选择令人踌躇。开始进行相关资料整理后才发现，要真正确定分享什么、与谁分享、怎么分享，并不容易。与二十年代表、委员履职相伴随的，是我在法律教学科研、法院审判与管理、企业挂职锻炼、大学行政管理、全国政协机关等不同岗位的历练，仅作为代表、委员提出的议案、提案、建议涉及经济社会发展的各个领域，且与我在当时工作中听到、看到的现象、问题相关。如果把这些内容简单汇总，显然与初衷南辕北辙。

放弃纠结需要契机，得来并非意外。在人大会上，和一位记者朋友聊天，他告诉我，从十多年来"两会"期间对我的采访中，可以清晰地看到中国环境法治的发展情况，是非常好的历史记录素材。就这样不经意间作出了决定：把这些采访整理出来就好。

作为环境法专业研究者，为环境法治建言是我履职二十年来始终没有停止过也没有改变过的方向。接受记者采访，在交谈中呈现的观点与态度，既不会用程式化的建言文本话语，也不能用学术化的理论逻辑表述，语言相对轻松活泼。采访所记录的场景与话题，具有明显的时代印记和宏观背景，对相关事件的即刻评论、解读以及对未来的期许，既是环境法理论研究成果的实践转化，也是在实践中检验理论研究成果的绝佳机遇。如果说，法律人的最高目标和最大梦想是能够将自己的研究成果转化成为正式的法律加以实施；那么，这些采访则客观地记录了一个法律人追求目标的脚步、实现梦想的时刻，是呈现在中国环境法治实践中的环境法学论文。

于是，从已经整理的相关素材中，提取"两会"期间接受与环境法治建设相关的采访资料，并与提交的全国人大会议议案、建议和全国政协会议提案、建议相互核对。数十万字的资料摆在面前，再次取舍时，少了很多犹疑，多了些许感慨：

补短板、填漏洞、强体系、提质量的"统筹立改废释纂"立法思路日益清晰。从 2003 年第一次提出制定长江法的议案，到 2020 年十三届全国人大第二十四次常委会通过《长江保护法》；从关于是否需要《环境保护法》的争论，到 2014 年十二届全国人大第八次常委会通过《环境保护法修订案》；从自然保护地体系立法的路径讨论，到2024年9月《国家公园法（草案）》提请十四届全国人大第十次常委会初次审议；从污染防治类法律、资源保护类法律的修改议案、建议，到2017年提出将编纂环境法典纳入第十三届全国人大立法规划，再到2021年将编纂环境法典列入年度立法计划三类项目，到2024年正式启动生态环境法典编纂。中国生态环境立法的模式从"成熟一个制定一个"转向统筹规划、系统推进、协同共进，立法方式从以创制为主转向统筹创制与清理、编纂和解释、废止法律等，一个以统一的环境法价值为引领，具有系统性、整体性、协同性、实效性的可持续发展环境法律规范体系建设正在路上。

重源头、管过程、严后果、促实效的"共建、共治、共享"现代环境治理体系愈加明确。从2003年开始连续多年提出建立专门环境法庭，到2014年最高人民法院成立环境资源审判庭，再到今天已设立的两千多个环保法庭、环保合议庭，中国已建成世界上唯一覆盖全国各级法院的生态环境审判系统；从2004年开始提出在中国建立环境公益诉讼制度，到2007年贵州省贵阳市受理中国第一起环境公益诉讼案件，2015年全国人大常委会授权最高检开展检察机关提起公益诉讼试点，再到今天，由环境公益诉讼、生态环境损害赔偿诉讼、海洋环境损害赔偿诉讼等组成的具有中国特色的生态环境公益诉讼制度已成体系。从建议生态环境保护领域应问责政府、党政同责，生态环境保护应以保护公众健康为核心，加强可持续发展城市建设、加大农业农村污染防治力度、关注水安全保障，到中央环保督察、建立党政同责一岗双责体制机制、"健康中国行动"计划、美丽乡村建设，等等。中国的生态环境治理思路从末端治理方式向"源头严控、过程严管、后果严惩"的"大环保"格局拓展，治理方式从"督企"到"督政"、从"分部门管理到统一监督管理"的体制转变，治理体系从行政监管为主到中央环保督察、人大执法检查、行政综合执法、社会公众参与、司法保驾护航的"多元共治"方向发展，生态环境治理的体系与能力现代化稳步进入法治轨道。

　　这里记录的，是时代的缩影、环境法治的进程。在这里，我保留了对一些问题的不同看法甚至不正确认识，也保留了至今仍未被接受的意见建议。整理过程中，仅做了文字删减或者语句通顺，没有做观点、意见的修改，以为读者留下一份以个人视角观察社会、观察国家的完整资料。我深知，自己不过是时代浪潮中的一朵浪花，之所以能够被听见、被记录，是因为机缘巧合融入了全面依法治国的洪流，在大浪淘沙中奔向远方。

　　非常感谢第十三届全国政协社会和法制委员会副主任、民政部原部长黄树贤先生，欣然应允为我题写书名。黄部长以他博古取精、诗韵流布的书写，传递出个人与时代的精神气象相融合、传承历史与复兴未来而前行的感染力，使这份履职记录具有了一种平和的灵动！

　　未来已来，将至已至，行而不辍，未来可期！相信还会有下一本履职录，记载更加美好的中国景象！

吕忠梅

2024 年 11 月 3 日于星火西路八号院

目 录

第十一届全国人大代表履职（2008—2012）

第十二届全国人大代表履职（2013—2017）
第十二届全国政协委员履职（2015—2017）

第十三届全国政协委员履职（2018—2022）

第十届全国人大代表履职

（2003—2007）

发轫之始

首提制定长江法议案，建议修订

《环境保护法》，推动环境公益诉讼

2007年3月，全国人大十届五次会议期间，吕忠梅在人民大会堂

南水北调工程需要法治保障 *

南水北调工程是解决我国北方水资源严重短缺问题的特大型基础设施项目，建设这一工程的目的是通过跨流域的水资源合理配置，保障南北广大地区经济、社会与人口、资源、环境的可持续发展。南水北调工程这一关系到国家社会经济可持续发展的重大战略决策经过了几代水利专家及有关方面的充分论证、精心选比、科学设计，整体方案已经相当成熟，我们坚决拥护并十分希望该工程能尽快实施，以造福于人民。但是，南水北调工程的影响与作用绝非仅限于工程本身，工程沿线地区必将随着水资源配置的变化出现新的经济与社会发展方面的变化，也必将出现利益格局的调整与变化，产生利益冲突。

从世界上建设有大型调水工程国家的成功经验看，实行法治化是建设和管理调水工程的重要手段，几乎每一个大型调水工程都有专门的立法加以管理，通过规范有关主体的权利义务和责任建立必要的调水与管水秩序，防止出现矛盾、纠纷与冲突。我们应借鉴发达国家的先进经验，通过立法建立适应市场经济规律的南水北调管理机制，规范各种主体的权利义务与责任，实现依法调水、依法管理。依法管理、依法调水，是南水北调工程正常运转

---

* 本文原载于中国广播网 2003 年 3 月 8 日，记者伍刚，原标题为《吕忠梅代表：关于制定专门法律实现依法调水的建议案》。

的保障，也是形成和发展新经济带的法律基础。当前，应在《水法》已经确立的水资源流域管理和区域管理并重、水质水量统一管理的体制基础上，在《水法》已经建立的水功能区划制度、水资源有偿使用制度、取水许可制度、水价确定原则、节约用水制度、生态用水保护制度、水污染防治与水资源开发利用协调并重制度的原则指导下，制定专门的《南水北调法》，根据南水北调工程以及相关经济带发展的特点，建立科学合理的法律制度体系。为此，提出如下具体建议：

1. 以法律形式明确南水北调工程的指导思想与目标任务，从可持续发展的高度，建立南水北调工程以及沿线经济带建设的规划计划制度。将其纳入国民经济和社会发展长期规划。南水北调沿线经济带形成的基础和得以发展的核心是水资源配置与经济资源配置的有机结合。建议规定国家有关部门在制订工程地区的水资源可持续利用规划的基础上，制订出沿线地区的经济发展规划、社会发展规划和环境保护规划，实现以水资源配置带动其他经济资源配置，促进沿线地区优势互补，通过培育共同的水市场以尽快实现水资源的优化配置与市场化配置，使南水北调工程沿线地区成为我国重要的经济增长带。

2. 从可持续发展的高度，统筹兼顾眼前利益与长远利益以及工程沿线不同利益主体的权益，建立沿线地区经济社会发展的长效协调机制。以工程建设为契机，促进调水区、输水区和受水区经济、社会、生态的协调发展，是实现"三个代表"重要思想的时代要求。南水北调工程应该是一条纵贯南北、双向流动的致富渠道，立法调整沿线各相关权益方的利益，应从维护中华民族兴旺发达的长远利益出发，未雨绸缪，从长计议，先务虚，后务实，积极探讨市场经济条件下的协调发展机制，深入研究南水北调工程所可能带来的对资源、经济、人口、社会等方面新的影响和问题，研究调水区、输水区、受水区不同的利益需求以及平衡协调机制，从国家管理和市场配置两个方面建立协调发展机制，以市场协调机制为基础，国家行政协调机制为补充，建立彼此之间的优势互补、共同发展的协作关系，努力实现市场经济条件下各方利益的动态平衡。除了政府间的合作以外，应鼓励各地政府出台优惠政策，扶持企业、社会团体之间的合作。例如，鼓励受水区的企事业单位到库区定点营造生态林、帮建移民希望小学、捐资保护库区文物和国家重点地质遗迹、投资创办生态农业基地和生态园区，在人力、物力和财力等方面支持水源的污染治理，安排调水区的干部和企业家到先进的受水区对口单位挂职锻炼，促进技术、信息、智力资源的交流和沟通，等等。

3. 通过立法打破地区、部门界限，立足整个经济带的可持续发展考虑和解决调水区的移民和生态补偿问题。加坝和移民是工程尽快建设的关键，调水区的生态补偿则是工程完工、实现调水后必须解决的重点难题。解决这两大难题必须遵循可持续发展的原则，受水区的发展必须以不破坏调水区的可持续发展能力为前提，否则整个工程的目标将不可能实现，坝上用水与坝下用水的规划协调，生活、生产、生态用水的统筹兼顾是实现可持续发展的必然选择。为此，应按照受益者负担原则和水源地优先原则，确立沿线受水区的库区移民和生态补偿义务和责任，积极鼓励受水区为库区移民和生态补偿尽责尽力，承接库区移民，帮助水源区进行生态建设和环境保护，发展绿色生态农业，在确定今后的水价中，要考虑对调水区的生态补偿费用，等等。

总之，希望全国人大常委会尽快启动立法程序，就南水北调工程及其相关经济带发展的问题进行综合立法，合理调整各种利益关系，确保依法调水，确保工程建设以及工程效益的发挥。

公民环境权"入宪"至关重要 *

"目前我国公民环境权立法遭遇的最大问题是宪法中没有写入环境权条款。"十届全国人大代表、中南财经政法大学法学院教授吕忠梅认为。

吕忠梅教授指出，我国保护生活环境和生态环境方面的法律，更多地强调国家的职责，对于公民，只是强调有同一切破坏、污染环境的单位和个人作斗争、举报控告的权利，而没有从公民的角度宣告环境权。

吕忠梅说："强调国家的环境保护职能，固然可使公民获得一些环境权益的保障，但这不能直接称为环境权。"因为在任何一个确立了公民环境权的国家，环境权都是作为宪法权利来保障的，它是一项人权性条款。

由于目前我国的宪法及专门法实施条款中没有明确规定公民的环境权是一项法定权利，导致现实生活中，环境虽然受到污染，但没有给居民造成身体损害、财产损失时，公民无法行使诉权。因为法院受案依据的是《民法通则》中的有关条款，公民只有在身体健康受到损害、财产受到损失的情况下，才能去法院起诉。对于环境污染事件，公民只能向环保部门举报，加上民法、刑法等法律保护力度不够，公民遇到这类事件告状无门，处理起来有一定难度。吕忠梅说，如果依据公民环境权，公民就可以随时行使这项权

---

* 本文原载于《中国青年报》2004 年 8 月 13 日，记者崔丽，原标题为《吕忠梅：环境权条款应写入宪法》。

利。"所以，目前为公民环境权立法最重要的是将之写入宪法，在国家尊重和保护人权的规定中占有一席之地，或对《环境保护法》进行修改，加入公民环境权条款。"

《环境保护法》应该"大修"*

　　"1989 年颁行的《中华人民共和国环境保护法》对于保护和改善环境质量，促进经济、社会、环境协调发展起到了积极的作用。但从它实施过程中暴露的问题看，这部法律已经不能满足中国社会经济发展的要求，亟须进行修改。"全国人大代表、湖北省高级人民法院副院长吕忠梅联合 32 位全国人大代表，向全国人大递交了一份《关于修改〈环境保护法〉的议案》。

　　吕忠梅对记者说，受时代的局限，现有的《中华人民共和国环境保护法》没有彻底贯彻"可持续发展"的观念，在立法宗旨、原则设定、制度安排方面不能全面体现协调、可持续发展的精神；该法没有重视市场对环境资源的基础性配置作用的发挥，制度设计基本上是以计划、管制手段为主；它也没有完善的环境法律责任制度以及责任追究的程序制度，环境违法行为的法律后果不明，法律救济途径不畅。为此，这份议案建议：

　　1. 要明确将实施可持续发展战略作为环境基本法的立法宗旨，确立可持续发展的法律地位。

　　2. 按照法治政府建设的精神，明确国家环境管理权力与公民环境权利。

　　3. 确立国家环境管理的基本体制，打破行政区划，按照生态规律设置

---

* 本文原载于《科技日报》2004 年 3 月 14 日，记者李大庆、于小晗、刘恕，实习生佘超龙，原标题为《人大代表建言献策》，略有修改。

以生态区域管理为主的新型管理体制。规定环境管理的权力分配、协调、运行、监督的基本规则。吕忠梅解释说，我国的《大气污染防治法》《水法》都已打破行政管理区划，实行流域管理或大气循环的区域管理，这更符合生态环境保护规律。因此，《环境保护法》也应该遵循生态规律，建立跨行政区划的生态区域管理体制。

4. 确立公民环境权，并规定环境权与民事权利、行政权力的关系及协调原则。吕忠梅认为，国家要承担环境管理的责任，公民则应享有在健康和良好环境中生存的权利。

5. 完善环境责任制度，明确规定环境责任的构成要件与法律后果，规定环境法律责任的社会性、公益性判断标准。吕忠梅强调，环境违法行为一定要受到法律追究，因环境污染和生态破坏造成人身和财产损害的需要赔偿，构成犯罪的就要判刑。

6. 建立专门的环境纠纷解决程序制度，根据环境权运行的特殊性，确立环境司法救济以及其他救济的方式与程序。吕忠梅说，要明确环境官司如何打。因为环境污染和生态破坏引发的纠纷不同于一般的诉讼，取证很困难，公民的权利有可能得不到保护。

目前，国内有观点认为，现在已经对多部环境保护单行法进行了较大修改，并吸收了一些国外的先进制度，如果将单行法修改好了，就可以废止《环境保护法》。吕忠梅不同意这种观点，她强调《环境保护法》的基本法地位是单行法所无法取代的，我们必须要有一部环境保护的基本法。

环保公益诉讼需慎重论证 *

全国政协委员梁从诫提出的尽快建立健全环保公益诉讼制度的提案，引起了全国人大代表、湖北省高级人民法院副院长吕忠梅的兴趣。

吕忠梅是国内较早从事《环境保护法》研究的学者。她认为，目前在我国推进环境公益诉讼，充分发挥司法在保护环境中的作用确实非常有必要，但建立环境公益诉讼制度需要经过充分论证。目前，在提起环境公益诉讼尚无法律依据的情况下，谁能代表公共利益提起公益诉讼，进入司法程序后，当事人的诉讼权利如何分配，都是当前遇到的最大障碍。

环保局是行政管理机关，既是环境政策的制定者，也是法律的执行者，环保局不可以再代表公共利益提起诉讼。学界更多主张把提起环境公益诉讼的权利交给检察机关，但吕忠梅认为，在我国的司法体制下，检察院是法律监督机关，享有法律监督权；如果要把代表环境公共利益的起诉权交到检察院，需要重新定位检察机关的职权，并设置专门机构，有人力、物力保障。

"这绝非小事一桩，涉及整个司法资源的重新配置，需要有宪法和法律授权。"

国外的环境公益诉讼，基本上是由环保公益组织提起，不同国家法律

---

* 本文原载于《中国青年报》2005 年 3 月 7 日，记者崔丽、谢念，原标题为《人大代表回应政协委员：环保公益诉讼别操之过急》，略有修改。

对公益诉讼的定义以及相关案件的司法程序也有很大差异。当前，中国的环保公益组织并不多，能够真正代表公共利益的团体发育还很不成熟。在这样的情况下，是否可以授权公益组织作为环境公共利益代表？究竟能赋予其多大权力？

"在一些基本问题没有厘清的情况下，简单说公益诉讼就能促进环保，下这一结论为时过早。"

吕忠梅认为，我国现行法律中已经有涉及百姓个人环境权益保障的内容，如民法通则、民事诉讼法等，但由于这些法律规定比较原则、可操作性不强，使得法官在审理环保案件时，裁判标准不明确，无过错责任应如何确定不清楚，十分为难。

吕忠梅代表认为，当务之急在于在《环境保护法》中明确建立环境保护司法制度，包括建立环境公益诉讼制度。为此，她提出了修改《环境保护法》议案，建议使之成为一部环境基本法，确立公民环境权，规定环境权与民事权利、行政权力的关系与协调原则；完善环境责任制度，明确规定责任的构成要件与法律后果及其责任追究程序。

充分发挥法律在调整人与自然关系方面的作用 *

　　3月8日晚，一直致力于环境保护事业的全国人大代表、湖北省高级人民法院副院长、中南财经政法大学教授吕忠梅做客 TOM 网站，就环境立法、环境公益诉讼制度等"两会"热点话题与网友进行了交流。

　　主持人：大家好！

　　主持人：欢迎吕忠梅代表做客 TOM 网站，今天是"三八"妇女节，吕代表穿得很漂亮来到了 TOM 网站，希望今天晚上能跟大家有一个交流。网友如果有什么问题可以随时发问。

　　吕忠梅：今天是"三八"妇女节，首先祝姐妹们节日快乐。

　　主持人：我们知道您的身份是湖北省高级人民法院副院长。

　　吕忠梅：对，我还是中南财经政法大学的教授。

　　主持人：您是一个学者型的法官，您这次主要提了哪些议案和建议呢？

　　吕忠梅：本届人大常委会已经公布了立法规划，看到自己前几年提出来的几个议案已经列入人大常委会的立法规划和年度立法计划，非常欣慰。今年主要是结合自己的工作和研究，提出了几件建议。一是与我现在的法院工作相关，有修改《法官法》相关内容、促进司法体制改革、解决法院的经费保障

---

* 本文原载于 TOM 网 2005 年 3 月 8 日，原标题为《人大代表吕忠梅做客 TOM》，有删减。

问题等方面的建议。二是结合我从事的环境资源法学研究，从法律更好调整人与自然的关系角度，针对正在制定的《物权法》，如何处理物权法与环境资源立法的衔接提出了一些建议。

另外，目前的环境立法本身，已经不能适应经济社会发展的需要。尤其是从协调人与自然的关系，构建人与自然、人与人双重和谐的社会秩序的角度，如何采取应对的措施，需要尽快完善法律，使得我们的法律在调整人与自然关系方面更好地发挥作用。

主持人：吕代表，一些环保人士提出建立环境公益诉讼制度，请谈一下您的看法？

吕忠梅：这是一项在国外实行得非常好的环境保护制度，值得借鉴。从西方发达国家走过的环境保护道路看，推动环境保护发展有两只轮子，一只轮子是完善的立法，另一只轮子是社团（民间组织）的发展。公益诉讼实际上是通过立法赋予社会组织有代表环境公共利益的资格，允许他们在政府不作为或者不能作为时，以公共利益代表者的身份到法院提起诉讼，要求法院判决政府履行环保义务，或者判决污染企业承担法律责任。像美国的集团诉讼、公民诉讼制度，都明确了不同社会团体的法律地位，为社会公众参与环境保护提供更广阔的舞台和阵地，也掀起了环保运动的高潮。所以，在西方国家，公益诉讼是促进环境保护非常有意义的一项制度。中国学者对这一制度已经作了很长时间研究，一直高度关注，从1979年《环境保护法（试行）》到1989年修订的《环境保护法》，学者们都在建议建立这项制度。

在中国建立公益诉讼制度，需要有一定的基础条件。首先是完善现行的诉讼法，因为在诉讼法体系中，公益诉讼是比较特殊的制度安排，需要放在中国司法体制、诉讼体系的大背景下考虑。比如，中国实行刑事诉讼、民事诉讼、行政诉讼三大诉讼分立的诉讼体制，与国外已经建立公益诉讼制度的国家有很大差别，不同体制下的公益诉讼制度应该会有所不同。其次要有社会公益组织的成熟。中国过去实行计划经济体制，没有社会公益组织存在和发展的空间；现在正在进行社会主义市场经济体制改革，在体制转轨的过程中，国家虽然出台了一些培育社会组织的政策，鼓励除了政府和个人以外的中间力量，也就是国外所称的第三集团——非政府组织的发展，但一直发展得不是很好。从国际经验看，非政府组织的充分发展和作用发挥，是建立公益诉讼制度的社会基础。在我国，社会组织的数量和能力都比较弱小，是否能够建立和国外一样的公益诉讼制度，也是疑问。

在我看来，在中国建立环境公益诉讼制度有它的必要性，但是不是只要建立了公益诉讼制度就能解决环境保护的所有问题，值得认真思考。还有，在中国的司法体制和诉讼体系下，环境公益诉讼制度应如何建立、如何发挥作用？等等，都还有很多值得慎重研究和深入探讨的地方。要让一项国外好的制度在中国真正发挥功能和作用，必须认真研究它在中国建立和实施到底需要哪些条件，在法律上还有哪些障碍，需要缜密论证以后才能得出结论。

目前，我们已有的环境保护制度，比方说环境污染损害赔偿制度，也可以发挥环境保护的功能，但因为具体诉讼程序的缺失，使得这些制度都没有很好地发挥作用。

因此，我觉得应先把现有的制度实施问题解决好，让它能够真正运行起来，再去根据中国的国情，发展公益诉讼制度，才能把好事办好。

主持人：您工作很繁忙，平常怎么协调各种角色呢？

吕忠梅：就是始终找准自己的角色和位置，该做什么事的时候，以自己应有的角色最快最高效地完成自己的工作。做法官的时候，以最短的时间高效地完成法官的角色；回到家的时候，完成妻子、母亲的角色；到学校的时候，完成好教师的角色。就是牢记自己在不同时间和不同时候应该以不同的角色出现。

主持人：我们很高兴今天跟吕代表在 TOM 网站就"两会"的热点话题跟网友进行了分享。时间过得很快，我们今天的访谈就到此结束。

吕忠梅：谢谢您，谢谢 TOM 网站的网友！

主持人：也谢谢您！

《固废法（修正案）》的五大亮点 *

2004 年末，吕忠梅教授接受全国人大常委会的邀请，列席了第十届全国人大常委会第十三次会议。吕教授之所以受邀列席全国人大常委会，是因为此次会议审议通过的《中华人民共和国固体废物污染环境防治法（修正案）》[以下简称《固废法（修正案）》]，吕教授此前以环境资源法领域专家代表的身份参与《固废法（修正案）》草案的论证和修改过程。为此，我们就《固废法（修正案）》的审议及有关情况专门采访了吕忠梅教授。

《固废法（修正案）》的审议情况

谈起审议情况，吕教授十分兴奋。她告诉我们：这次人大常委会是对《固废法（修正案）》的二审，审议的是已经根据一审时各方面提出的意见进行修改后的新草案。二次审议时听取大家意见建议后，又在充分吸纳全国人大常委会委员、人大代表以及专门委员会的意见和建议的基础上，再次作了修改。正式表决通过的《固废法（修正案）》，实际上是第三次修改的草案。

---

* 本文原载于环境法研究网 2005 年 3 月 8 日，作者陈海嵩、邱阳平、熊晓青，原标题为《审议归来话新法——吕忠梅教授谈〈固废法〉修正案》，略有修改。

审议过程充分体现了民主立法、科学立法、依法立法的特点。

令吕教授特别高兴的是，这次她在审议中提出的三点建议都得到了采纳：一是将"保障生态安全"作为立法宗旨或者基本原则；二是将"限期治理"的决定权赋予环境保护部门；三是重视农村的固体废物污染问题，采取适当方式对农村的问题进行规定。

吕教授说，虽然《固废法（修正案）》是在原《固废法》基础上的修改和补充，属于"中修"。从总的框架上似乎看不出大的变化，结构与体例基本未动，仅将原《固废法》第三章第三节的名称由"城市生活垃圾污染环境的防治"改为"生活垃圾污染环境的防治"，条文由原来的 77 条增加到 91 条。但将修改前后的法律条文进行仔细对比，便可以发现似乎不大的修改中蕴含着一些大变化：

从条文修改幅度看，《固废法（修正案）》修改和新增的条文达到 51 条，完全保留的 40 条，修改幅度超过 65%。更为重要的是，无论是章节名称还是条文的修改都贯穿着一种新的理念，制度创新是为了实现"维护生态安全""促进经济社会可持续发展"的立法宗旨；同时，也考虑了法律规范的科学性以及中国建立社会主义市场经济体制的需要。因此，准确理解《固废法（修正案）》，需要全面分析该法各个层面的问题。

《固废法》的修订背景

吕教授从两个方面说明了《固废法（修正案）》出台的必要性。

1. 中国固体废物污染情况严重

我们都知道固体废物严重危害环境，但固体废物的危害到底有多大，以及我国目前的固体废物污染的现状并不是每个人都十分清楚。

人们的生产和消费活动必然会产生固体废物，对固体废物处置不当，一旦进入环境就会导致危害人体健康或财产安全、破坏自然生态系统、降低环境质量的后果。固体废物污染是世界上公认的四大公害之一，危害巨大：首先，大量固体废物堆放占用土地，不仅会导致土地资源短缺，更可怕的是其中的有毒有害物质通过渗透可能改变土壤的性质和结构，造成土壤污染；其次，大量直接排入水体的固体废物，严重影响和危害水生生物的生存和水资源的利用；长期堆积在陆地上的固体废物经过雨水浸淋及其自身的分解及渗出液和滤沥进入水循环，也会污染江河湖泊以及地下水；再次，固体废物中的细粒、粉尘还会随风飞扬，污染大气；最后，固体废物堆置不当还可能导致事故性灾害，如造成农田、村庄被淹没和人员伤亡等，一些易燃易爆和腐蚀性、剧毒性的危险废物不仅造成即时性的严重灾害，还会对环境造成持续性危害。

近年来，随着我国工业化、城市化的发展以及人民生活水平不断提高，固体废物产生量持续增长。资料显示，中国工业固体废物产生量从 1996 年的 6.59 亿吨增加到 2001 年的 8.88 亿吨，每年增长 7%；城市生活垃圾清运量由 1996 年的 1.08 亿吨增加到 2001 年的 1.35 亿吨，每年增长 4%，虽然集中处理率达到了 58.2%，但无害化处理率仅为 20% 左右。十分突出的问题有：一是固体废物处置能力明显不足，导致工业固体废物（很多是危险物）长年堆积，中国许多城市都被垃圾包围着，一些地方为争夺垃圾堆放地发生剧烈冲突；二是固体废物处置标准不高，管理不严，不少工业固体废物仅仅做到简单堆放；三是农村固体废物污染问题日益突出，畜禽养殖业污染严重，大多数农村生活垃圾根本没有处置；四是电子产品的使用量不断增加，电器更新速度明显加快，废弃电器产品等新型废物不断增长，造成新的污染。

2. 原《固废法》存在一定缺陷

原《固废法》是 1995 年 10 月 30 日由六届全国人大常委会审议通过，于次年 4 月 1 日起施行的。客观地说，这部法律是我国固体废物污染防治的一座里程碑，在很长一段时间内发挥了巨大的作用，其历史地位不容低估。但其自施行至今已有 8 年之久，而这 8 年正是中国市场经济发展最迅速的时期，也是环境污染越来越严重的时期。在新的历史条件下，中国固体废物污染防治工作也出现了许多新情况新问题，使得原《固废法》难以适应新形势的需要：

在立法目的上，原《固废法》仅为"防治固体废物污染环境，保障人体健康，促进社会主义现代化建设发展"，这里的"发展"显然还是指传统发展观下的"经济发展"，没有体现可持续发展的理念和精神。

在调整范围上，原《固废法》还有一些规制真空。如未将农村固体废物纳入固体废物管理体系，但在现实中，农村固体废物污染至少不比城市的污染程度轻，而且农村固体废物污染的后果有相当部分是由城市承受。化肥、农药的过度使用造成严重的水污染和土壤污染，农作物生长在被污染的土壤中或由污水灌溉，被污染的农产品大量供应给城市，城市居民是最终受害者。

在管理措施上，原《固废法》也存在缺陷，一是有些方面根本没有建立相应的管理制度，二是有的管理制度不够完善、实施效果不好。如对进口固体废物的管理制度极不完善，连什么是进口固体废物都没有规定清楚，导致近年来"洋垃圾"事件频频发生；再如危险废物管理方面也存在着对处置设施的规定、长期贮存不处置的后果、应急措施的强制性规定不够完善的问题。

在污染防治的责任负担上，原《固废法》没有全面体现污染者负责原则，责任主体范围狭窄，责任内容不全面。如仅对生产过程中的污染防治责任作了比较系统的规定，对使用后的产品和包装的回收、利用及处置的污染防治责任基本没有涉及；还有责任主体只有生产者，没有明确规定除生产者以外的应对其产生的固体废物承担污染防治责任的主体，等等。

在法律责任及其追究上，原《固废法》对违法行为的责任追究力度不够。因为违法成本低，形成对一些环境造成极大破坏的污染者的负向激励；另外，没有规定监督管理人员的违法后果和责任，权力懈怠、权力滥用都没有相应的法律约束。

《固废法（修正案）》的亮点

吕教授说，刚才所讲到的《固废法（修正案）》存在的问题，不仅仅是学术研究的成果，也是全国人大常委会在决定启动《固废法》的修改前，经过多次调研，反复分析论证得出的结论。此次修改的主要内容，也正是针对这些问题展开的。《固废法（修正案）》不仅仅是条文增加与结构微调，更重要的是观念的更新与制度的完善。吕教授归纳了此次修法值得高度关注的"亮点"。

亮点一：增加立法宗旨，"维护生态安全"首次入法

生态安全问题是实现可持续发展的基础和前提条件，也是当今国际社会高度关注的问题。我国虽然有学者提出了相关的立法建议，但从来没有正式出现在立法中。《固废法（修正案）》第一次将"维护生态安全"作为立法宗旨加以规定，不仅是在立法中增加了一个概念，而是对可持续发展理念的进一步深化与细化，更明确地体现了将生态安全作为国家安全、民族安全、社会安全的重要组成部分的现代发展观。我们知道，生态安全一般指对社会运行的威胁，是各种生态环境问题已经或可能对人们的现实生活造成破坏性影响的风险问题。在战略意义上，维护生态安全包括两层基本含义：一是防止由于生态环境的退化对经济基础构成威胁，主要指环境质量状况低劣和自然资源的减少和退化削弱经济可持续发展的支撑能力；二是防止由于环境污染、生态破坏和自然资源短缺，导致环境难民的大量产生，引发人民群众的不满，进而导致国家的动荡。实际上，我国生态安全形势已相当严峻：虽然我国的资源和能源总量居世界前列，但人均占有量很少，例如人均可耕地占有量为世界人均的50%、水资源为32%、矿产资源为47%、能源为39%、森林面积为14%，而且这些有限的资源还会随着中国人口基数的扩大而使其人均占有量进一步降低。这与中国快速发展经济巨大的资源与能源需求有极大矛盾，并已在一定程度上制约了中国的发展。因此，我们呼吁关注生态安全绝对不是故弄玄虚或者耸人听闻，而是一种强烈的社会责任感和忧患意识。《固废法（修正案）》将维护生态安全作为立法宗旨，是观念更新的重要体现，更重要的是，立法宗旨具有对法律的统领功能，对整个法律的适用、解释具有根本指导作用，意义更为深远。希望以《固废法（修正案）》为契机，今后有关环境资源法的修订，也都能将维护生态安全作为立法宗旨加以规定。

亮点二：扩大规制范围，明确将农村固体废物防治纳入立法

中国是一个农业大国，绝大多数人生活在农村，但由于农业生产方式和农村生活方式的局限，中国的农业污染与农村污染是一个不该被忽视的问题。但过去的污染防治立法很少将农业污染和农村污染纳入规制，立法者的初衷是认为中国的农业与农村污染控制采取严格措施与中国农村发展水平较低的国情不符，应该对农村"放一马"；但客观上容易给人造成农村的污染问题不被重视，环境保护只是为了城里人的不良感觉。《固废法》修改过程中，是否将农业污染与农村污染纳入以及建立哪些制度，也存在争议。经过反复论证，《固废法（修正案）》不仅将农业污染和农村污染纳入了调整范围，对种植、养殖业产生的固体废物提出了合理利用、预防污染的要求，对农村生活垃圾提出了清扫、处置的要求；而且专门规定："农村生活垃圾污染环境防治的具体办法，由地方性法规规定。"这是基于我国现阶段区域发展阶段不平衡的实际作出的规定，主要是考虑到大部分农村经济发展水平不高，基础设施薄弱，基本没有垃圾处理能力；但也有一些地方的农村发展得非常好，具有相当的实力和能力控制固体废弃物污染。将垃圾污染环境防治的具体办法授权地方立法更为符合中国国情。这样既可以将农业和农村的污染问题纳入法律调整的范围，避免出现法律调整空白，又可以通过授权立法方式视情制宜，考虑法律的可操作性和实施条件，使法律规制更为科学、更加合理。

亮点三：具体化污染者负担原则，体现循环经济理念

"污染者负担"是国际上通行的污染控制基本原则，如何将这一原则变为具有可操作性的制度，是一个十分重要的立法问题，直接关系到建立循环经济的动力以及资源节约利用。《固废法（修正案）》对此高度重视，相当多的修改都围绕这一原则和理念进行。如第五条明确规定："国家对固体废物污染环境防治实行污染者依法负责的原则。""产品的生产者、销售者、进口者、使用者对其产生的固体废物依法承担污染防治责任。"这就确立了有关主体的积极责任，明确了污染者在固体废物污染防治方面应履行的法定义务。同时，还建立了一些具体制度，进一步将污染者的责任予以明确：如生产者延伸责任制度扩大了生产者的责任范围，不仅明确和加大了生产者的责任，而且将生产者在固体废物污染防治方面的责任不仅限于生产过程，规定在产品销售后也要承担一定的责任。再如强制回收制度，规定生产、销售、进口依法被列入强制回收目录的产品和包装物的企业，必须按照国家有关规定对该产品和包装物进行回收，这对于固体废弃物的处理、资源的循环利用和环境质量的提高都有很大的意义。还有限制过度包装制度，近年来的调查发现，城市生活垃圾体积的30%由各种包装物构成。因此，《固废法（修正案）》第18条规定，国务院标准化行政主管部门应当根据国家经济和技术条件、固体废物污染环境防治状况以及产品的技术要求，组织制定有关标准，防止过度包装造成环境污染。这也是我国第一次用法律的形式从防治污染的角度对商品包装进行限制。

亮点四：合理配置权力，管理体制更加健全

从污染控制的角度看，建立有效的管理体制十分重要，管理体制的核心问题是相关行政权力的合理配置。尽管从理论上讲，环境保护行政主管部门作为各级人民政府的组成部门，是负责环境保护的职能机构，政府与环境保护行政主管部门在环境保护方面的利益和目标应该是一致的；但在现实中，政府集经济发展与社会公共管理职能于一身，当经济发展与环境保护发生现实矛盾时，政府的经济发展冲动往往占据上风。在这种情况下，环境管理权的配置直接关系到利益冲突时的价值导向和执行实效。过去的污染控制立法将一些对企业直接产生影响的禁限权都赋予了地方政府，实际体现的是经济发展优于环境保护的价值导向，并未真正贯彻经济发展与环境保护协调发展或者环境效益优先的价值取向。《固废法（修正案）》第一次将决定限期治理的职责赋予环境保护行政主管部门，真正体现了环境保护优先的价值取向，该法第81条规定："造成固体废物严重污染环境的，由县级以上人民政府环境保护行政主管部门按照国务院规定的权限决定限期治理；逾期未完成治理任务的，由本级人民政府决定停业或者关闭。"这实际上是对政府与环境保护行政主管部门权力的重新配置，赋予了环境保护行政主管部门以限期治理决定权，改变了原来从限期治理到停业和关闭都只授权给政府的模式，既为环境保护行政主管部门增加了法律手段，也是对政府经济发展冲动的一种客观限制。较之于过去的规定，这种权力配置方式更加合理，也更符合环境法的精神，可以使环境执法更加顺畅。

亮点五：完善程序规范，保障合法权益

有权利必有救济，国家在承担防治固体废物污染防治职责的同时，公民依法享有在不被固体废物污染的环境中生活的权利，这种权利的实现，需要一定的程序规范加以保障。《固废法（修正案）》在法律责任制度中，除继续规定环境污染损害赔偿的无过错责任以外，还对举证责任、环境监测、法律援助等程序问题作出较为明确的规定。该法第84至87条规定："受到固体废物污染损害的单位和个人，有权要求依法赔偿损失。国家鼓励法律服务机构对固体废物污染环境诉讼中的受害人提供法律援助"，"造成固体废物污染环境的，应当排除危害，依法赔偿损失，并采取措施恢复环境原状"，"因固体废物污染环境引起的损害赔偿诉讼，由加害人就法律规定的免责事由及其行为与损害结果之间不存在因果关系承担举证责任"，"固体废物污染环境的损害赔偿责任和赔偿金额的纠纷，当事人可以委托环境监测机构提供监测数据。环境监测机构应当接受委托，如实提供有关监测数据。"这些规定都有助于公民环境权益的保障与实现。

吕教授说，这些仅仅是对《固废法（修正案）》的初步解读，不一定十分到位与精准，在今后，还需要作进一步的理论分析与实践解读。

《固废法》还须进一步研究完善

吕教授说，《固废法（修正案）》虽然有了很大突破，但并非已经尽善尽美，从观念到文字都还有值得检讨的地方，还需要学界继续高度关注，通过更多的跟踪研究和实证分析，为该法的进一步完善提供理论支撑。她认为，主要有以下一些问题值得关注：

在立法理念方面，虽然"维护生态安全""促进可持续发展"作为立法宗旨写入，但从整个法律文件上看，体现并不十分充分。尤其是在制度体系中，对建立循环经济、实现清洁生产等全过程控制的理念贯彻不够，依然有较明显的末端控制、事后处理的倾向。在法律手段选择方面，仅有发挥市场机制功能的原则性规定，对市场手段与市场主体的权利规定不够。依然持以国家行政控制为主、以公法手段为主的立法思维。在法律制度的体系化方面，虽然对"固体废物"的分类进行了修改，比原《固废法》的分类更具合理性，但分类标准的同一性、分类的科学性等方面还值得推敲；虽然提出了固体废物的综合利用、清洁生产等问题，但与相关法律如《环境保护法》《清洁生产促进法》《水污染防治法》《大气污染防治法》等法律制度的沟通与协调问题并没有解决得很好。此外，立法语言还有待于进一步精准。如第3条为基本原则条款，第5条又出现了一个原则，令人费解。

当然，这些问题表现在《固废法（修正案）》上，很多都是中国环境立法存在的普遍性问题，问题的背后是环境法理论研究不能为立法提供有力的引导与支持的现状。因此，希望环境法的研习者们以高度的责任感和科学严谨的学风、缜密的法律思维做好环境法的理论研究，尤其是进一步加强对中国环境立法的实证性、实践性理论研究，从每一个小问题做起，力戒空谈，真正为中国的环境法制建设贡献力量。

环境案件审理难凸显制度缺陷 *

2005 年发生的松花江污染事件引发国际关注，中国国家环保总局副局长王玉庆表示，环保总局和监察部正在制定相关规定，对环境污染事故的责任人一定要追查到底。

环境维权举步维艰

"一个环境官司往往一打就是几年，而且还不一定有结果，即使有结果受害者也大多不满意。"中国政法大学环境法学教授王灿发如是说。

王灿发作为公益诉讼代理人代理的福建省屏南县 1643 名村民联名状告屏南县榕屏联营化工厂污染环境案，从 2002 年底，农民们将诉状递到福建省宁德市中级人民法院，到 2003 年元月初法院立案，再到 2005 年 5 月 11 日作出一审判决，就花了两年多时间。目前，案子还在二审阶段，没有结果。

如此艰难的环境维权案件远不止这一起。北京百旺家苑小区业主状告华北电网公司北京电力公司电磁辐射一案，历经一审、中国首例高压输电工程环境影响听证会等多个程序，折腾了一大圈至今也还在二审。

---

* 本文原载于星岛环球网，原标题为《立法缺失 环境维权难于上青天》，有删减。

司法在环保方面发挥作用有限

据湖北省高级人民法院副院长吕忠梅统计，从 1990 年到 2003 年的 13 年间，全国各级人民法院一审受理的环境行政案件达 14920 件。但是在同期，有关环境民事诉讼的数字却没有一个非常准确的统计。吕忠梅指出，这说明有关环境污染纠纷的司法救济很弱，司法在环境保护方面所发挥的作用非常有限。

吕忠梅说，首先是环境立法不完善。据吕忠梅介绍，目前，中国有关环境民事责任及其追究只有《民法通则》规定的环境污染特殊侵权责任以及《环境保护法》的三条规定，法官仅凭现有法律的规定审理环境诉讼案件着实困难。其次是环境诉讼机制存在缺陷。当事人受到污染侵害时，首先会有环保部门对此进行行政调查处理，认定是否造成了污染，受害人拿到相关的结论后，才有了污染的初步证据来提起诉讼。这就容易形成一个民事诉讼涉及行政行为的"诉讼怪圈"：如果被告对环保局的处理决定不服，可以提起一个行政诉讼；因为民事诉讼与行政诉讼法规定的诉讼目的、证明标准不同，行政裁判的结果，不能直接用作民事案件事实的证据；但按民事诉讼法的规定，这个案件必须中止，等待行政诉讼结束。这样一来，不仅使得当事人在民事、行政案件中来回拉锯，而且也极大地浪费了司法资源。再次是法官的水平和素质问题。最后是司法环境不理想。

吕忠梅说："因为《环境保护法》的相关规定很原则，而且是行政性规范，难以直接用作司法裁判的依据。现在审理环境民事案件的直接依据只有民事诉讼法司法解释的第 76 条。在案件审理过程中，法官面临着方方面面的压力，下判决非常为难。"

吕忠梅坦陈："有很多案例明显地感觉到有案外的因素在发挥作用。在环境保护问题上，中国一直没有解决好地方经济发展与国家环境保护大方针之间的冲突。"因为污染企业往往是当地的利税大户，所以有的地方把污染当成正常情况，甚至给予保护。出了事故群众告状，他们不保护群众的合法权益，反倒去帮助污染企业。有些污染企业的领导还是当地的头面人物，处理难度更大。

吕忠梅还提出，最高人民法院应继续出台相关司法解释，解决环境民事诉讼的相关问题。

建立环境公益诉讼制度是理性选择 *

农工民主党中央委员会在全国政协十届四次会议上提交了《在我国建立环境公益诉讼制度的建议》的提案。作为提案倡议者之一，全国人大代表、农工民主党中央委员、湖北省高级人民法院副院长吕忠梅还在向全国人大提交的《行政诉讼法》修改具体条文稿中对环境公益诉讼制度提出了相应建议。记者日前就建立环境公益诉讼制度的相关问题专访了吕忠梅代表。

有人乐观地称，2006 年是公益诉讼年

继去年全国政协委员梁从诫提交《关于尽快建立健全环境公益诉讼制度的提案》后，今年环境公益诉讼制度又得到力推。对此，吕忠梅解释说，实行环境公益诉讼制度很有必要，但这一制度应当建立在谨慎论证的基础上，不能把国外的制度拿来就用。目前，司法界、专家学者、社会团体等积极呼吁建立环境公益诉讼制度，将其纳入《行政诉讼法》已是法律实务部门、专家、学者共同的呼声。建立这项制度符合保护环境公共利益的发展需

---

* 本文原载于《中国环境报》2006 年 3 月 10 日，记者张俊，原标题为《法制环境下的合理选择 全国人大代表、湖北省高院副院长吕忠梅建议建立环境公益诉讼制度》。

要，随着立法条件的成熟，有人还乐观地称2006年为公益诉讼年。

吕忠梅说，全国人大常委会已将《民事诉讼法》《行政诉讼法》的修订列入了本届人大常委会立法计划，并正式启动了修订程序。她说，在这次法律修改中，希望能高度重视环境公益诉讼问题，建立适合中国经济社会发展需要的环境公益诉讼制度。

公众利益损害理应有人埋单

吕忠梅说，这几年来发生的环境事件非常多，当这些事件发生时，公众利益该如何体现、考量和保护呢？目前已经实施的《环境影响评价法》对此作了相关规定，但如果相关部门不严格执行《环境影响评价法》怎么办？一旦造成大范围污染和生态系统破坏，由谁来代表国家或区域、流域的公众主张权利呢？环境利益涉及当代和子孙后代，必须要有司法保障，通过建立诉讼机制，对行政机关不作为、企业造成污染后果及对生态可能造成破坏、影响的决策，有人可以主张权利，法院可以依法作出判决，对公共利益的侵害理应有人来埋单和负责。

吕忠梅说，虽然我国宪法第26条明确规定："国家保护和改善生活环境和生态环境，防治污染和其他公害。"《环境保护法》第6条也明确规定："一切单位和个人都有保护环境的义务，并有权对污染和破坏环境的单位和个人进行检举和控告。"但是，这些原则性的规定一直没有在相应的程序法如《民事诉讼法》《行政诉讼法》中得到体现。我国应借鉴一些国家的成功经验，建立环境公益诉讼制度，以便更加有效地保障公众环境权利，维护社会公共利益和国家利益，为构建人与自然和谐共生的社会环境提供制度保障。

吕忠梅说，公益诉讼的好处在于为公共利益的保护提供一个实际救济的司法途径。但是，在中国建立环境公益诉讼制度还存在一些问题和困难，由于中国的政体与国体都不同于已经建立公益诉讼的国家，司法体制也有很大差异，如何建立适合中国国情的公益诉讼制度，如对诉权和诉讼范围的界定、代表人由谁来充当、举证责任如何认定、证据认证与普通诉讼有何不同、法官对利益的衡量以及如何防止滥诉等，都需要充分论证。

应鼓励民间社团和组织代表公众起诉

吕忠梅认为，保护自然环境是大家共同的责任，应该让百姓有权利通过诉讼来主张环境公共利益保护，这需要通过建立制度使环境公益变成可诉、可执行的权利。建立这个制度，既需要有实体法规定，也需要有完整的程序法规定，并不那么简单。所以，现在有必要在《民事诉讼法》《行政诉讼法》修订时增加相关规定，通过明确诉讼主体、举证责任、证据规则、社会公益与私益的衡量标准等，建立并完善公益诉讼制度。建立这项制度的一个重点就是要明确诉讼主体资格，即谁可以代表环境公共利益提起诉讼？在行政诉讼方面，如果环保部门及负有环境保护职责的其他行政部门不履行或不正确履行职责，检察机关就可以提起行政公益诉讼。而一般的民事诉讼，需要由利害关系人提起，这对公益诉讼不能适用。

那么，应如何规定环境民事公益诉讼的诉讼主体呢？吕忠梅认为，从理论上讲，可以是法律规定的国家机关、相关社会团体和个人。根据我国的国情，法律应鼓励进行了合法登记、具有公益性和法定主体资格的民间社团和组织来代表公共利益提起诉讼。

谈到对普通个人提起公益诉讼是否应该有所限制的问题，吕忠梅说，因为审判资源有限且昂贵，诉讼本身也具有两面性，制度设计必须综合各方面的情况，对个人提起环境公益诉讼必须进行必要的限制，将社会组织确定为诉讼主体，这样既可以避免滥诉问题的产生，也可以节约社会成本。目前，的确有一些热心关注和参与环境保护的人，但就诉讼而言，仅有兴趣和直观感受远远不够，需要具备提起诉讼的能力与条件。如果法律规定个人可以提起公益诉讼，也应该是具备条件的特定人，如不涉及自身利益的专业人士，对环保有相对科学、合理的了解和认识，有调查取证的能力，等等。如果是仅对环保有兴趣的人，建议他们加入相关组织，集合多人的能力来参加诉讼。

公益诉讼到底代表什么样的公益？是从性质上确定还是从所代表的人数上来确定？吕忠梅认为，世界各国的法律对"公益"都没有明确具体的界定，一致的认识是应该根据个案的实际情况来加以判断。但也一致认为，生态环境是公共利益，主要是因为环境污染和生态破坏可能导致大规模的人群受害或大面积的资源破坏，涉及当代人和后代人的健康生存和发展，因此可以确定为公共利益等。

对有的地方想突破法律进行公益诉讼试点问题，吕忠梅不主张先试点再立法，她认为应先立法再实施诉讼。她说，中国正在迈向法治社会，必须在法治思维下以法律的方式来解决问题。先建立环境公益诉讼制度可谓是法治思维下作出的合理选择。

法律保障节约型城市的可持续发展未来 *

历史的发展和对时代要求的准确把握，把走节约型社会的道路适时地推到了全国人民面前。大力建设节约型城市已逐步成为社会各界的普遍共识，也在今年"两会"上得到了充分体现，引发了代表委员的热烈讨论。

"节约仅靠自觉还不够，要运用法律手段，为资源节约型城市的建设提供法律保障。"全国人大代表、湖北省高级人民法院副院长吕忠梅说，建设节约型城市是一个影响中华民族兴衰的战略问题，须作为贯彻建立节约型社会基本国策的重要内容，通过立法、政策和教育等强有力措施，开展意识革命，强化刚性约束，改变不可持续的生产和生活方式。

吕忠梅建议，建立指标化、有刚性的节约资源、能源的法律，强化财税政策、产业政策，建立核算体系，以严格的法律方式，促进国民生产和生活方式的改变，保障节约型社会建设目标的贯彻落实。要通过立法程序将建设节约型城市的科学共识转化为国家意志，形成调整"人—环境—人"关系的最高准则。

吕忠梅认为，现在有的城市已经制定了《节约用水条例》，她建议"十一五"期间尽快出台节约型城市促进法及配套法规、规章、规范性文件，

---

* 本文原载于《市场报》2006 年 3 月 13 日，记者郝涛，原标题为《节约型城市：构筑可持续发展未来》，有删减。

把资源节约立法摆上重要位置，引导促进建设节约型城市及发展生态型产业，使节约型城市的建设和发展有法可依，有章可循。

建设节约型城市的蓝图已经绘就，马达已经启动，一个生机勃勃的崭新未来正在向我们走来。

更加重视研究公益诉讼司法实践 *

长期关注环境公益诉讼的全国人大代表、湖北省高级人民法院副院长吕忠梅今天表示，目前最高人民法院和国家环保总局正在协商推出一项司法解释，有望打破长江流域的地域管辖，将长江流域水污染案件统一纳入海事法院审理，其中也包括水污染公益诉讼案件。

吕忠梅代表是最高人民法院《长江流域水污染司法管辖》课题的主要负责人，正在对长江流域水污染案件情况进行跟踪研究。

她表示，目前地方法院受理环境公益诉讼还有相当大的难度，海事法院因其特殊的管辖区域划分和诉讼程序，已经有一些海洋环境污染国家代表人诉讼的案例，法院不仅针对渔民的损失，而且针对海洋生态环境的恢复作出了赔偿判决，因此，不妨在海事法院这个特殊领域先行尝试进行环境公益诉讼的实践操作。

吕忠梅说，现在对环境公益诉讼的讨论已经过了"要不要"的阶段，理论界和实务界都应当把重点放在多提出解决问题的方案，尤其是具有可操作性的司法实务方案方面。

据了解，2006 年国务院发布《关于落实科学发展观加强环境保护的决

---

* 本文原载于《法制日报》2007 年 3 月 8 日，记者鲁维维，原标题为《吕忠梅代表：应当重视研究公益诉讼司法实践》，有删减和修改。

定》，其中提出"鼓励检举和揭发各种环境违法行为，推动环境公益诉讼"。吕忠梅代表已经连续几年提出有关建立环境公益诉讼制度的议案和建议，期望环境公益诉讼成为一类专门诉讼进入司法程序，赋予特定国家机关、相关社会组织提起环境公益诉讼的资格，这需要在修订《民事诉讼法》《行政诉讼法》时加以解决。她认为，目前操作性最强的方案就是司法机关尽快出台司法解释，受理特定国家机关、相关社会团体提起的环境公益诉讼，积累司法实践经验。

她还建议说，学者应更加重视对司法实践的研究，《海洋环境保护法》根据《海洋法公约》建立了海洋环境污染的国家代表诉讼制度，《海事诉讼特别程序法》在案件管辖、案件受理等方面有一些不同于普通诉讼的程序规定，依据这些法律受理的相关案件，对于由海事法院受理流域污染公益诉讼案件非常有借鉴意义。认真研究这些案件及其背后的诉讼机制，对于建立环境公益诉讼制度也非常有价值。建立环境公益诉讼制度应明确环境公益诉讼的标准和范围。环境公益诉讼可根据被诉对象的不同，分成民事公益诉讼和行政公益诉讼两类。其中，环境民事公益诉讼范围应主要限于行政机关根据"依法行政"原则不能直接干预的、损害环境公共利益的民事主体的行为；环境行政公益诉讼的范围则应在现有行政诉讼的受案范围上，适当予以扩展。行政机关不作为、不依法作为而使环境公共利益受到损害，都应纳入环境行政公益诉讼的受理范围。

用环境公益诉讼拯救长江水污染 *

奥斯卡影后朱丽娅·罗伯茨穿着性感小吊带背心和热裤，表情夸张地趴在一口枯井台上，伸出长胳膊拎起一只因污水中毒而死的青蛙，为一桩环境污染案件取证。2000 年美国电影《永不妥协》里的这个镜头给很多中国观众留下了深刻印象，电影改编自一个名为埃琳·布罗克维奇的普通美国人的真实故事。这个一无财富、二无天赋，两次离婚带着三个孩子的女人，却凭人道主义精神与诚意为遭受污水毒害的 600 多户社区居民赢得了美国有史以来最高额的环境污染赔款 3.33 亿美元。

在中南财经政法大学法学院教授、湖北省高级人民法院副院长吕忠梅的眼里，电影《永不妥协》艺术化地向世人展现了美国环境公益诉讼的过程与威力。

自 2006 年 8 月起，第十届全国人大代表吕忠梅领衔中南财经政法大学环境资源法研究所的老师和学生承担了最高人民法院一项名为"长江流域水污染司法管辖研究"的课题。这项旨在探索强化水污染纠纷司法介入的研究课题的报告目前已送交最高人民法院，作为出台相关司法解释的重要学理依据之一。

"目前最高人民法院和国家环保总局正在协商中，课题组今年下半年有望将司法解释学者建议稿提交到最高人民法院。初步设想是把长江流域水污

---

* 本文原载于《法制日报》2007 年 4 月 15 日，记者陈晶晶，有删减。

染案件统一归由领域海事法院管辖，其中包括水污染公益诉讼案件。"在 4 月 22 日世界地球日前夕，吕忠梅教授接受《法制日报》记者专访时说，"我们希望明确水污染纠纷的司法主管和专门管辖地位，在完善传统私益诉讼制度的基础上，逐渐建立起中国的环境公益诉讼制度。"

也许不远的将来，中国的埃琳也会出现。

水污染纠纷司法介入严重不足

近年来，我国水污染事件的发生频率之高、影响之剧、后果之重令人担忧。

1994 年爆发"淮河水污染事件"，2004 年淮河被宣布"基本失去自净能力"；2004 年初四川沱江发生严重污染事件；2005 年东北松花江发生严重污染事件；2006 年白洋淀被专家认定为"一个失去自净和循环能力的死湖"。

"现在人们常用'北方有水皆枯，南方有水皆污'来形容我国的水环境现状。"吕忠梅教授说，"反观水环境立法和实践，一个残酷的现实摆在我们面前，《水法》《水污染防治法》等法律所确立的立法目的并未得到实现，大量因水利用和水污染而产生的矛盾冲突不仅没有得到解决，反而有激化和蔓延的趋势。"

一提到 2004 年 2、3 月间的那次水污染事故，沱江两岸的当地人仍唏嘘不已。

作为流经四川省进入长江的一级支流，沱江绵延 600 多公里，途经四川盆地最重要的农业区。2004 年 2 月 11 日至 3 月 2 日，四川化工股份有限公司（以下简称川化公司）违规技改并试生产，设备出现故障，导致未经过处理的含氨氮的工艺冷凝液直接排放。与此同时，川化公司一化尿素车间、胺一车间、三胺二车间在环保设备未正常运转情况下开工生产，导致高浓度氨氮废水直接外排。

这些氨氮含量超标数十倍的废水直接进入沱江，先后污染了沱江下游的资阳、简阳、内江等地，最后流入长江，这一特大污染事故造成近百万群众饮用水暂停供应、工厂暂时停产、电站水库被迫放水、农作物大量受损、沱江鱼类大量死亡的严重后果，直接经济损失高达 2.19 亿元人民币。

最后，四川省人民政府作出公开道歉，川化公司赔偿了直接经济损失1179.8 万元。公司主要责任人、当地环保局主要责任人分别被成都市锦江区人民法院以重大环境事故污染罪、环境监管失职罪追究了刑事责任。

然而，这样的处理结果并不意味着司法在此案中的充分介入。

沱江水污染事故发生后，四川省资阳市雁江区司法局下发"红头文件"，禁止辖区内所有律师事务所和法律服务所代理沱江特大水污染事故受害群众索赔诉讼。其负责人表示，省委、省政府对沱江污染事故善后工作高度重视，所有工作都按照上级要求来进行。雁江区所有因沱江污染事故受到影响的企业，全部放弃了索赔要求；当地渔民虽有对污染事故赔付数额不满的，但也无人再提出诉讼要求。

吕忠梅认为，沱江水污染案很有代表性，它显示了我国流域水污染司法救济的现状与需要。

目前，我国处理水污染纠纷的最主要法律依据是《水污染防治法》。该法确立了两大类水污染纠纷：一是跨行政区域的水污染纠纷，二是水污染损害赔偿纠纷。《水污染防治法》也对两类纠纷分别规定了不同的处理机制。

对于跨行政区域的水污染纠纷，法律规定由相关地方政府协调解决，或由其共同的上级政府协调解决，即建立了一种行政解决机制，而司法则被排除在外。

但是，"长江流域水污染司法管辖研究"课题组经过调研认为，跨区域的水污染纠纷的行政处理机制本身并不完善。其一，对协调的法律效力、上下级政府间的协调权限等实体问题，《水污染防治法》并未作出明确规定，政府权力行使与职责履行没有法律保障；其二，《水污染防治法》中对行政调处纠纷的有关程序几乎没有规定。

"一旦协商或协调机制缺位或失灵时，带来的就是利益和秩序的失衡。

不幸的是，在实体法与程序法制度都缺位的情况下，这种利益和秩序的失衡经常会发生。"吕忠梅说。

在水污染损害赔偿纠纷方面，情况也不乐观。对于这类个人权益遭受水污染侵权损害而引起的争议，《水污染防治法》规定"由相关环境主管机关进行处理或通过人民法院诉讼解决"。

然而，水污染纠纷的形式并不仅限于损害赔偿，权利人所依法享有的实体法权利和请求权也都是广泛的。法律没有明确水污染纠纷的行政处理与诉讼之间的关系，行政机关处理环境民事纠纷的法律效力不明，当事人若不服行政机关的处理，又缺乏法律上的救济途径。况且，水污染民事诉讼的程序制度也处于相对缺失的状态，当事人提起诉讼难，法院受理难。

水污染为何成为环境公益诉讼突破口

"环境公益诉讼制度突破了民事责任的个人责任与个体补偿原则，体现的是环境法上的社会责任与公益补偿责任。其制度核心在于，既确认对'环境'的损害也确认对'人'的损害。"吕忠梅认为，"从理论上讲，环境公益诉讼是在任何行政机关或其他公共权力机构、法人或其他组织及个人的行为有使环境遭受侵害或有侵害之虞时，任何公民、法人、公众团体或国家机关为维护环境公共利益而向法院提起诉讼的法律制度。"

作为第十届全国人大代表，吕忠梅已连续几年在"两会"上提出建立环境公益诉讼制度的建议，并得到很多人大代表、政协委员的认同。她表示，现在学术界和实务界对是否要建立环境公益诉讼制度已几乎没有争议，关键是在中国如何进行实践操作。

"课题研究和正在准备中的司法解释学者建议稿，其重要意义之一就是推动中国的环境公益诉讼实践。而之所以选择水污染作为突破口，则与该领域较好的法律基础有关。"吕忠梅说。

我国《海洋环境保护法》第30条规定，"对破坏海洋生态、海洋水产资源、海洋保护区，给国家造成重大损失的，由依照本法规定行使海洋监督管理权的部门代表国家对责任者提出损害赔偿要求"。

吕忠梅认为，《海洋环境保护法》中虽然没有提出环境公益诉讼的概念，但已经隐含了环境公益诉讼的意思。我国现有的海事法院体系，本身也是按照流域来划分管辖范围，而且是不限于行政地域的划分，海事诉讼的一些特别程序规则也更有利于环境公益诉讼目的的实现。

实际上，在我国已有的海事诉讼判决中，已有一部分类似环境公益诉讼的判例出现。

2002 年 11 月 23 日，英费尼特航运有限公司所有的"塔斯曼海"邮轮在天津大沽口东部海域发生船舶碰撞，造成该轮船载原油泄漏。泄漏原油形成长约 2.5 海里、宽 1.4 海里的溢油漂流带，对海洋生物、生态环境造成了严重损害。

随后，天津市塘沽区大沽渔民协会代表当地 129 位渔民、天津市渔政渔港监督管理处以国家渔业资源受到损害为由，天津市海洋局以海洋环境受到污染为由分别提起诉讼，要求肇事航运公司赔偿损失。

天津海事法院受理案件后认为，大沽渔民请求的是因污染造成的海洋捕捞停产损失、网具损失和滩涂贝类养殖损失，天津市渔政渔港监督管理处请求的是渔业资源损失，天津市海洋局请求的是海洋环境生态污染破坏和生态恢复的索赔，三者不存在重复索赔的问题。法院不仅支持了渔民们的索赔请求，也支持了渔政渔港监督管理处和海洋局的请求。

"这一案件的处理中已隐约可见环境公益诉讼的影子。在原告主体和赔偿范围方面，海事司法救济的实践与突破，都对长江流域司法救助以及整个环境公益诉讼制度的设计有启示。"吕忠梅说。

谁来代表公共利益

不过吕忠梅认为，现有海事法院的判例仍只能看作一种"准公益诉讼"，虽然有人代表公共利益来主张赔偿，但毕竟损害已经发生，整个诉讼也仍局限在普通民事诉讼的"损害赔偿"思路之中。

不同于对"人"的损害，致害人清楚，主体明确，环境公益诉讼制度是为了解决对"环境"的损害救济而确定的特殊制度，最大的问题是谁能代表"环境"。在许多情况下，环境污染或生态破坏行为不一定存在对人的损害，却已经造成了对环境的损害。根据诉讼法的规定，环境私益诉讼的适格原告是遭受到财产侵害、人身侵害和私益性环境权侵害的人，这个人与损害有直接利害关系；而环境公益诉讼既不能等到不可逆转的生态环境损害发生，也没有与损害产生直接利害关系的人，因此必须明确谁是原告。理论上讲，环境公益诉讼的适格原告并不要求损害的发生，只要有导致公益性环境权益和生态平衡发生危险或损害的行为，任何人都可以提起诉讼，包括国家、公民、法人以及其他社会团体。

于是，立法实践中谁有权利、有能力代表公益性环境权益提起诉讼，便成为一个核心问题。

在吕忠梅的构想中，环境公益诉讼被划分成两个部分，前者可借鉴美国的环境公民诉讼制度建立我国的环境民事公益诉讼；后者可借鉴德国等国家的环境公诉制度建立中国的环境公诉（即后来的生态环境损害赔偿诉讼，作者注）制度。民事公益诉讼可以由公民、法人以及其他社会团体发起；环境公诉则由国家以排除环境危害和赔偿环境损害所带来的损失为基本诉求，通过追究造成环境污染或破坏行为人的民事责任，实现对环境公共利益的保护和救济。

吕忠梅认为，公益组织诉讼应是我国环境民事公益诉讼最可能发展的方向，因为诉讼需要投入大量的智慧、精力与金钱，公民个人随意提起诉讼并不现实。

至于环境公诉，其制度核心仍在于适格原告的选择。

"我们认为，环境公诉的原告资格赋予政府或者环境保护机关比赋予检察机关可能要适宜一些。"吕忠梅说，"环境保护机关不仅比检察机关更适宜作为环境资源受托者或所有者国家的代表，检察机关自身的性质和任务也决定了环境公诉不适宜作为其工作内容。"

她分析说，我国宪法和法律赋予的检察权，是根据国家权力的分工和制衡，防止其他国家权力的滥用，它基本不涉及对个人领域的干涉，我国现行法律也并没有赋予检察机关对个人、企业提起民事诉讼的权力。如果建立检察机关提起民事公益诉讼制度，必须有法律依据，并且明确其起诉范围。强大的检察权可对应强大的行政权，但不能够绕开管理部门直接对应私人，否则就会造成权力体系的混乱，这是宪法问题。

此外，以专业性的制度、专门性的判断解决专业性的纠纷的要求，也决定了环境保护机关的环境公诉的原告资格的恰当性。美国、德国等一些国家的实践也已显示，环境资源管理机关作为诉讼主体更加符合环境公诉的特性。

"在司法解释学者建议稿的准备过程中，我考虑最多的是具体操作性，比如环保公益组织的发育和社会认知、环境公益诉讼中举证责任的分配和证据标准、公益诉讼的判决方式与执行方式等。这些直接关系到环境公益诉讼未来实践操作的问题，也恰恰是对立法技巧要求最高、最难解决的问题。"吕忠梅最后对《法制日报》记者强调说。

第十一届全国人大代表履职

（2008—2012）

山重水复

首倡设立环境审判庭，参与《水污染防治法》修订，继续呼吁为长江立法，推动修订《环境保护法》

2008 年 3 月，全国人大十一届一次会议期间，吕忠梅在中央电视台"两会"特别节目《我建议》上

设立环境审判庭　强化环境司法保护[*]

全国人大代表、湖北省高级人民法院副院长吕忠梅 3 月 8 日建议，借鉴国际先进经验，设立环境审判庭，强化环境保护。

她指出，近年来，我国环境问题日益突出，国民环境意识普遍增强，环境信访量和群体性事件逐年增多。但我国环境纠纷的司法救济途径相对滞后，环境诉讼案件数量并未出现相应的增长，存在环境犯罪没有被依法追究、环境受害者合法权益得不到有效保护的情况。

吕忠梅代表介绍说，长期以来，环境纠纷案件都是在普通法庭审理。但是，环境污染案件往往由于涉及的受害人比较多、污染者可能是地方利税大户、法官环境专业能力欠缺、受害人缺乏相关知识和能力无法举证等原因，审理困难。

吕忠梅代表说，成立专门的环境审判庭来克服环境诉讼障碍，是国际上许多国家的通行做法。我国法律也规定法院根据需要可以设立其他审判庭，在司法实践中有地方法院进行过尝试，效果良好。同时，我国还要加快填补环境司法的立法空白。

她建议，我国应在中级及以上人民法院设立环境审判庭，有助于排除地方保护主义，提高公正力；针对一个污染源致使不特定的多数人受害的现实情况，跨区域设立环境审判庭；培养具有环境法专业知识的法官人才队伍。

_* 本文原载于《新华社每日电讯》2008 年 3 月 9 日，记者吴晶，原标题为《吕忠梅代表：强化保护，建议设环境审判庭》。

替长江喊"救命"*

全国人大代表、湖北省高级人民法院副院长吕忠梅向记者展示了一本长达 19 页的《长江流域水污染现状的调查报告》。她的焦灼之情溢于言表：
"我要替长江喊救命。"

长江流域面积占我国总面积的 18.9%，居住着全国 34.5% 的人口。长江流域 GDP 长期以来一直占全国 GDP 总量的 40% 以上，近几年平均年 GDP 增长速度超过全国一个百分点。

然而，吕忠梅代表说，她带领的课题组 2006 年 7 月 30 日至 8 月 26 日沿长江调查时，看到的是一幅幅触目惊心的污染图景——森林植被遭受破坏、枯水期水量减少、冒着黑烟的沿江工厂和直排污水口、江面上漂浮的各色污染物、因污染而死亡的水禽……

这份调查报告显示，长江森林覆盖率已从历史上最高的 80% 下降到目前部分地区的不到 1%。专家估算，自 20 世纪 90 年代中后期以来，仅长江上游水土流失面积就已达到 35.5 万平方公里，年土壤侵蚀量 1.57 亿吨。随之而来的枯水期增多现象，也导致支流水运断航、渔业资源萎缩、发电能力不够等诸多问题。

---

* 本文原载于新华网 2008 年 3 月 11 日，记者吴晶、李柯勇，原标题为《吕忠梅代表：尽快对长江流域污染状况更系统调查》。

"长江的生态危机已步步紧逼。"吕忠梅代表说，更为严峻的是，长江流域内的污染事件时有发生，影响社会的安定与和谐。

吕忠梅代表建议国家有关部门尽快对长江流域污染状况组织更加系统的调查，为长江立法，完善协调机制，加大治理力度，强化对污染源的法律监督，给子孙后代留下一条清洁的"母亲河"。

要让污染者感觉到"痛"*

"三河三湖"是指淮河、海河、辽河和太湖、巢湖、滇池。参加"两会"的代表、委员注意到"三河三湖"及松花江等重点流域，近年来特大污染事件频发，说明我国水污染治理任务还十分艰巨。

湖北省高级人民法院副院长吕忠梅代表说："要让祖国的水更清，亟须破除法律、制度、投入等方面的深层障碍。"

为什么污染势头一直无法遏制？吕忠梅代表指出了一个常被人忽视的问题：在各类污染事件发生后，有人希望走司法救济途径时，根据我国现行法律，竟然没人能够代表国家和百姓的公共利益。

她说："污染发生后，某些个人或企业受到了健康或经济损失，可单独向肇事企业提起诉讼，要求赔偿。可是整个水体的生态环境遭到破坏，影响的是数百万人，甚至子孙后代，该由谁来代表公众提起诉讼？"

她分析说，我国法律规定，一切自然资源归国家所有，但是谁代表国家呢？国务院有权代表国家管理国有资产，但目前只是进行自然资源财产式的管理；国家环保总局、国土资源部有权对资源环境进行监管，法律并未赋予他们代表国家提起诉讼的权力。有权对环境犯罪提起公诉的是检察院，却

---

* 本文原载于《今日关注》2008年3月，记者李柯勇，原标题为《"三河三湖"缘何治污这么难？》，有删减。

只能在刑事案件中行使这项权力，而并不是所有的环境污染都构成犯罪。

"环境公益诉讼制度的缺失，导致我国对污染企业的惩处常常苍白无力。"吕忠梅代表说，"肇事者不觉得疼，排污行为也就有恃无恐。"法律应该让污染者感觉到"痛"。

期待《水污染防治法》修订后能"硬"起来 *

　　《中华人民共和国水污染防治法》（以下简称《水污染防治法》）自 1996 年修订施行以来，对控制和减轻水污染，保护生态环境和人民生命健康，促进我国经济社会的可持续发展发挥了积极作用。但随着我国经济的持续快速增长和经济规模的不断扩大，水污染问题一直没有得到有效控制，对经济社会的可持续发展、人民群众的生产生活造成严重影响。

　　　如何应对频发的水污染事件？如何看待水污染事件背后折射出的环保困境与立法之间的虚弱？为此，本刊专访了中南财经政法大学教授吕忠梅。

　　《水污染防治法》于 2008 年 2 月 28 日由中华人民共和国第十届全国人民代表大会常务委员会第三十二次会议修订通过，并于 2008 年 6 月 1 日起施行。吕忠梅教授作为领衔提出修订《水污染防治法》议案的全国人大代表

---

*本文原载于《中国改革》2008 年第 5 期，记者胡挺，原标题为《水污染防治须出台"硬"法——专访中南财经政法大学教授吕忠梅》，略有修改。

和环境法专家，参与了《水污染防治法（修订草案）》的论证工作，对水污染事件背后折射出的中国环保立法问题有其独到的见解。

《水污染防治法》亟待修订

记者：从环保部部长周生贤向全国人大常委会所作的有关修改《水污染防治法》的说明中可以看出，此次修订《水污染防治法》的直接原因是"随着我国经济的持续快速增长和经济规模的不断扩大，水污染物排放一直没有得到有效控制，水污染防治和水环境保护面临着旧账未清完，又欠新账的局面"。您如何解读"旧账未清完，又欠新账"？

吕忠梅：对此不妨通过一组数字加以说明：据环保部监测，2005年全国7大水系的411个地表水监测断面中有27%的断面为劣V类水质，全国约二分之一的城市市区地下水污染严重，一些地区甚至出现"有河皆干、有水皆污"的现象。

据环保部最新调查数据，全国113个重点环保城市的222个饮用水地表水源的平均水质达标率仅为72%，不少地区的水源地呈缩减趋势，有的城市没有备用水源，3亿多农村人口的饮用水存在安全问题。

据环保部统计，2005年全国共发生环境污染事故1406起，其中水污染事故693起，占全部环境污染事故总量的49.2%。

概括起来主要表现为：水污染物排放总量居高不下，水体污染相当严重；部分流域水资源的开发利用程度过高，加剧了水污染的恶化趋势；城乡居民饮用水安全存在极大隐患；水污染事故频繁发生；守法成本高，违法成本低。

记者：是否可以认为，《水污染防治法》修改的一个直接任务就是要解决这些突出的问题？

吕忠梅：可以这么认为。仔细阅读《水污染防治法（修订草案）》，可以感觉到立法者的苦心和努力，比如有针对性地加强和完善了某些制度，力图解决当前水污染防治中存在的主要问题。但是，我认为，全国人大常委会之所以决定向社会公布修订草案，一方面是因为水问题是关系到经济社会生活每个环节、关系到每个公民的切身利益的重大问题，确有广泛听取各方面的利益诉求的开门立法、民主立法的必要；另一方面也是因为现有的修订草案也还存在较大的修改空间，需要进一步完善。

确立"保障水安全"的立法宗旨

记者：《水污染防治法（修订草案）》将其立法宗旨设定为"防治水污染，保护和改善环境，保障人体健康，保证水资源的有效利用，促进经济社会可持续发展"。这与 1996 年修订实施的《水污染防治法》立法宗旨相比较有何变化？

吕忠梅：任何一部法律文本的立法宗旨都必须确定而清晰，因为它是使法律具有执行力的关键保障。

本次修改虽然比《水污染防治法》的规定有所进步，但依然没有确定国家水污染防治法律制度的核心价值。这一表述至少存在两个问题：一是"保护和改善环境，保障人体健康"与"保证水资源的有效利用"存在价值冲突，尤其是在对"有效利用"不作专门解释的情况下，人们将其等同于"经济发展优先"十分正常且合乎逻辑。其实，这个问题前有日本《公害对策基本法》的教训，后有我国《水污染防治法》实施以来各种水污染不断加剧的事实，污染者在"水资源有效利用"的借口下实施排放污染物的行为十分普遍，法律最终陷于"法不责众"的无奈。二是"促进经济社会可持续发展"更像一种政策性表述，不能精准地概括法律的价值目标。可以说，"促进经济社会可持续发展"是任何一部与资源环境有关的立法都应该实现的目标，问题在于《水污染防治法》应该通过何种具体的价值取向来实现可持续发展，目标是什么？

在环境法的一般理论上，"保护和改善环境，保障人体健康"是环境公平问题，而"保证水资源有效利用"是效率问题，一句"促进经济社会可持续发展"并不能解决公平与效率的冲突。如果一部法律同时负担"公平"与"效率"两种价值且不分主次，这部法律的实施结果很难达到预期目标，因为没有一部法律能够同时实现两个有冲突的价值。

记者：从立法本身考虑，您认为怎样才能协调"效率"与"公平"两者的价值冲突呢？

吕忠梅：我认为，当一部法律明显存在两种冲突的价值时，人们选择"效率"而放弃"公平"，执法者就难以作出唯一的判断。修改《水污染防治法》必须从立法宗旨开始，将《水污染防治法》的立法目的直接确定为"安全"——控制水污染，保障水安全。水安全"是指这样一种社会状态：人人都有获得安全用水的设施和经济条件，所获得的水满足清洁和健康的要求，满足生活和生产的需要，同时可使自然环境得到妥善保护"。

安全是人的基本需要，更是人类经济社会行为的目的。水安全与水危机是一对范畴，水安全度高则危机缓，水安全度低则危机重。因此，在发生水危机的地方需要寻找经济社会原因，并根据水安全的理念制定有针对性的方案来重构水资源的可持续利用，提高水安全度；在未发生水危机的地方需要以水安全的理念来引导人们的各种经济社会行为，确保水资源的可持续利用。在这个意义上，将《水污染防治法》的立法宗旨确立为"保障水安全"，既可以体现国家的水战略，也可以体现人民的根本利益需求，还可以实现各相关法律之间的协调。

污染在水里，根子在岸上

记者：从前几年的淮河流域污染、松花江流域污染、滇池流域污染到去年的太湖污染，水污染的面积之广、范围之大、对经济社会的影响之深，迫使我们深刻反思。有人说，问题出在水里，根子却在岸上，对此您怎么理解？

吕忠梅：在法律上，对水污染可以进行不同的分类。从污染源的角度可以分为点源污染和面源污染，从污染产生的原因角度可以分为工业污染、农业污染和生活污染。一般而言，工业污染主要为点源污染，农业污染和生活污染主要为面源污染。从水污染控制来看，点源污染易于面源污染，但面源污染如果不加以严格控制，后果比点源污染更为严重。我国目前湖泊富营养化的主要原因，在于农业农村用水未控制和城市生活污水未经处理的排放。因此，《水污染防治法》必须对各种污染源都加以合理的控制。

从影响饮水安全的各种因素来看，"城乡居民饮水安全存在极大隐患"的问题不仅存在于饮用水源保护区，而且存在于饮用水源保护区外的各个方面；不仅有工业污染源，还有更多的生活污染源。值得注意的是，即便是有完善的饮用水源保护区制度的也只能解决城市饮用水的保护问题，难以覆盖3亿多农村重点人口的饮水安全，这与国家提出的到2020年完全解决中国农村饮水安全问题的目标还有相当距离。目前，修订草案第3条已经规定："水污染防治应当坚持预防为主、防治结合、综合治理的原则，严格控制工业污染、农业面源污染，积极推进生态治理工程建设，预防、控制和减少水环境污染和生态破坏。"可以认为立法者意识到了农业面源污染控制问题，但在整个制度安排中，却基本没有专门针对农村面源污染控制的条文，更没有农村饮用水源保障或者农村饮水安全保障的专门制度，这一缺憾应该补上。

同样，修订草案在城市生活污水控制方面的制度也非常薄弱，仅在第7条第1款有一个原则性规定："一切单位和个人都有责任保护水环境，并有权对污染损害水环境的行为进行监督和检举。"事实是，虽然法律没有明确规定城市居民排放生活污水要缴纳排污费，但在城市居民支付的水费中却包含了污水处理费用，表明居民实际上承担了生活污水排放费用。这种不以立法方式明确规定城市居民的水污染防治义务，不对城市生活污水排放进行控制的做法，既不利于城市居民树立节约用水、控制水污染的法律观念，也不利于城市生活污水的集中处理与控制，在一定程度上还侵犯了居民的知情权。因此，在《水污染防治法》的修改中，应对城市生活污水控制的有关内容在水污染防治的监督管理中作出专门规定。

破除"部门立法、多龙治水"格局

记者：我国一些严重的水污染、水破坏事件背后，都拖着长长的"多头管理，多龙治水"的影子。在此次《水污染防治法》的修改中针对此现象有哪些新的制度设计？这些新的制度设计能根除这些影子吗？

吕忠梅：我国现行的立法体制实际上是"部门立法"或"部门主导立法"，体现为各个行政主管部门在各自的管理领域内起草相应的法律，"部门利益法律化"现象较为普遍。这种立法体制存在的问题在水事立法方面暴露得最为充分：一方面因为水资源的有限性、流域性等特点而呈现出极为复杂的利益关系，涉及个人权利与公共权力的多个方面，必须有超越利益主体、超越行政区域、超越部门权力的法律规则；另一方面是部门立法、授权地方政府按行政区域管水的现实格局。这样的立法体制与管理体制必然带来政出多门、多头管水、公共权力竞争等不良后果，制度实施的结果可能偏离甚至完全背离保障水安全的目标。

在立法体制方面，最明显的是因为部门立法导致《水污染防治法》与《水法》的不协调问题。我国选择了水质水量分部门管理、分别立法的模式。按照职责分工，《水污染防治法》要解决的是控制水污染物排放、水污染治理等水质管理问题，水污染防治行政主管部门是环境保护部门；水量管理则属水利行政主管部门的职权范围。相应地，要由《水法》和《水污染防治法》来分别调整水质和水量的问题，而《水污染防治法》与《水法》分别由两个不同的主管部门起草并送审。但是，水质与水量是水资源利用和水环境保护的两个制约性因素，其中任何一个因素的变化都会对另一个因素带来直接的影响，这种制约性关系并不会因主管部门的分设而自动分离。如果不能协调好两个主管部门的关系，后果只能是水危机的加重而不是水安全保障的加强。实际上，多头管水也是导致中国水污染加剧的人所共知的原因。因此，《水污染防治法》的修改必须彻底摒除部门观念，《水法》不是水利部的法，而是水资源开发利用和保护的国家法律；《水污染防治法》也不是环保部的法，而是水污染控制的国家法律。两个主管部门都应该超越部门利益，从国家安全、生态安全的角度，运用综合决策的方法，建立水质水量并重的协调管理机制。具体而言，应根据水的自然属性、经济属性、社会属性来设立制度，完善措施，畅通机制。从现在的修订草案中，我们可以看到一些协调两部法律的考虑，如管理体制的设置（第6条）、水污染防治的监督管理制度（第11、12、15、22、23、26条）等，但总体上看，制度上的衔接与协调还是不够。

在管理体制方面，存在着水质水量分别管理以及水的流域属性与区域管理的冲突如何协调的问题。在我国水质水量分别由环境保护和水利部门负责管理的现行体制下，必须通过权力的合理配置和建立机制来解决协调问题。为此，国家已经在各流域机构内设立了由国家环境保护总局和水利部共同领导的流域水资源保护机构，修订草案中赋予了流域水资源保护机构一定的职责，但与《水法》的协调还不够。如修订草案第6条规定："县级以上人民政府环境保护主管部门是对水污染防治实施统一监督管理的机关；县级以上人民政府交通主管部门的海事管理机构是对船舶污染实施监督管理的机关；县级以上人民政府水行政、国土资源、卫生、建设、渔业等部门以及重要江河的水资源保护机构，按照各自的职责，协同环境保护主管部门对水污染防治实施监督管理。"显然是沿袭了"部门分割"的管理模式。《水法》已经赋予流域机构八个方面的水资源管理与保护权力，其中哪些应该在《水污染防治法》中赋予流域水资源保护机构，环保部与水利部应通过何种机制完成对水质水量的统一管理，等等，这些问题值得认真研究解决。

转换"事后控制、政府命令"的管理方式

记者：《水污染防治法（修订草案）》的制度体系中，有关公民权利的内容只有3个条款，即第7条第2款、第16条第4款、第85条第1款，其余都是命令式的管理制度安排，同时，一些专家学者呼吁的公众参与制度的诉

求在此次修改中也没有被采纳，您怎样评价这样的立法思路？

吕忠梅：在世界范围内，环境管理是一种公共事务管理的理解应该没有问题，公共管理不能等同于行政管理也是基本共识。在今天的中国，从构建和谐社会本身的要求来看，和谐理念下的水污染防治制度体系不应该也不可能是单一的行政命令式的管理。

公众参与制度与水污染法律体系的建构关系尤为密切，而增强法律参与主体的广泛性，根本措施不在于制定一些义务性的规范，而在于通过权利激励的方式调动公民的积极性，使得公民在水污染治理中形成积极参与的局面。过去《水污染防治法》在应对水危机时采取了普遍的义务性规定方式，是导致法律在防治水污染中客观不能的重要原因。当法律只有义务性规定而没有权利内容时，法律作为一种行为规则对公民激励不足，法律预期目的也难以充分实现。

我认为，虽然《水污染防治法》从总体上看应该是一部管理法，其制度设计应该以设定公共管理权限与职责为主，但无论是从水的自然属性、经济属性和社会属性方面看，还是从当今管理理念已经发生巨大更新的角度看，在修订《水污染防治法》中引入市场机制，同时扩大公众参与不仅必要，而且可能。

中国环境公益诉讼未来可期 *

　　叫板头号污染源并非易事，美国自然资源保护委员会（以下简称NRDC）洛杉矶办公室为扳倒洛杉矶港口这个最大污染源，一场公益诉讼官司打了8年。在北京参加十一届全国人大二次会议的全国人大代表、著名环境法学专家吕忠梅，前不久与本报记者一同全程参与了对"NRDC洛杉矶办公室诉洛杉矶港口案"的调研。

　　"从这个案例可以看出，即使在美国这样环境公益诉讼制度已经很成熟的国家，要想赢得诉讼也不是件容易的事。"这是吕忠梅日前在接受记者采访时表达的看法。

　　洛杉矶港口案件令她对中国环境公益诉讼的明天有了更加深入的思考。

　　"中国环境公益诉讼已经取得了进步，但也面临尴尬。"这是吕忠梅对中国环境公益诉讼现状的一句概括性评价。

　　她认为，进步在于，2008年中国的环境公益诉讼完成了从理论向实践的成功跨越。吕忠梅说，贵阳清镇环保法庭、江苏无锡环保法庭以及云南昆明环保法庭等一批地方法院环保法庭的建立，为中国环境公益诉讼打开了司

---

* 本文原载于《法制日报》2009年3月13日，记者郄建荣，原标题为《环境公益诉讼扳倒洛城头号污染源》，有删减。

法实践之门。同时，随着 2008 年 7 月，贵阳市"两湖一库"管理局诉贵州天峰化工有限公司环境公益诉讼案的全部执行完毕，中国环境公益诉讼案件审判也成功实现了"破冰"。

但是，中国的环境公益诉讼实践面临的局面仍显尴尬。

吕忠梅认为，目前，理论上认为因环境公益诉讼而生的环保法庭，实际上大量受理的是非环境公益诉讼案件。这就让吕忠梅不得不产生这样的疑问："环境公益诉讼在中国应如何生长？"

吕忠梅告诉记者，这种情况的产生有一些是制度性的原因，如实践中检察机关、环保社会组织等作为提起公益诉讼的原告，但是由于涉及诉讼成本、专业知识能力等问题，检察院和社会组织的积极性不高，使得目前的公益诉讼处于"抓典型"的状态。此外，最能代表环境法律组织的律师界，如律师协会，在公益诉讼主体资格以及诉讼成本等方面也存在问题。吕忠梅认为，更重要的是怎样突破获得授权的法律障碍。她说，我国目前还没有对环境公益诉讼制度进行明确立法。这些实践中问题都需要在今后的立法中予以解决。

像 NRDC 这样的美国公益诉讼模式在中国是否可以用？吕忠梅的看法是，完全可以借鉴其合理的部分。她向记者透露，有关人士正准备联合提出议案，呼吁通过立法建立中国自己的环境公益诉讼制度。

"从洛杉矶港口案例的经验来看，关键在于环境公益诉讼制度的法律依据以及对环境公益诉讼制度本身是否有信心。"吕忠梅告诉记者，最起码她有信心。她认为，中国环境公益诉讼立法一定会有，环境公益诉讼的明天完全可以期待。

中国需要"环境基本法"*

1989 年通过的《中华人民共和国环境保护法》（以下简称《环境保护法》）施行 20 年来，对于保护和改善环境质量，促进经济、社会、环境协调发展起到了积极的作用。但越来越多的迹象表明，这部法律已经不能满足中国社会经济发展的需要，不能适应可持续发展的要求。现实问题的存在，引发了当前对《环境保护法》何去何从的激烈争论。有人认为，中国需要一部环境保护基本法；有人认为，现行的《环境保护法》不仅不应修订，而且还应在不久的将来被废止。透过争论我们不难发现，它不仅是一部法律文件的存废之争，其实质是对可持续发展观及环境法的根本认识以及如何理解和实现科学发展观的问题。我认为对于如此重大的问题，不能轻率决策，至少应该在广泛征求各方面意见的基础上，通过科学的论证与周密的分析，得出理性的结论。

一部法律的生命力与其所依存的"环境"密不可分，在当时诸多限制性条件制约下，《环境保护法》的开放度与适应性都十分有限。在《环境保护法》施行的 20 年中，国际国内环境立法的"环境"出现了重大变化，尤

---

* 本文发表于《北京日报》2009 年 6 月 15 日，是针对第十一届全国人大二次会议期间多位记者关注《中华人民共和国环境保护法》存废之争的集中回应。这里根据当年提出的建议稿，在最后部分增加了具体建议的内容。

其是在立法理念、立法宗旨、立法的价值取向上发生了根本性变革，这种变革无疑会动摇《环境保护法》的根基。在国际上，可持续发展作为一种不同于传统"人类中心主义"的新的发展观，在"生态人类中心主义"的思维方式下，明确提出了对现行法律进行评估和制定新的符合"可持续发展"要求的法律的要求，这一新的发展观及其要求得到了世界各国的广泛认同与接受。在国内，建设社会主义市场经济体制作为中国未来发展的目标载入宪法，"依法治国，建设社会主义法治国家"也成为宪法所确定的治国方略；我党更是明确提出了与可持续发展旨趣一致的科学发展观。可持续发展观、社会主义市场经济体制改革目标、建设法治国家以及落实科学发展观等，都是《环境保护法》制定时不可能达到的认识。但这些认识意味着新的生产方式与生活方式、新的伦理道德、新的世界观与方法论，更意味着新的立法理念、新的立法原则、新的立法模式、新的制度体系。如果我们运用这些新观念、新思维来审视《环境保护法》，不难发现它的距离。

从环境法实践看，许多国家走过了"从单行法到基本法"的道路，基本法的制定是从"先污染后治理"的惨痛教训中得出的结论。环境问题早已存在，不少国家试图通过颁行单行法律法规以解决问题，但由于始终未将环境问题的解决与人类的生产方式、生活方式或发展模式联系起来，没有重视环境资源的整体性、生态性、开放性特征，单行法的作用十分有限。直到20世纪60年代人类环境问题的大讨论，随后《人类环境宣言》的出台，才使人们真正认识环境与发展、环境与资源、环境与人口的关系，认识到需要有统一的发展目标和发展战略，需要有统一的法律。人类对环境问题认识的质的飞跃，导致了环境基本法的出现。1972年前后世界各国掀起了制定环境基本法的第一个高潮，大多数国家的环境基本法是在这一时期出台的。1992年，联合国环境与发展大会的召开，《地球宣言》将可持续发展作为全球环境保护的根本目标，继《人类环境宣言》以后又一次使人类对环境问题的认识产生了新的飞跃，世界各国颁行环境基本法的热潮方兴未艾，在欧洲甚至出现了像《欧盟环境保护法》这样的国际性区域的环境基本法。

　　我国也需要一部环境保护的基本法。环境基本法是人类正确认识自然、重新检讨人类传统生活方式，规范人类活动对环境的影响的产物，也是由于环境问题的严重所形成的不同于一般社会关系的环境社会关系，客观上需要有统一的法律调整的结果。它是确立环境法的基本原则与制度，建立环境法律秩序的重要保障，其地位是单行法所无法取代的。

　　中国的可持续发展需要环境基本法，但是，现行的《环境保护法》并不足以胜任。该法无论从形式上还是内容上都没有达到基本要求。从效力等级上看，《环境保护法》是由人大常委会通过的普通法，与单行法处于同一效力等级，并不具备基本法的形式地位；从内容上看，《环境保护法》的诸多欠缺使其无法达致基本法的境界。为此，建议尽快启动《环境保护法》的修订程序，从内容上加以完善，从效力等级上加以提升，整体上作为未来编纂环境法典的总则部分加以考虑，以适应时代发展的要求。具体建议如下：

　　1. 将《环境保护法》提升至环境法体系的最高位置，为环境单行法提供根本制度与原则统领。

　　《环境保护法》的尴尬地位是对可持续发展的丰富内涵与实质没有正确把握的体现，也是对环境基本法地位认识不足的表现。这种局面导致了环境基本法的地位偏低、与其他基本法沟通协调困难、对环境保护单行法指导不力等弊端。因此，必须提升《环境保护法》的法律地位，使其成为真正的"基本法"。

　　2. 系统梳理中国环境保护实践经验，合理借鉴国际社会和国外立法成果，针对《环境保护法》存在的不足，完善制度体系。

　　（1）明确宣示可持续发展战略，将实施可持续发展作为环境基本法的立法宗旨，确立可持续发展的法律地位。

　　（2）按照法治政府建设的原则，确立处理环境保护中的政府与市场、公权与私权、国家与社会的关系的原则，明确国家环境管理权力与公民环境权利的配置方式。

　　（3）确立国家环境管理的基本体制，打破行政区划，按照生态规律设置以生态区域管理为主的新型管理体制。规定环境管理的权力分配、协调、运行、监督的基本规则。

（4）确立公民环境权，规定环境权与民事权利、行政权力的关系与协调原则。

（5）完善环境责任制度，明确规定环境法律责任的构成要件与法律后果，规定环境法律责任的社会性、公益性判断标准。

（6）建立专门的环境程序制度，根据环境权运行的特殊性，确立环境司法救济以及其他救济的方式与程序。

（7）完善《环境保护法》的监督管理制度，根据风险预防、代际公平、全过程控制、公众参与等可持续发展的基本要求，重新构建环境管理的基本制度，在充分认识市场规律与环境保护关系的基础上，引进市场化的管理手段与措施。

公益诉讼是保护生态健康的最佳法律机制 *

　　日前，农工党上海市委举办的"2009 上海生态与健康论坛"上，农工党党员、湖北经济学院院长吕忠梅指出，环境公益诉讼作为保护生态健康的最佳法律机制，目前在我国尚处于小范围、个别案件的试点之中，相关程序性规定告缺。她呼吁：以立法形式确认和完善环境公益诉讼制度，保障环境保护的各项法律制度的有效实施。

由学者设想发展为司法实践

　　环境公益诉讼制度始于美国，指在环境遭受到侵害或有受侵害的可能时，任何公民、法人、公众团体或国家机关为维护环境公共利益向法院提起诉讼的制度，由学者介绍引入中国。目前，中国已经开始了环境公益诉讼的司法实践，吕忠梅举了几个诉讼实例：2007 年，贵阳市开庭审理了红枫湖、百花湖、阿哈水库水资源保护案及贵阳市辖区内有关水土、山林保护的环境公益诉讼案；2009 年，江苏省无锡市中级人民法院和贵阳清镇市人民法院分别受理了以中华环保联合会为原告的两个环境公益诉讼案件并顺利结案。由

---

* 本文原载于《联合时报》2010 年 1 月 8 日，通讯员蒋玲，原标题为《环境公益诉讼有司法实例但无制度，农工党员吕忠梅呼吁：生态保护还需以立法形式确认》，略有修改。

此，环境公益诉讼已从学者们的制度设想发展成了中国的司法实践。

无法可"依" 环境公益诉讼遇冷

吕忠梅指出，环境公益诉讼作为一项涉及实体法与程序法的司法制度，其运行有赖于制度本身的健全和制度支持系统的完善等多方面因素。但我国目前无论是公益诉讼制度本身，还是作为制度支持系统的司法工作机制及相关条件都还存在一定的问题。就制度本身而言，我国尚未对环境公益诉讼制度立法，如法院按照现行的《民事诉讼法》根本无法受理环境公益诉讼案件；就司法工作机制而言，是否应该设立环境保护审判庭，或者说如何通过合理配置法院内部的审判资源来满足环境公益诉讼制度运行的要求，需要从司法体制、诉讼模式等多方面整体考虑，而目前各试点地方都明显存在审判权配置与审判资源配置的一系列问题。

环境公益诉讼还需突破瓶颈

吕忠梅建议，在立法上应通过修改《环境保护法》《民事诉讼法》《行政诉讼法》等有关法律，确立环境公益诉讼的实体规范和程序制度，明确环境公益诉讼的法律依据。同时，必须建立具有可操作性的审判制度和裁判规则，包括原告资格、救济方法、激励机制、证据规则与诉讼参加人的确定、特别程序等。只有建立相对完善的环境公益诉讼制度，从根本上改变法律依据不足的局面，才能促进环境公益诉讼制度健康发展。在司法工作机制上，吕忠梅建议结合国家正在进行的司法体制与工作机制改革，在全国统一设立环境保护审判庭、合议庭以及环境保护法庭的标准，明确环境保护案件的主管等问题。由最高人民法院根据有关法律规定行使司法解释权，指导全国环境公益诉讼案件的审判工作，解决司法权统一行使问题，保证司法工作机制的顺畅。

环境公益诉讼不是普通民事损害赔偿之诉 *

2009 年，江苏盐城 20 万市民因水质不合格被断水，内蒙古赤峰市居民饮用水后患病，湖南武冈发生因企业污染造成儿童血铅超标，陕西凤翔、湖南浏阳等地发生重金属污染事件……

环境保护问题引起了全社会的广泛关注。

全国人大代表吕忠梅，是环境法学博士生导师，曾任湖北高院副院长、挂职三峡集团，现任湖北经济学院院长。她始终站在我国环境法学理论与实践研究的前沿，《法制日报》记者今天对她进行了专访。

环境保护司法大门终于开启

吕忠梅开门见山地说，2007 年 11 月 20 日，贵阳市中级人民法院设立的环境保护审判庭，及其下辖的清镇市人民法院设立的环境保护法庭，是我国首家设立的专业环保审判庭和环保审判法庭。2008 年无锡中院专门成立环保审判庭；江苏省好几个地方法院在民庭里设立环境保护合议庭；昆明中院设立环保审判庭；等等。这些环保法庭设立的一个重要目的，就是把公益

---

* 本文原载于《法制日报》2010 年 3 月 10 日，记者周芬棉，原标题为《吕忠梅代表深度解析环保案审理难点：环境保护诉讼不是赔偿之诉》，有修改。

诉讼纳入审判范围。

"各地情况五花八门，但毕竟多年的呼吁终于有了结果，而且有了第一例公益诉讼，环境保护的司法大门打开了。但接下来面临的很多问题还要解决，社会各界需要在理念上达成共识，相关的规则仍需深入研究后陆续出台。"吕忠梅说。

她历时三年，到多个省份调研、去美国考察，今年向全国人大提交了《关于进一步加强环境资源司法保护的建议》和《关于制定环境损害赔偿法的议案》。

环境污染损害不确定因素多

吕忠梅说，环境诉讼案件和一般民事案件相比要复杂得多。民事案件中，无论是人身损害还是财产损害的诉讼，原告和被告、损害行为、损害行为和损害结果之间的因果关系都是可以确定的。但是，环境诉讼中有许多不确定性。"人受到污染了，损害什么时候表现出来不知道，有的是排污行为与环境相互作用的结果，有的潜伏期很长，无法确定被告人是谁，这是主体的不确定性；一种污染物的排放造成多种污染环境的结果，多个污染源排放造成一个地方污染的结果，这是因果关系的不确定；污染物排放到环境中后，对某些人群造成损害，程度也因人而异，这是损害后果的不确定。"她说。

她举例说，日本水俣病是由有机汞污染引起的一种神经系统中毒，最初人们看到一个地方的猫跳海自杀，还当作新闻。后来出现了人也因为疼痛难忍而跳海自杀事件，但不知道原因。水俣镇医院的院长在接待了很多这样的病人后，在医学杂志发表了一篇关于这种不知名的神经中毒症的论文，这种病也因这篇论文被命名为"水俣病"。经过多年研究才发现水俣病的发病机理，是因为离水俣镇不远处是一条河流的入海口，该河流上游几十公里远的地方20多年前建了金属冶炼厂，这家工厂向河流排放的元素汞经由藻类转化变成了有机汞，经过"大鱼吃小鱼、小鱼吃虾米、虾米吃泥巴"的食物链，有机汞在不同生物体内不断累积放大，猫以鱼类为食且体量比人小很多，所以先出现严重中毒症状而跳海自杀，后来才到人中毒。这个"汞排放—藻类—虾—鱼—人"的过程长达几十年。通过实验室研究水俣病的发病机理也花了好些年。日本的首例水俣病诉讼，从起诉到判决用了 18 年。

"在完全不清楚发病原理的情况下，受害者根本无法举证，他只知道自己疼痛难忍，却拿不出证据证明是什么引起的、是什么病。这就需要在诉讼中重新分配举证责任。"

吕忠梅说，环境案件还有一个特点，就是某种污染既可能对特定人的生命和财产造成损害，也可能对不特定的人以及生态系统造成损害。"比如，某个工厂向湖泊排污，既会使承包该湖水面养鱼养虾的人受到损害，也会使居住在湖周边的人受到影响，还会使湖泊的生态系统受害。如果把污染物排放到江里也会如此，不仅影响取用江水的人，还会影响水生生物。"

环境公益诉讼有别于代表人诉讼

"因为环境污染致使特定范围内的人受到损害，有人认为这也属于环境公益诉讼。"吕忠梅说，"这是一种误解。"

环境公益诉讼是指对不特定的人包括当代人以及尚未出生的后代人共同赖以生存的环境受到污染或破坏，或者有污染或破坏之虞时，由法律规定的主体提起的特殊诉讼。如果污染是造成对一个居民小区或者一定范围内特定主体的污染，可以采取代表人诉讼方式，提起环境侵权民事诉讼，请求损害赔偿。

环境公益诉讼不能以损害赔偿为目的，因为一旦环境污染或生态破坏造成严重后果，生态环境不可恢复，人类将失去生存和发展的家园，任何赔偿都没有意义；因此，环境公益诉讼的目的在于预防这种严重后果的发生，更加重视的是要求停止污染和破坏，尽快恢复生态环境。因此，在环境公益诉讼中即便获得赔偿金，也不能归属于个人，应该在支付律师费等诉讼费用后，纳入环境保护基金，用于生态环境的保护和修复。

"如果是特定的受害人要求因污染造成人身或财产损害请求赔偿损失，属于普通民事侵权案件。另外，我国民事诉讼法规定了代表人诉讼，因一定范围内多数人受害时，可以选举诉讼代表进行诉讼，裁判结果可适用于所有受害人。这种情况下，可以委托律师作为代表人诉讼代理人，替大家要求赔偿。"吕忠梅说，"目前，真正受理环境公益诉讼案件的只有贵阳、江苏的几家专门环保法庭，原告起诉的目的，也是要求对方停止污染、恢复环境，而不是仅仅赔钱了事。"

审理环境案件须有环保理念

"对于法官来说，审理与环境保护相关的诉讼案件，必须有环保理念。"吕忠梅说，比如一个人破坏了森林，一般情况下，按照森林的数量（多少立方米）及其市场价值进行判断，怎么罚款、怎么量刑法律有规定，法官很好决定。但如果砍伐了一棵珍稀植物，在市场上卖不到多少钱，但却可能造成某个物种的消失，进而影响整个生态系统的平衡，由此造成的生态系统及其功能损失无法用当前的市场价值来衡量。如果法官没有生态环境的专业知识，就无法胜任。

"由此会引发一系列问题，如何判？以什么标准判？判完后钱放在哪里？怎么用？等等。在资金管理方面，国外有环保基金及其管理制度，我们没有。"吕忠梅说，目前，审理环境诉讼案件，现有的规则还很不完备。

吕忠梅去年提出了关于建立审理环境保护案件专门规则的建议。令她欣慰的是，最高人民法院有了行动，成立了专门调研组对全国环境案件的审判情况进行全面调研，并以调研为基础形成了加强环境司法的工作方案。最高人民法院主持调研的法官专程到湖北反馈了所提建议的办理情况。"自己的建议受到重视，是作为人大代表最高兴的事。"吕忠梅说。

一个司法解释的出台，不仅要进行反复调研，还需要进行深入的研究；

最高人民法院也会发布一些指导性案例，供各地法官判案参考。这些调查研究及指导性案例的评析，专家学者都可以参与其中。

吕忠梅认为，应更好发挥环境法专家学者的作用，促进理论与实践的紧密结合。她说："我也很愿意为此多做些工作。"

加强能动司法　保护环境资源 *

　　生态环境和自然资源是人类生存的基础。然而随着工业化进程的加速，我国生态环境遭受严重破坏，自然资源日趋枯竭，尤其是 2006 年以来，重大环境污染事件不时发生，资源、环境问题已成为制约我国经济和社会发展的瓶颈。在 2010 年十一届全国人大三次会议上，湖北代表团吕忠梅代表建议进一步加强环境资源司法保护。

　　类似建议，吕忠梅并不是第一次提，一年前她就曾呼吁加强环境资源的司法保护。这源于她作为首席专家承担的国家社科基金重大研究项目——环境友好型社会中的环境侵权纠纷解决机制研究。2007 年到 2008 年上半年，她带领研究团队对全国法院进行集中调研，召开 50 多次座谈会，访谈 3000 多人次，获得 1000 余份环境案件裁判文书。通过对这些访谈、问卷、司法文书的整理、分析，形成了我国环境司法现状的调研报告，并在 2009 年十一届全国人大二次会议上提出了《关于加强环境资源司法保护的建议》，该建议受到最高人民法院的高度重视，被列入当年重点办理建议。为此，最高人民法院专门成立调研组，对全国法院系统近五年的环境司法状况进行了专题调研。承办该建议的法官还专程到武汉与吕忠梅见面，共同探讨有关问

---

* 本文原载于《中国审判新闻月刊》2011 年 3 月 5 日，记者黄晓云，原标题为《吕忠梅：加强环境资源司法保护》，略有修改。

题。吕忠梅说："他们在调研报告中也提出了非常好的意见和建议，使我深受启发，也让我看到了我们研究中存在的不足。"

与此同时，2008 年前后环境纠纷高发，许多因环境污染引发的群体性事件成为影响社会稳定的重要因素。而中国的环境司法也有了很大的进步，尤其是 2007 年以来，一些地方法院陆续建立的环保法庭或者环保审判庭，受理了一批环境案件，开始进行由专门审判机构审理环境资源案件的试点。像贵阳的清镇环保法庭、无锡中院的环境审判庭、昆明中院的环境合议庭，不仅受理了环境公益诉讼案件，而且还在积极探索环境司法的程序规则。吕忠梅说："虽然在 2009 年的建议中，关于环境公益诉讼案件的审判、环境诉讼证据规则的完善等也是我建议的内容，但主要还是根据理论研究所得出的结论。"

审判实践的探索给吕忠梅的研究提供了新的研究对象和视角。2009 年，吕忠梅率领课题组成员重点对全国已经成立的环保法庭和环境审判庭、环境合议庭进行了调研，与法官、律师以及专家学者们深入探讨完善中国环境司法的理论与实践问题，形成了新的调研报告。以此为基础，她在 2010 年人大会上，提出了《关于进一步加强环境资源司法保护的建议》，建议在中国建立环境保护专门审判组织、最高人民法院出台相关司法解释、完善环境公益诉讼制度、加强法官培训、促进立法等。与 2009 年相比，这个建议结合近几年环境司法新发展以及实践中出现的困难和问题提出，更有针对性，操作性更强，也更完善。

吕忠梅认为，我国目前环境资源司法保护遇到了三个方面的阻力。首先，是环境立法存在短板。现有的环境立法从数量上看并不少，但是以行政管理立法为主，为司法提供的可操作性制度严重不足，还有一些重要的制度尚未建立。另外，由于环境法律关系具有不同于传统法律关系的特点，它是一种由"人—环境—人"所形成的法律关系，环境资源纠纷必然带有不同于传统纠纷的特性，解决这样的纠纷自然需要不同于传统的诉讼制度，而我们这方面的制度还非常缺乏。

其次，审判体制存在障碍。目前三大诉讼分立的审判体制不能适应依法公正解决环境资源纠纷的实际需求。有的环境资源纠纷，不仅无法区分民事法律关系和行政法律关系，而且根本无法纳入我们现行的民事法律关系或者行政法律关系之中。如环境公益诉讼，原告根本不是我们现在民法和民事诉讼法意义上的"直接利害关系人"，被告与原告之间也不存在直接的权利义务关系。因为原告并不是为自己的利益而是为公共利益提起诉讼，那么无论谁做原告都是公共利益的代表，或者是法律赋予了原告以公共权力，此时他们不再是私法主体。这样一来，原告起诉企业是"公权—私权"的诉讼，原告起诉行政机关是"公权—公权"的诉讼，将这样的诉讼纳入我们现行的民事诉讼或者行政诉讼中都有问题。因此，必须进行审判体制的改革。

最后，法官的司法能力存在不足。相对于其他纠纷，环境资源纠纷的法律关系更为复杂，涉及人与自然环境关系转换的诸多领域，专业性非常强。处理这样的纠纷，要求法官不仅要具备一般的法律知识，而且要对生态环境的科学规律十分熟悉，更要具备一定的环境科学等与生态环境相关的专业知识，了解人与自然之间的复杂联系，理解环境资源纠纷处理中可能出现的影响法官形成内心确信的各种因素。

这两年来，最高人民法院大力推进环境资源司法保护，吕忠梅对此非常赞赏。她说，司法作为维护社会公平正义的最后防线，理应在环境保护方面发挥其功能和作用。前些年，全国每年因环境问题而上访、信访达数万件，而进入司法程序的不足千件，表明在环境保护方面司法功能发挥不足。从目前情况看，虽然法律供给不足是其中主要制约因素，但最高人民法院在依法履行法律赋予的职能过程中，积极努力，通过能动司法大力推进环境资源司法保护，如鼓励有条件的地方设立环保法庭或合议庭，积极探索环境公益诉讼制度等，对于妥善解决环境资源纠纷、维护社会和谐稳定、保障经济发展方式转变都非常有意义。吕忠梅希望最高人民法院更好推进环境资源能动司法，在现有措施的基础上，进一步细化和完善相关司法政策，为妥善解决环境资源纠纷，为实现社会和谐稳定、提高人民的生活质量提供更好的司法保障。

法律不能忽视农村环境问题 *

每户免费发几个不同颜色的塑料大桶,每天下午5点钟准时有车开到每家门口收垃圾,而不同颜色的塑料大桶里装着可回收或不可回收的分类垃圾,这是去年北京郊区的一个村开始试行的垃圾回收新办法。但是这种做法毕竟是极少数,在我国大中城市常常提到的垃圾分类回收,在广大农村还很少听到。这是为什么?

"我一直关注环境立法,做了近30年环境法理论研究。现在我国的环境立法数量很多,其中有80%是为城市而立的,关注到农村的却很少。"全国人大代表、湖北经济学院院长吕忠梅今天在接受《法制日报》记者采访时说,"过去,有人认为农村环境立法的条件还不成熟,可以先放一放。但是随着社会的发展,特别是在新农村的建设中,已经出现了一种不容忽视的现象:农村的新楼房盖起来了、水泥路铺好了、电话装上了、汽车开回家了,但村口、巷口、街口、路口都堆满了垃圾。""过去的农村,天蓝、水碧、风清、日丽,但现在有些村庄的污染程度已经超过了城市。"吕忠梅忧虑地说,农村垃圾问题因农业生产方式与农村生活方式交织形成,是一个涉及城市和农村、工业和农业、生产和生活的复杂问题,也是关乎各种利益的重大问

---

* 本文原载于《法制日报》2011年3月12日,记者于呐洋,原标题为《解决农村垃圾问题刻不容缓》。

题。对于这类问题的解决，理应有规则、体制、机制等方面的建设，有明确的法律规定，以明确农村垃圾污染防治的性质、主体及责任、监管体制和权限、违法后果等，通过建立相对完善的法律制度，将各种利益关系维系在一定的秩序之内。但是，面对堆积如山的农村垃圾，目前却难以找到可顺利适用的规则、可有效运行的体制与机制。由于法律制度的缺乏导致的行为失范、后果失控、监管失职是农村垃圾问题日益严重的根本原因。

本次人代会上，吕忠梅带来了关于运用法律手段解决农村垃圾问题的建议。她建议对《固体废弃物污染环境防治法》进行再次修订，在破除"城乡二元结构"发展模式、统筹城乡发展的基础上，重新认识农村固体废物污染防治的性质、地位与作用，构建城乡一体化的固体废物污染环境防治制度。同时，制定专门的配套法规，建立完善的农村固体废物污染环境防治的工作机制和制度措施。

吕忠梅说，首先，农村固体废物污染防治是关系民生的重大问题，政府有责任将此纳入规划，对此投入经费、采取治理措施、进行监管，法律应明确规定政府作为责任主体以及承担责任的范围。其次，解决农村固体废物污染问题，应在法律上明确环境与发展综合决策的原则与具体措施。最后，法律应建立多元参与机制，促进政府转变观念，从环境管理迈向环境治理，采取有效措施，充分发挥农民的主动性、积极性。

控制环境与健康风险需要法治 *

"十二五"规划纲要指出，防范环境风险，加强重金属污染综合治理，提高环境与健康风险评估能力。全国人大代表、湖北省经济学院院长吕忠梅表示，中国正处于环境污染影响人群健康后果呈现的高发期，迫切需要运用法治手段控制环境与健康风险，应尽快将环境与健康风险管理纳入《环境保护法》和环境影响评价法等法律中，制定环境与健康风险评估标准，让环境风险管理有法可依。

吕忠梅介绍说，我国目前虽然环境污染物排放势头有所遏制，但重金属污染、土壤污染和化学品污染造成的人体健康受害问题日益严重。"十二五"期间，应建立一套科学的环境与健康风险管理体系，对环境风险进行科学评估，选择更佳、更可行、更安全、更简单的方式对环境风险进行管理。

"十二五"期间，中国仍处于工业化、城镇化高速发展的时期，但不能再片面地追求 GDP 增长而忽略环境代价，要破除 GDP 崇拜，减少经济增长对环境的损害，发展科技含量高、资源消耗低、环境污染少的产业。吕忠梅认为，应抓紧配套推进资源要素价格改革，增加能源消耗成本，运用经济手段促使少耗能、少排放、少污染。

---

* 本文原载于《中国人大》2011 年 10 月 10 日，原标题为《用法律手段防范环境风险》。

但是，为了避免环境污染而停止经济发展的做法也是不可取的。吕忠梅认为，环境风险管理要选择一个平衡点，既要保证发展，也要保证不会对人民群众的身体健康产生危害。这就需要作科学的预测和评估。

根据环境科学的相关研究，向环境排放的污染物经过迁移转化，对人体健康造成伤害一般要经过 30 年左右的时间。一些环境污染造成的人体健康损害是不可逆转的。

吕忠梅希望，切断污染物从环境向人体转移的渠道，在尚未出现人体健康损害时就及时处理，防止污染事件发生。吕忠梅表示，环境损害赔偿不仅要考虑对人身、财产造成的损害，还要注重对自然环境的损害进行赔偿，应将两种环境损害赔偿制度相结合。中国现有损害赔偿法律法规，只对环境污染造成的人身和财产损害作了规定，针对自然环境的损害赔偿仍是空白。

发挥环境公益诉讼的预防功能 *

　　近日，"多地出现'癌症村'"的报道引起了第十届、第十一届全国人大代表、湖北经济学院院长吕忠梅的关注。吕忠梅在列席全国人大常委会会议期间，接受了本报记者的采访。在采访中，她告诉记者，这与她致力推动多年的环境公益诉讼密切相关，"我们不能等到造成严重危害后果的时候再去解决问题，应该在污染刚刚开始的时候就提起环境公益诉讼。"

环保是"母亲的事业"

　　"环保是母亲的事业"，这是吕忠梅常常说的一句话。她告诉记者："做环境保护的人最需要的是有母亲般的自我牺牲精神，最大的收益是给子孙后代带来良好的生存环境。"她忘不了在调研时见过的受到铅污染危害的儿童，"长期的铅污染给孩子带来不可逆的危害，孩子在幼年时受到铅污染达到严重程度，会影响他的智力发育，终身弱智。"

　　吕忠梅既是全国人大代表，也是一名环境法学家，还是农工党中央常

* 本文原载于《检察日报》2011 年 10 月 24 日，记者郑赫南、实习生唐靓，原标题为《"癌症村、血铅超标"都需要环境公益诉讼》，有删减。

委、农工党湖北省副主委。连续多年的全国人代会上，吕忠梅都提出了建立环境公益诉讼制度的议案和建议。

在吕忠梅看来，经过多年的经济快速发展，环境污染对人体健康损害的后果已经进入集中爆发期。据国家有关部门发布的环境保护信息公报，近三年来，环境信访案件数量以每年 30% 的速度增长，各种因污染引发的砷中毒、儿童血铅超标、镉中毒事件频繁见诸媒体。

吕忠梅忧心地表示，其实到受害者提起赔偿诉讼已为时过晚，因为一些不可逆转的损害后果已经造成。所以，应该考虑将预防性诉讼前置，用环境公益诉讼来阻止污染行为。

环境公益诉讼期待法律确认

令吕忠梅高兴的是，近年来，她的建议得到了承办部门的积极回应。2010年 8 月，最高人民法院印发《关于为加快经济发展方式转变提供司法保障和服务的若干意见》，明确提出鼓励环境保护纠纷案件数量较多的法院设立环保法庭，实行环境保护案件专业化审判，提高环境保护司法水平。

吕忠梅告诉记者，据不完全统计，到目前为止，我国已有 11 个省（市）成立了各种类型的环保法庭 39 个，其中有 6 个中级人民法院设立了环保审判庭，有 10 个基层法院设立了环保法庭或审判庭，18 个基层法院设立了环保合议庭，5 家基层法院设立了环保巡回法庭。

"不过，这些法庭受理的案件数量总体上来讲并不多。"在今年 3 月的全国人代会上，吕忠梅提出了《关于进一步加强环境资源司法保护的建议》，指出了目前"环保法庭"运行中的一些问题：比如环保专门审判机构的功能定位不清，司法鉴定混乱，评估机制缺失，等等。

"环境公益诉讼的推进也有障碍。"吕忠梅表示，受制于现行的法律规定，最高人民法院未就环境公益诉讼作出明确表态，目前主要是地方人大常委会作出决定或者出台有关环境公益诉讼的规范性文件，不仅法律依据严重不足，而且其文件本身的合法性也存在问题。

吕忠梅建议最高人民法院对环保专门审判机构的问题进行深入研究并向全国人大常委会提出设立专门审判机构的议案；为环境公益诉讼制定司法解释，明确环境案件的案由，将其从传统的民事侵权纠纷、行政纠纷中独立出来；积极探索环境公益诉讼的执行方式；等等。

对正在修订的民事诉讼法，吕忠梅充满期待，她希望这次民事诉讼法修订能够增加民事公益诉讼的内容，让环境公益诉讼有法可依。

"作为代表，能将自己的理论研究成果与实践相结合，转化为对国家、社会产生积极影响的议案、建议，我觉得很幸福。"采访结束时，吕忠梅这样表示。

期待《环境保护法》的新修订 *

全国人大代表、湖北经济学院院长吕忠梅做客由正义网与新浪网联合推出的 2012 年全国"两会"系列访谈节目，就《环境保护法》的修订、保护公民环境权、环境公益诉讼等问题与网友进行了交流。

主持人：各位网友大家好！欢迎收看由正义网与新浪网联合推出的"2012 全国'两会'特别访谈节目"，我是访谈主持人杨柳。今天我们为大家邀请到的嘉宾是全国人大代表、湖北经济学院院长吕忠梅。吕老师您好！给我们的广大网友打个招呼吧！

吕忠梅：网友朋友们，大家好！

主持人：吕老师，您今年"两会"上会有什么提案，给人家介绍一下吧。

吕忠梅：我今年带来的建议主要是来自三个方面。一是自己长期从事的环境保护立法，也是我的专业研究领域。经过连续多年提出修订现行《环境保护法》的建议，去年年底，全国人大常委会已正式启动了环保法修订的工作。今年我结合环保法的修订，将重点放在环境立法已有制度的实施方面。比如，水利水电工程的环境影响评价，重金属污染对人体健康的影响。二是

---

* 本文原载于正义网—新浪网 2012 年 3 月 7 日，主持人杨柳，原标题为《加强已有环境立法的制度实施》，有删减。

司法体制改革问题，这是我曾经工作过的领域，今年是本轮司法体制改革的最后一年，我也一直在关注。三是我现在工作的领域。作为大学校长，来之前通过微博征集了学生们关注的高等教育资源公平分配、大学生就业难、户籍制度改革与教育制度改革的关系等。

制定符合中国发展要求的《环境保护法》

主持人：吕老师，刚才您讲到关注的第一点是关于环境法方面的。据我了解，您是中国环境法学界的领军者。去年我国一些环境问题引起广泛关注。比如说 PM2.5、漏油、重金属污染等。环境公益诉讼也写进了民事诉讼法草案，您如何看待中国的环境立法呢？

吕忠梅：中国从 1979 年制定第一部《中华人民共和国环境保护法（试行）》，到现在已有 30 多年。这 30 多年的环境立法走过了三个阶段。

第一个阶段，跟着别人走，初步建立了环境保护的法律制度。1972 年，中国政府派代表团参加了联合国人类环境会议，看到了西方国家严重的环境问题对经济社会发展的影响，开始提出中国也要搞环境保护。1979 年，五届全国人大第十一次常委会原则通过了《中华人民共和国环境保护法（试行）》，这是立法史上比较罕见的现象，一部正式由人大常委会通过的法律却加上"试行"二字，表明这部法律还不成熟。虽然当时中国提出了"不走西方国家先污染后治理的老路"的理念，但由于自身的环境问题不多、环境保护的实践有限，这部试行法的制定主要是借鉴国外的立法经验，所以，可以称之为"跟着学"。

第二个阶段，开始探索中国自己的环境立法道路。从 1979 年到 1989 年，经过 10 年的试行，七届全国人大第十一次常委会通过了修订的《环境保护法》，这时"试行"二字才被拿掉。这 10 年，正好是中国改革开放的第一个 10 年，随着经济的飞速发展，一些环境问题逐步开始显现，促使中国"不走西方国家先污染后治理的老路"理念更加坚定，采取了许多加强环境保护的措施，也取得了一定成效。因此，1989 年《环境保护法》在"试行法"的基础上，立法思路更加清晰，内容更加规范，也规定了一些具有中国特色的法律制度，可以称之为"比着走"。

现在正处于第三个阶段。1989 年以来，中国的市场经济体制改革和对外开放成效显著，创造了经济奇迹。但在这个过程中，高投入、高资源能源消耗、高污染的发展方式也带来了严重的环境问题，形成了中国经济社会发展的"瓶颈"。另外，因为环境污染引发的人群健康事件也开始爆发，你刚才说到的重金属污染，如铬污染事件、"癌症村"事件，都是环境问题引发的社会问题。在这种情况下，如何进一步完善环境保护法律制度，既适应中国经济社会的发展变化，也回应国际社会提出的可持续发展理念，以及应对全球气候变化、生物多样性减少等国际环境保护的新要求，都成了非常重要的问题。现行《环境保护法》不能适应这些新需求，修订这部法律十分必要，这也是最近 10 年我一直在做的工作。

这 10 年，中国的环境保护有了很多的实践经验和教训，使得我们有了更好的立法基础。所以，这一次《环境保护法》的修订，我希望能够真正制定一个符合中国发展要求的、可实施的《环境保护法》。比如，刚才你说到的公益诉讼问题，就是其中之一。自 2007 年开始，环境公益诉讼在中国就开始了地方探索，比如贵阳、昆明、无锡、福建、海南、重庆等很多地方都设立了环境保护法庭，也受理了一些环境公益案件。去年贵州发生铬渣污染事件后，中华环保联合会提起的公益诉讼，已经被法院受理。

据调查，全国由环境保护组织提起的环境公益诉讼已经有 30 多件，在审理这些案件的过程中，也在积累经验。对这些经验加以认真总结和研究，不仅可以为环境立法提供基础，也可以为民事诉讼法的修订提供经验。目前，已经公布的民事诉讼法修正案，已经有公益诉讼条款。期待在民事诉讼法建立民事公益诉讼制度后，《环境保护法》修订能够有配套性的制度，把这个制度在环境公益诉讼方面真正落实好。

保护公民的环境权

主持人：据我了解，您一直在呼吁保护公民的环境权。在环境立法中怎样才能保护公民的环境权呢？

吕忠梅：事实上，我们每个人都有在健康环境中生活的权利，这是我们基本的生存权之一。但目前，这个权利还没有为法律所确认。在国际法上，环境权是作为第三代人权提出来的，一些国际公约、条约宣示了环境权，世界上也有不少国家在宪法或环境基本法中写入了环境权，确认了其人权属性。

理论上的环境权有多重涵义，是一个十分复杂的学理概念。对于公民而言，法律上的权利，是与义务相对应的概念，我们应该享有在不被污染的健康环境中生活的权利，同时也负有不污染环境的义务，这才是对环境权的完整理解。

也就是说，如果在法律中规定了公民的环境权，任何人都不能只享有美好环境而不为建设美好环境做贡献。我们每个人，都有义务不去污染环境、减少对资源的浪费、治理已有的污染，等等。当然，政府有责任为全体公民提供优质的环境，这在我们的宪法上有明确规定。

比如为了控制雾霾，国家制定了控制 PM2.5 的环境标准并加以实施，这是国家确保社会公众不遭受环境污染的重要举措，目的是让我们享有在环境中健康生存的权利。但是，真正把 PM2.5 的排放降下来，需要全社会的共同努力，比如家庭燃煤、个人汽车尾气排放、燃放鞭炮等都会带来 PM2.5 指标的上升。其实，我们既是雾霾天的受害者，也是雾霾天的制造者。在法律上规定公民环境权，是在赋予我们权利的同时，也告诉大家都有保护环境的义务。

共同推进环境保护立法和司法

主持人：吕老师，您作为著名的法学家、教授，之前还担任过湖北省高级人民法院副院长，现在又是大学校长，还当了两届人大代表。您如何适应这些不同身份之间的角色转变？

吕忠梅：你可以看到我的提案、建议和人大代表的履职，都来自我的研究领域，与我从事的工作直接相关。人大代表要代表人民的利益，把人民的呼声带到国家立法机关，这些呼声一定与你生活和工作的场所及领域密切相关。

我作为法学研究者，提出立法议案是自己的专业本能。但立法是不同利益诉求表达并达成一致的过程，议案不是在书斋里想得出来的。因此，我会通过立法调研去了解到不同人群的不同声音，首先是做到知情，然后对了解到的不同声音加以判断，甄别这个声音是代表一个人利益还是群体的利益。还要高度关注，我们在立法过程中，是否存在被忽略和被遗忘的利益。在这个判断的基础上，才能在立法中更好地表达、争取并协调好各种利益关系。

我现在是一位大学校长，生活在年轻人之中。社会上有很多议论，说大学生现在不关心国家大事，至少在我的周围，这不是事实。我们学校的3万学生都在很认真地讨论中国的经济问题、社会发展问题、法律问题，学生们不仅关心国家大事，而且做了许多对未来有建设性的事情。这种信息，我想也应该向社会广泛传递，让社会对年轻人、对未来有信心。

你也了解到，我做过法官，这个工作对我履职非常重要。因为法官每天都要面对新的案件，必须从法律中找到解决问题的办法。这使得我更加关注法律实施中遇到的实际问题，提出一些有针对性的建议，并持续推动事情向解决问题的方向发展。比如，这几年连续提出设立环保法庭、发展环境公益诉讼的议案和建议，都是如此。今年是我做代表的第十年，其实相关建议从当代表第一年就开始提，并连续多年一直提，最高人民法院从开始原则性答复建议，到作为重点建议办理，组织专题调研、出台司法文件，再到今天几十个环保法庭的设立和几十件公益诉讼案件的受理，就是10年来坚持推动的结果。

当然，这绝不是我一个人的功劳。是我和很多人大代表，还有站在我们身后法律工作者一起，共同推进环境保护立法和司法。这是我能够做的和应该做的事情，是尽一份人大代表的责任。

更好地推进环境公益诉讼

主持人：吕老师，您能否跟大家分享一下在您当人大代表的这10年里，关于环境保护立法方面履职的故事？

吕忠梅：讲讲环境公益诉讼的故事吧。2007年，我提出了一个关于建立专门环保法庭、推进环境公益诉讼的建议。这个建议转到最高人民法院后，负责办理建议的法官联系我，我提出希望法院先做调查研究、摸清底数，他们说准备启动。2008年，我继续提了关于加强环境司法的建议，被最高人民法院列为重点办理建议。成立由法院内部七个部门共同组成的调研组，对近五年全国的环境司法现状进行调查，这个专题调研报告形成后，调研组的法官专程到武汉跟我见面，交换意见。2009年，最高人民法院出台关于转变经济发展方式的司法文件，明确提出推动环境公益诉讼、鼓励有条件的地方建立环保法庭。2010年出台了审理环境案件司法文件，全面规范环境私益诉讼和公益诉讼案件的审理和法律适用。正是在最高人民法院的推动下，地方设立的环保法庭达到了30多个，受案范围也越来越广泛。

我知道，最高人民检察院也做了很多相关工作。我也曾经多次与检察官们讨论环境公益诉讼问题。现在，法院受理的环境公益诉讼案件，有相当部分是地方检察院提起的。最早是广州的基层检察院，还有云南等地检察院都提起了环境公益诉讼，这些案件也得到了法院的支持。

目前，检察院作为提起环境公益诉讼的主体，还存在一些学术上的争议。主要是如果赋予检察机关提起公益诉讼的主体资格，如何处理检察院作为法律监督机关的职责之间的关系？这涉及宪法对检察机关的职能定位，是需要通过立法加以解决的问题。希望在修订《环境保护法》和《民事诉讼法》的过程中，都能够对这些问题加以明确，使得环境公益诉讼更好地依法推进。

主持人：吕老师，请给我们网友分享一下您对正义的理解吧。

吕忠梅：正义很难用一个词或者一句话来进行表达，哲学家说，如果你要问我正义是什么，我就不知道了；你不问我，我就知道了。正义是存在于我们心中的一种价值追求，也是一个社会中绝大多数人认同的价值。如果非要定义它，我觉得，正义是人类生活的一种智慧。

对于个人来讲，正义是我自己如何更好地生活，以及如何和他人更好地相处的智慧。对于社会来讲，正义就是如何保证每一个人都能够安全、享有权利和有尊严地生活的一种智慧。所以，我们经常会说"正义就是法律"，其实，在英文里，正义和法律是同一个词，这也是我作为法律人对"正义"的理解。

修订《环境保护法》　建立政府问责制 *

　　环保问题一直是全国"两会"上的热门话题，3 月 12 日，全国人大代表、湖北经济学院院长吕忠梅就修订完善环保法律接受了荆楚网记者的专访。

　　记者：近年来，我国每年涉及环保的案件、投诉等高达 100 万件，为什么现在环境问题这么突出？

　　吕忠梅：这几年，环境污染是老百姓反映非常强烈的问题。可能大家会有疑问，这几年国家环境保护的力度比以往大了许多，为什么老百姓的反应还如此强烈？这是因为环境的污染的规律使然，污染物从企业排放到空气、水或者土壤中，在自然环境中迁移、转化、积累，进入人体并达到损害健康程度，大概需要 30 年。中国最近 30 年，经济快速发展与高污染、高排放相伴而行，所以现在是环境污染损害人体健康的高发期。

　　记者：我国的《环境保护法》1989 年通过，已经施行了 20 多年。去年，《环境保护法》的修改才被提上了议程。那么现行的《环境保护法》存在哪些问题？

＊本文原载于荆楚网 2012 年 3 月 12 日，记者王淳、罗伟，原标题为《荆楚网记者专访全国人大代表吕忠梅：公民应享有环境权》，有修改。

吕忠梅：《环境保护法》是一个我国环境立法体系中的基础性法律，我国除了《环境保护法》外，还制定了多部污染防治的单行法，比如《水污染防治法》《大气污染防治法》，等等。虽然《环境保护法》20 年没有动，但水污染、大气污染、固体废物污染、放射性污染防治的单行法律都进行过修订，一些成熟的实践经验在单行法修订时已经吸纳。

现在的问题在于，由于社会经济的发展，《环境保护法》的立法理念和现在已经有很大不同。单行法律在不断地修订过程当中，已超前于《环境保护法》。另外，由于缺乏统一的修法尺度，单行法也出现了不一致的情况。所以从立法研究的角度来讲，《环境保护法》存在如下问题：

一是立法的价值理念已经落后，没有体现可持续发展、生态文明等现代环境保护理念。二是调整范围较窄，《环境保护法》以污染防治为主，在建设"两型社会"目标下，生态环境保护和污染防治应该并重，《环境保护法》没有将生态环境保护纳入调整范围。三是制度体系不够完善，比如，只规定对城市、对企业的污染防治，缺乏对农村、政府环境保护的制度安排。四是注重行政处罚等行政管制措施，轻视市场机制、公众参与等社会治理措施。五是法律责任规定不完善，缺乏作为司法裁判依据的规则。

记者：您提出在《环境保护法》修改中，应建立政府环境责任追究制度和环境保护问责制度。请问具体内涵是什么？

吕忠梅：现行《环境保护法》没有把政府的环境保护责任规定得很明确，而是大量地规定了企业的义务。于是出现了一个值得深思的现象：地方政府为了追求经济发展而降低环保标准引入污染企业，将其作为招商引资的一种优惠，导致很多地方出现较大的环境污染事故。

因此，我提出要在法律上建立政府环境责任制，并建立严格、详细的问责机制。以法律的方式明确规定地方政府对所辖区域的环境质量负总责，明确规定地方政府对所辖区域的从经济社会发展规划到企业污染控制负有管理义务，如有违反，政府必须承担法律责任。法律上为政府设定的违法后果，还应包括行政问责，政府负责人因为决策失误，造成环境污染和破坏，也要承担政治责任和相应的法律责任。

根据现在的法律，企业违法成本低，守法成本很高，实际上是鼓励企业做逆向选择。环保设施是没有效益的硬投入，因此企业要么不上设施，要么上设施也闲置不用，等到出现污染时，企业无力支付巨额费用。于是，出现了一个极不正常的现象：企业污染，政府买单，老百姓受害，环境被破坏，这是一个恶性循环，也是近期爆发的重金属污染事件背后的影子。政府为了发展经济而降低环境标准，企业为了利润而放弃污染治理，一旦发生严重的污染事件，苦果还得政府自己咽下去。因此，政府也应当切实承担起责任，从源头遏止污染企业的非法行为。政府和企业都要为各自的违法行为买单。

另外一个问题是，我们还缺乏系统高效的环境监测和评估体系。很多的环境法律制度，比方环境影响评价、环境排污收费、排污许可等制度的执行，都需要以相应标准和监测、评估作为科学依据，相关制度的缺失也是法律难以有效执行的原因。因此，环境标准和监测制度，也是急需明确的保障性制度。标准是什么，标准应该由哪些具体指标构成，标准应该如何制定，标准的效力是什么，标准如果不被执行的法律后果是什么，等等，也应该是《环境保护法》修订很重要的内容。

记者：您提出应立法确保公民享有环境权，请问这个如何理解？理由是什么？

吕忠梅：每个人都有在健康环境中生存的权利，都应该不被污染损害健康和生命，因为生存权是公民最基本的权利之一，在健康的环境中生存也应该是我们的基本人权。

只有享有环境权，公民才能享有一些相关权利。比如知情权，我可以要求企业公开排污信息，要求政府公开环境信息；监督权，我可以监督企业是否合法排污，企业的污染物是否对我造成了危害；享有诉讼请求权，一旦我的身体健康或者财产遭受了污染损害，我可以到法院起诉，要求损害赔偿，这些都是环境权的表现。

另外，环境权也是一项集体性权利，因为保护环境涉及我们共同的利益。如果你要在我们的居民区周边建一个污染企业，需要征求我们大家的意见，我们可以表示不同意你建；或者你必须采取污染防治措施达到我们满意的程度，才同意你建。现在已经出现了一些民间自发组织的环保行动，也说明公民希望享有参与环境治理的权利。

记者：公民遭受环境污染，很多时候一是不知道情况，二是不知道怎么去维权，这方面我们该怎么做？

吕忠梅：现在已经有专业的环境律师提供这方面的法律服务，有困难可以找律师咨询或提供专业支持。更重要的是加强对公民的环境法治教育，让公民知道有什么样的途径去维权。目前，从法律上讲，《环境保护法》已经规定了公民有检举、投诉的权利，也可以到法院提起诉讼，这些法律渠道都是畅通的。

记者：您提出在修订《环境保护法》时，应该考虑建立环境公益诉讼制度。请问"环境公益诉讼"的含义是什么？基于的理由是什么？该制度建立以后对推动环境保护有何作用？

吕忠梅："环境公益诉讼"是相对于传统私益诉讼而建立的一种特殊的诉讼程序。传统诉讼是指我的个人权利遭受侵害时，法律规定我可以到法院提起诉讼，请求法院保护我的权利。在这个诉讼中，原告与被告都是清楚的。而当环境受到危害时，谁来代表环境？比方说长江、喜马拉雅山脉由谁来代表？如果没有代表，法律上就不能进入诉讼程序，污染和破坏环境的人就受不到法律的制裁。因此，公益诉讼就是在法律上设立一个制度，明确谁来代表环境为我们共同的环境利益向法院提起诉讼，而且这种诉讼所获得的利益也归属于社会公众，不属于任何个人，司法判决所带来的环境保护效益由我们当代人和后代人共同享有。

公益诉讼制度的发源地是美国，被称为公民诉讼，是指政府或有关部门不履行或不愿履行环境保护义务时，法律授权公民代表环境向法院提起诉讼。美国的《清洁空气法》等7部法律授权公民个人或环境保护团体提起诉讼，美国法院受理了大量的案件。实践中，公民个人提起的公益诉讼比较少，主要是环保团体提起诉讼。目前，中国有一些地方法院开展了公益诉讼试点，提起诉讼的主要有两类，一类是环境保护社会组织，比如中华环保联合会；另一类是地方检察院。这次在《民事诉讼法（修正案）》中，已写入了公益诉讼。也非常期待在《环境保护法》的修订中，把环境公益诉讼制度更加明确化。

记者：武汉已启动 PM2.5 检测，年内将推广到 9 个城市。请问这将对我省环保事业起到哪些积极作用？您认为下一步还有哪些工作应深入开展？

吕忠梅：PM2.5 本身是一个新的监测指标，过去我们只监测到 PM10 或 PM5，并未将细微可吸入物纳入监测范围。实行 PM2.5 监测后，可以对企业的排污行为进行更为精准的监督，比过去只对大颗粒物、微颗粒物进行的监管更加严格。这可以倒逼企业遵守法规，升级技术和环保设施，有效改善空气质量。

PM 2.5 监测的实施还有一系列的工作需要做。首先是监测设备必须尽快到位，其次是要明确发布的方式以及监测结果及其发布的效力，还有对 PM 2.5 超标应如何追究责任，等等，这些都需要出台相关规则，也有一个过程。

记者：本届"两会"马上就要结束了，您作为履职 10 年的代表，对今年"两会"后有何期待和展望？

吕忠梅：我做代表这 10 年，见证了全国人民代表大会制度在中国政治生活中的重要作用和制度本身的进步。在立法方面，完成了中国特色社会主义法律体系的基本建设，非常了不起；在监督方面，机制不断创新，如去年开始实行的专题询问制度；在发扬民主方面，开通了很多渠道，除了立法草案公开向全社会征求意见常态化之外，还对一些专题事项公开征求意见，如去年提高个人起征点，充分吸收全社会的意见，使人民代表大会制度更加朝着代表人民利益、吸纳民意的方向发展。

作为人大代表，我希望我们国家根本政治制度更加完善，能够更好地履行最高权力机关的职责。在立法方面，在不断提高立法质量的同时，更好地解决部门利益法律化问题，充分发挥人大对立法的主导作用，在立法中充分体现社会各方面利益诉求和共识；在法律的监督方面，加强对法律的执行和实施情况的监督检查；在代表作用发挥方面，更好地完善代表联络、听取代表意见、代表培训等制度，尤其是对代表们反复提出、多方提出的法律议案，如何进入立法程序，能够形成更加明确的工作机制，对代表的建议给予更实质性的答复。

修订《环境保护法》的目标是"管用"*

"人们对现有的《环境保护法》评价普遍不高。"3 月 10 日，全国人大代表、湖北经济学院院长吕忠梅在湖北代表团全体会议上说。

会后，吕忠梅代表告诉记者，自己近 10 年来一直在努力推进现行《环境保护法》的修订。

通过对《环境保护法》实施情况的调查，吕忠梅代表认为，无论是执法还是司法，这部法律的有效实施都存在很多问题，使得国家环境保护职责没有得到很好的履行，公众的环境权益没有得到很好的保护。

"我们的经济发展有长三角和珠三角等亮点，可是我们也有'锰三角'和'黑三角'等污染的'脏点'，一些地方实际走上了先污染后治理的老路。"吕忠梅代表认为现行《环境保护法》在制度层面主要存在四个问题：首先是国家已经确立的环境与发展综合决策机制未纳入法律，缺乏综合决策的明确规定。这使得一些地方的经济决策不符合环境法律规定，导致污染工程和生态破坏项目大量上马。其次是环境监测与监督措施薄弱，行政处理和处罚偏软，造成企业违法成本低、守法成本高。

再次是缺乏环境信息公开制度以及公众举报途径的明确规定，没有环

---

* 本文原载于《中国妇女报》2012 年 3 月 13 日，记者姚鹏，原标题为《吕忠梅代表：十年紧盯〈环境保护法〉修改》，略有修改。

境公益诉讼制度的支持，有关环境资源保护的信息严重不对称，公众知情权、表达权、参与权、监督权得不到实现。"由于前期对他们并没有告知，老百姓总是等到发生严重侵害后果的时候才去上访，他们的知情权得不到保护，形成了'企业污染、政府买单、群众受害'的恶性循环。"吕忠梅代表说。

最后是法律责任制度不健全，缺乏对政府违法责任的追究，导致大量的因环境污染和生态破坏而引起的环境纠纷无法进入司法程序，少数已经进入司法程序的案件也审理难、裁判难、执行难。

吕忠梅代表说，她从全国人大环资委关于修改《环境保护法》的调研会上得知，此次修法的重点为处理好环境保护主要法律制度与相关法律衔接存在的问题方面，主要涉及环境影响评价、排污收费、限期治理、公众环境权益、环境标准、环境监测、跨行政区污染防治协调和人民政府环境质量责任8项重要制度。她认为，这个对《环境保护法》的"有限修改"思路是可取的。

吕忠梅代表建议，在修改过程中应广泛征求专家和公众的意见，真正制定一部"管用"的法律。在她向大会提交的建议中提出，此次《环境保护法》的修订，应进一步完善《环境保护法》的立法理念，将生态环境保护纳入《环境保护法》的调整范围，并对环境保护管理体制、环境功能区划等制度方面予以健全，改变目前的《环境保护法》实际上是"污染防治法"的现状。

"同时也要针对《环境保护法》实施中存在的突出问题，修改完善相关制度。"吕忠梅认为，应当完善政府环境与发展综合决策制度、企业环境保护义务制度，环境司法保障措施以及环境保护执法手段和措施。此外，对于环境保护单行法已经规定，或者在执法与司法实践中已经积累了经验的一些做法，也应该在修订《环境保护法》时予以统一和完善。

吕忠梅认为，每个人都有在健康环境中生活的权利，这是人们基本的生存权之一。我国现在制定的环境标准如PM2.5，就是要让大家享有在良好环境中健康生存的权利。同时，权利本身也含有与之相对应的义务，每个人、每个企业以及政府，都要为保护环境做出相应的贡献，都有不去污染环境的义务。为此，她也建议，应当将公民的环境权纳入环保法中，使保护环境由道德约束变为立法规范。

吕忠梅代表说，环保公益诉讼制度不仅能为环境立法提供一些基础，还可以为民事诉讼法的修订，提供建立公益诉讼制度方面的经验及可行规则。

健全环境损害赔偿制度 *

　　"把生态文明建设放在突出地位，融入经济建设、政治建设、文化建设、社会建设各方面和全过程，努力建设美丽中国，实现中华民族永续发展。"党的十八大报告首次单篇论述生态文明，首次把"美丽中国"作为未来生态文明建设的宏伟目标，把生态文明建设摆在总体布局的高度来论述，表明我们党对中国特色社会主义总体布局认识的深化，彰显出中华民族对子孙、对世界负责的精神。

　　尤其值得一提的是，党的十八大报告还具体提出了"加强环境监管，健全生态环境保护责任追究制度和环境损害赔偿制度"。为何要健全环境损害赔偿制度？我国当前面临的主要生态环境问题是什么？环境损害赔偿制度还存在哪些缺失？如何实现"美丽中国"？环境资源法专家吕忠梅在赴京参加全国人大相关部门举办的《环境保护法》修订座谈会之余，对《法制日报》记者就以上问题一一进行了解读。

---

* 本文原载于《法制日报》2012 年 12 月 19 日，记者廉颖婷，原标题为《建设美丽中国　完善环境损害赔偿制正当时》，略有修改。

人祸引发生态破坏环境污染增多

记者：党的十八大报告把我国当前面临的主要生态环境问题归纳为三个方面：资源约束趋紧、环境污染严重、生态系统退化，并以此为基础提出了树立生态文明理念、加强生态文明建设要求。您能否从专业角度出发，说说当前我国的生态环境面临的主要问题有哪些？

吕忠梅：我们从理论上把生态环境问题分为两大类：一是生态破坏；二是环境污染。这两类问题都有可能因为自然原因和人类活动而引起。

一般我们把自然原因所引起的生态破坏和环境污染称为"天灾"，如地震、海啸、飓风、洪水等所造成的生态破坏与环境污染，这类生态环境问题很难阻止其发生，可以采取的措施主要是事前预报、疏散以及事后救助等，以减少其对人类生命或财产造成损害，这一类的法律通常被称为"防灾减灾法"。

另一种是由人为原因造成的生态破坏和环境污染，也可以说是"人祸"，比如大规模的森林砍伐导致植被急剧减少和野生动植物的灭绝，矿产资源过度开采造成资源枯竭，工业和生活向环境排放污染物形成大气污染、水污染、土壤污染等。对于这类生态环境问题是可以通过控制人的活动，防止其发生的。因此，如何通过控制人的行为而减少生态破坏与环境污染的发生就成为环境资源保护法的主要目标和任务。

记者：对于十八大报告提出的"资源约束趋紧、环境污染严重、生态系统退化"，我们又该如何认识？

吕忠梅：实际生活中，对几个问题需要有清醒认识：

一是我们目前面临的资源约束趋紧实际上是生态破坏和环境污染所必然造成的结果，因为，生态破坏的实质在于破坏了生态系统的平衡，使得水、森林、动物等可再生资源的再生能力和繁殖能力丧失，也使得不可再生资源的储量减少，形成资源约束；而环境污染本身就可能带来生态破坏的后果，同样会对生态平衡造成危害。

二是生态破坏与环境污染是可以相互转化的。环境污染是污染物超出环境自我修复能力的结果，会造成生态失衡；而生态破坏使得环境的自我修复能力进一步降低，会使环境更容易受到污染。

三是由于人类活动对自然环境的影响越来越大，当前的一些生态环境问题已经无法明确区分是"天灾"还是"人祸"。比如近年来频繁发生的洪水灾害，各地都出现的"看海"现象，其实是因为"人水争地"，大规模的围湖造地所造成的，与其说是"天灾"，不如说是"人祸"。

环境公益损害赔偿制度尚需完善

记者：要解决上述问题，就需要探索如何通过建立制度、规范人类行为，保障生态文明建设的顺利推进。其中，环境损害赔偿制度是一项十分重要的内容。您能否讲讲，环境损害赔偿制度的现状是什么？还有哪些缺失？

吕忠梅：在法律上，环境损害赔偿制度是一项环境民事责任制度，它建立的是通过对环境不友好甚至是污染破坏行为的否定性评价来引导人们不从事这些行为的机制。任何人或者企业，如果不依法履行环境保护义务，都可能招致巨额的赔偿。它是通过明确地告诉你违法的后果，让你自己去判断如何行为。选择依法行为，可能得到你想要的东西；如果选择违法，则可能不仅得不到你想要的，而且可能付出更大代价。这一制度的积极意义在于，告诫人们自觉选择合法行为而不去违法，从而减少对环境的污染和破坏。

目前，我国已经建立的环境损害赔偿制度包括两个方面的内容：一是传统意义上的环境侵权制度，即某种行为已经造成或者可能造成环境污染或破坏的后果，特定受害人所要求的损害赔偿。对此，《物权法》《侵权责任法》《环境保护法》以及相关法律法规、《民事诉讼法》对这一制度都作出了相应规定。

二是现代意义上的环境损害赔偿制度，即某种行为尚未造成但有环境污染或破坏的高度危险，且没有特定受害人的生态环境本身所遭受的损害的排除问题，这就是我们所称的"环境公益诉讼"制度。今年刚刚修订的《民事诉讼法》将环境污染纳入了公益诉讼制度，为建立环境公益诉讼制度打下了基础。

综观我国目前已经建立的环境损害赔偿制度，主要对因环境污染所造成的人身损害和直接财产损害、精神损害的赔偿，基本上属于传统的民事损害赔偿制度的范围，注重对"个人"的赔偿。缺乏对环境公益损害、间接财产损害和环境健康损害等"人类""后代人"的赔偿。

记者：健全环境损害赔偿制度最核心的内容是什么？

吕忠梅：健全环境损害赔偿制度最核心的内容是通过专门环境立法解决《物权法》《侵权责任法》所不能解决的对环境公共利益损害、间接财产损害和环境健康损害所需要的实体法和程序法规则问题。

首先，通过修订《环境保护法》，建立环境损害赔偿的基本制度，明确环境公益诉讼的主体及范围。这里特别需要明确，提起环境损害赔偿诉讼的主体都有哪些，是否除了现在已经试点的环保公益组织、检察机关之外，还应授权政府或者相关职能部门提起环境损害赔偿诉讼。如果授权政府，其环境保护监管职责与损害赔偿请求人的身份如何协调？如何确定政府与公益组织、检察机关的关系？

其次，制定专门的环境侵害责任法，具体规定环境损害赔偿的实体法规则与程序法规则。

同时还应制定司法解释，将民事诉讼法已经规定的环境公益诉讼制度程序进一步具体化，形成可操作的司法规则。

赔偿数额标准难题有待破解

记者：具体到操作层面，环境损害赔偿的数额和标准应该如何确定？

吕忠梅：环境损害赔偿的数额和标准可以通过科学方法加以确定。目前，在环境科学和环境医学上，已经确立了一些生态损失评估、人体健康风险评估、因果关系判断的方法，可以为法律提供基础。

通过环境标准的法定化，建立合理的司法鉴定规则、证据规则、因果关系推定规则、举证责任分配规则及责任划分规则等，实现科学判断向司法技术的转化，可以解决这些困难。

记者：环境损害类诉讼立案难也是一大问题，怎么解决？

吕忠梅：环境损害类诉讼立案难的一个重要原因，是立案后的审理难、判决难。解决这一问题的主要措施有二：一是尽快完善相关制度，为司法提供可操作的法律依据；二是提升司法水平和能力，加强对法官的环境法业务培训，使法官有能力正确地适用法律。

法律的生命在于实施

记者：从改善民生的角度来讲，健全环境损害赔偿制度的积极意义是什么？

吕忠梅：环境是每个人都须臾不能离开的生命存在条件，没有清洁的空气、水，安静的环境，就没有安全的食品、生命的健康，在这个意义上，享有良好的生态环境是人民群众的基本权利，也是政府应当提供的基本公共服务。我们知道，"民权"是"民生"的基础，健全的环境损害赔偿制度是对人民群众基本权利的基本保障，它至少从以下方面改善民生：环境损害赔偿制度赋予环境保护公益组织以请求权，对各种污染和破坏环境的行为予以否定性评价，并且课以严格的赔偿责任，促使排污者、破坏者慎重选择自己的行为，减少对环境的破坏和污染，减少对环境的损害，使人民群众生活在良好的环境中的可能性大大增加。

环境损害赔偿制度赋予受害人以求偿权，对于已经造成的生态环境和人体健康、财产损害，可以通过纠纷解决途径予以赔偿，使受害人所遭受的损害获得及时、足额填补，有资金或能力恢复生命健康、财产损失和被破坏的公共利益。

环境损害赔偿制度赋予公众以监督权，可以要求可能对生态环境造成不良影响的企业公开污染和破坏信息，要求企业承担社会责任。监督地方政府依法行政，严厉查处各类环境违法行为。

记者： 健全之后如何能有效落实?

吕忠梅： 法律的生命在于实施，再健全的法律制度不能得到有效执行都无异于一张白纸。制度的有效落实取决于三个方面，环境损害赔偿制度也是一样。

首先，在生态文明建设中树立法治理念，形成运用法治思维、法治方法解决生态环境问题的良好意识与氛围。

其次，提供法律实施的物质基础，如设立审判庭或者调解机构、设立司法鉴定机构、完善在线监测系统等。

最后，加强司法能力建设，提升法官和处理环境纠纷人员的环境法素养与环境司法水平，加强环境法理论学习和环境司法能力培训，创新环境司法技术，保证法律的正确适用。

第十二届全国人大代表履职（2013—2017）
第十二届全国政协委员履职（2015—2017）

柳暗花明

首提制定《环境与健康法》，再提制定长江法议案，参与《环境保护法》修订，推动环境司法专门化

2016 年 3 月，全国人大十二届四次会议期间，吕忠梅接受中央电视台专访

加强环境与健康监管时不我待[*]

3月7日16:30，十二届全国人大代表、湖北省政协副主席、湖北经济学院院长吕忠梅，北京大学环境科学与工程学院院长、长江学者朱彤，中国环境科学研究院环境污染与健康科技创新基地副研究员段小丽博士做客人民网强国论坛，以"环境与健康的法律监管"为题与网友进行在线交流。吕忠梅在访谈中提到，环境污染引发的问题已经不是一个科学的问题，而是一个社会问题，是民生非常关注的问题。

主持人：各位网友下午好，欢迎收看人民网强国论坛视频访谈。最近，温总理在政府工作报告中特别指出，要下决心解决好关系群众切身利益的大气、水、土壤等突出环境污染问题，改善环境质量，维护人民健康，用实际行动让人民看到希望。今天非常高兴地邀请到三位嘉宾做客强国论坛演播室，和我们进行在线交流。今天探讨的话题是环境与健康的法律监管。

---

* 本文原载于人民网强国论坛2013年3月7日，记者张洁娴，原标题为《十二届全国人大代表吕忠梅等谈"环境与健康的法律监管"》，有删减。

环境污染损害健康问题爆发　需要法律跟进

主持人：我们今天探讨的第一个话题，是为什么要进行环境与健康问题研究。

吕忠梅：我是从环境法律研究的角度来关注这个问题的。现在，大家都非常关注的环境问题是雾霾天气还有重金属污染对人群健康的影响。其实，更重要的是从土壤到餐桌的食品安全问题。如果植物生长在被污染的土壤中，污染物通过食物链最终会进入人体，对人的健康造成损害。当前，我们看到的一些重金属污染损害人体健康的事件，已清晰地呈现出"污染物—土壤（空气）—植物（动物）—人体"的路径。从一些因环境与健康问题引发的群体性事件来看，环境污染问题已经不仅是科学问题，而且是社会问题，是政府的民生关注中不可忽视的问题。我们知道，法律是社会关系的调节器，哪里出现了社会问题，法律的视线就要跟到哪里。如何通过法律手段让我们生活在健康安全的环境中，就是我的研究领域。

主持人：环境健康已经严重地影响到了人体健康。在我们的印象当中，西方国家都有过环境污染的问题，但现在都有了一定的好转。我们可以向其他国家借鉴什么经验？

吕忠梅：西方国家都走过先污染后治理的道路。当时，一些国家开始爆发公害病，像伦敦烟雾、马斯河谷烟雾、洛杉矶光化学烟雾、四日市哮喘、水俣病、痛痛病等事件都使成千上万人身体健康受到损害，非正常死亡人数急剧增加，有些公害病会遗传给后代。正是这些环境与健康问题催生了西方以反公害为核心的环境保护运动，直指政府的治理能力。在这样的背景下，西方国家开始综合运用各种方式来治理环境污染：一是制定严格的排放标准和质量标准，二是颁布严格的法律，三是投入大量的资金和运用科技手段进行治理，这三个方面，法律是基础和保障。

我们看到，西方国家出现严重的环境污染问题，尤其是出现人体健康问题之后，社会的稳定直接受到威胁，环境立法开始出现。比如20世纪70

年代，日本因为公害事件频发而被称为公害列岛，律师与受害者联合起来，发起多次全国性的集会、示威运动，对政权的巩固产生了极大威胁，这种情况下，日本一届国会连续制定了7部公害对策法。在美国，加州连续发生海上油污事件、光化学烟雾事件等，当地居民发布《圣巴巴拉宣言》，宣称应该享有环境权，要组织起来保护环境，宣言起草者也发起了多次大规模的集会游行，正是这些运动促使美国制定了世界上第一部现代意义的环境保护基本法——联邦环境政策法。由此可以看到，立法对保护环境非常重要。美国虽然是判例法国家，但环境立法从一开始就采取以成文法方式宣告国家保护环境的义务和责任，明确标准和处罚，大幅度提升企业污染成本，鼓励公众参与环境保护。

三年前，我与美国环境保护协会合作研究环境污染与健康的立法问题，重点研究了铅、铬污染对健康的危害。在研究过程中，我到过美国联邦环保署西部办公室、疾控中心、铅冶炼厂考察。印象非常深刻的是他们建立的环保、卫生协同执法机制，由环保部门负责环境监管、疾控中心负责对可能受铅污染的儿童采取卫生干预措施；工厂必须采取足够的防止污染物外泄措施。我们去了一个原生铅冶炼厂，到不同厂区发给我们不同的口罩，越接近核心区口罩的防护等级越高。工厂管理者告诉我们，在不同区域工作的人离开时要洗澡的次数也不一样，每洗一次都要重新换衣服，最多的要洗七次，任何工作场所的衣服都绝对不允许带回家，这样才能避免让家人特别是孩子接触到铅尘。如果企业不提供防护设施，满足口罩、工服等防护要求，会被高额罚款甚至关闭。另外，我们也看到，工厂周边的马路上有洒水车不停地洒水，他们说是为了冲刷运输铅产品过程中的尘土，让小学生放学回家走到马路上也接触不到铅尘。我们离开时，工厂老板告诉我们，作为美国最后一家原生铅冶炼厂，严格执行美国超级基金法，已经对厂区周围五公里的区域居民实行了搬迁计划，采取了最严格的防护措施，也对尾矿进行了治理，为此付出了巨大代价；但政府认为，工厂依然没有达到法律所要求的治理目标，还要再提高治理标准，让他们感到压力太大，再这样下去就不干了。

我觉得，他们的这种严格立法，通过非常详细的执行性程序形成协同机制，保证法律措施得到落实的经验是值得我们学习的。我们在巴尔的摩察看了一个受重金属污染比较严重的区域，他们采取了对居民区的院子换土措施，首先是立法规定了换土的标准，然后是换土程序。这个计划由政府做出，居民要负担部分费用，居民可以选择自己施工，也可以付费请别人施工，形成政府与居民合作治理。

主持人：他们在处理上具体问题具体分析，针对不同问题有不同的处理方式。

吕忠梅：是的。具体实施和落实的机制非常重要，美国超级基金法的执行是根据确定的项目，比如我们看过的铅冶炼厂制订有针对性的具体计划。

以法律形式明确责任，让每个部门都知道应该做什么

主持人：吕老师是人大代表，您提出了制定环境与健康法的议案，您为什么要提出这个议案。

吕忠梅：提出这个议案的原因可以从两个方面来讲。一方面，是立法本身还存在问题。中国的环境立法开始的时间比较早，立法的速度也非常快。我们从 1979 年制定《环境保护法（试行）》开始，后面又陆续制定了多部相关法律。可以说，这 30 多年来，中国环境立法速度要远远快于其他法律，许多法律制定后还经过了一到两次修订，为中国避免走上西方国家先污染后治理的道路提供了法律保障。但现在来看，中国 30 多年的改革开放走过了西方国家 100 余年的工业化、城市化道路，这也使得中国的环境问题呈现工业化过程与后工业化过程的双重叠加，工业化时期的环境问题还没有治理好、后工业化时期的问题又来了。因此，从这个角度来看我们的环境立法体系，虽然基本覆盖了所有的环境要素，但也存在三个比较大的问题：一是立法以防治污染为主，这是一种末端控制思维，预防性措施不足。二是以保护

城市环境为主，对农村环境保护不太关注。三是法律措施以行政监管为主，司法机制不足，社会动员机制不够。这是立法整体上的问题。

另一方面，也是最重要的问题是环境保护立法没有真正建立协同性的监管体制机制，许多部门都有职责，但各干各的，难以形成合力。这也是环境与健康保护面临的最大难题。一方面，像刚才朱老师讲的，我们看到国外有很多环境与健康的研究成果和诉讼案例，知道环境污染会对人群健康产生影响。但是，中国的具体情况我们并不清楚，在中国对人体健康有影响的污染物是什么？在哪里？是否已经产生了危害？相关基础数据都很缺乏。现在，我承担了环保部的一个公益项目，专门研究重金属污染对人体健康危害的法律监管问题，但基础性资料非常少。我们发现，国务院 2007 年批准发布了一个国家环境与健康行动计划，上面有 18 个部委的公章，其中规定由卫生、环保部门"双牵头"。我们对这个计划的执行情况到地方进行了调研，发现在地级市及县里，很多人都说不知道有这件事。卫生部门的人说我们重点在解决"看病贵，看病难"问题，管医院怎么建、医生怎么执业，病人来医院能治疗，至于是怎么得的这个病我们管不了，环境的事更管不着。环保部门的人说，我们执行环境标准就是为了防止污染对人体健康产生危害，但不能说有人生病了都是因为环境造成的，我们也不管看病。其他部门更是说不清楚，他们要管什么，怎么管。这就是问题所在。

就如朱老师、段老师前面讲的，从污染物排放到最终产生人体健康的损害后果是一个漫长的过程，既涉及污染物在迁移转化过程中发生物理、化学、生物学反应，也涉及食物链、人体暴露等很多环节，这件事到底应该谁来管？如果卫生、环保等牵头部门都说管不着，法律怎么执行。《环境保护法》已经将保障人体健康作为立法宗旨，但这个宗旨如何贯彻落实到具体制度中去，这些问题都没有真正得到解决。近期发生的多起群体性事件，像儿童血铅、砷中毒、镉大米等，都与之相关。我们只能等到事件发生再按照应急事件处理。更有甚者，儿童血铅事件发生后，调查组发现排污的工厂都是达标排放的。这种情况下，老百姓就问，为什么我的孩子血铅含量这么高？

是标准出了问题、监管出了问题，还是我孩子自己出了问题呢？这种现象从法律的角度看，就是没有把主体之间的关系理清楚，没有把相关管理部门的职责定明确。在这样的法律下，无论是国家的行动计划，还是需要联合的决策项目，包括国家科技项目成果的运用，都要以法律的形式把它规范化、制度化，明确每个人的权利和义务，也明确每个部门应该做什么、能够做什么，如果不做会出现什么样的后果。我这次提出来的制定环境与健康法议案，就是针对中国环境与健康管理问题实际，借鉴韩国制定环境与健康法的合理经验提出来的。

主持人：您能不能综合地阐述一下制定环境与健康法需要解决哪些主要问题？

吕忠梅：首先要解决好环境与健康法的定位问题。在我国，《环境保护法》作为环境保护基本法，已经规定了保障人体健康的立法宗旨，表明保护环境的终极追求是保障人体健康，而不是为保护环境而保护环境，这是环境保护立法"以人为本"的体现。在"以人为本"目的下，制定《环境与健康法》，就是为了贯彻《环境保护法》的立法宗旨，或者说将这一立法宗旨具体化，核心在于确立环境与健康风险预防原则，明确政府负有管理环境与健康问题的职责，人民享有在健康的环境中生活的权利，并建立相应的制度体系，重点是解决三个方面的问题。一是以《环境保护法》为依据，明确宣告政府的环境健康管理责任，承诺保障人民在健康环境中生活的权利，明确环境与健康风险管理原则。二是建立职能清晰、权责明确、协调统一的环境与健康管理体制，特别是要建立卫计、环保及相关管理部门共同决策、协同管理机制，中央与地方、地方与地方的协调、协作机制。三是建立系统完整的制度体系，实现风险预防，比如环境影响评价的健康风险调查评估制度、环境与健康标准制度、环境与健康预防制度、环境健康事件处置制度，等等，在这些制度设计中，需要明确各方主体尤其是排污企业的义务和责任，明确执法主体及其执法程序，规定公众如何参与环境与健康治理。最后，是法律责任制度体系，明确规定政府、企业、公民个人的违法行为后果，规定相应的公益诉讼、请求损害赔偿的程序。

必须建立更加完善的环境损害赔偿体系

主持人：《环境保护法》以及相关的法律是否能对受害者有一定的补偿，或者说现在的《环境保护法》及其相关法律还没有充分实现对受害者的救济呢？

吕忠梅：从法律上看，这其实是两个问题，一个是环境污染的直接受害人是否能够得到补偿或者赔偿；另一个是还没有出现直接受害人时，法律是否要求污染者对环境承担赔偿或补偿责任。

先说第一种情况，即对受害者的赔偿。我们现在的法律已经建立了环境污染受害者的救济体系，《环境保护法》《侵权责任法》《物权法》以及各个污染防治法都有对受害者救济的制度安排。但现实中也的确存在受害人没有得到充分救济的情况。这主要是因为环境侵权诉讼以及环境损害赔偿的决定有一些不同于传统诉讼的地方，尤其是在环境与健康案件中，涉及如何适用法律以及受理案件的法官是否具备环境保护专业知识和能力等非常复杂的问题。还有一个更重要的问题是环境污染与人体健康损害之间的因果关系如何判断，损害的范围和程度有多大，是否会产生对健康的长期性影响，等等，在法庭上都需要证据加以证明，这种证据不仅难以获得，而且有些问题无法证明，法官要决定是否应该赔偿以及赔偿多少，都很困难。

就像朱老师刚才讲的，大气污染的后果不仅是呼吸系统受到危害，还会危害心血管系统，可能还会有更多健康影响，这些问题目前在科学上也还没有定论。如果我因为大气污染出现了健康损害，到法院起诉法院，法官怎么判？为了解决这些诉讼中的困难，法律上也采取了一些办法，比如增加科学鉴定证据，让科学家或者专业人士来辅助法官审理案件，再比如减轻受害人举证的责任，提高赔偿的数额，等等。但目前还没有很好的办法完全解决诉讼中的这些问题。

当年，西方国家采取了一些行政赔偿的办法，比如将爆发了公害疾病区域划定为重污染区，为该区域设定健康损害赔偿基金，凡是这个区域内的人得了与污染相关的疾病，经有关部门认定后，可以直接向基金申请获得赔偿。日本公害病大规模爆发后制定公害健康补偿法，就建立了这样的机制。另外，日本著名的四大公害病诉讼判决原告胜诉后，也建立了判决书效力延伸制度，即只要可以确诊是水俣病、痛痛病等已经法院判决的公害病，可以不再经过诉讼直接按照前面的判决执行。这是因为，水俣病案从提起诉讼到最后判决出来经过了18年，就是因为要在实验室先找到原因，法官才能确定因果关系。对于污染受害者而言，一个案件要等18年，的确难以解释。

因此，各国都在探索建立一种新的赔偿体系，这个赔偿体系不是等到污染物进入人体，产生了公害疾病，再到法院请求赔偿。而是通过从源头上采取措施，预防环境与健康风险，如果污染者排放的污染物有可能产生健康危害，法律授权有关主体提起公益诉讼或者环境损害赔偿诉讼，而不是等到污染物产生影响人体健康的后果，让受害者去请求赔偿。党的十八大报告中专门部署了环境污染损害赔偿体系的改革任务，我理解应该更加注重的是建立这个新赔偿体系，当然也要完善已有的个人权利救济体系。这对于生态文明建设至关重要。

主持人：请您回答一下朱老师刚才的问题，制定《环境与健康法》的立法程序是怎样的？

吕忠梅：我们立法的过程是这样的：提出法律议案有几种方式，一是全国人大代表，可以由30名及以上人大代表联名提出法律议案，二是主管部门通过国务院法制系统来提出法律议案，三是全国人大专门委员会提出法律议案。我今年要做的事情是在这届人民代表大会上联名30名以上的全国人大代表提出这样的法律议案，如果这个议案被接受，经过全国人大常委会的审查，列入了立法计划，可能就会开始启动立法程序。具体的法律草案的制定，从基础层面来讲，有可能组织专门的立法专家组起草法律，也可能委托某一方来起草。从科学研究的角度、从环境法的研究和目前已有的技术储备角度来讲，我非常期待这次议案被受理，并且能够通过审查并被列入立法计划，当然我们会积极参与立法的过程。如果因为某种原因还没有被列入立法计划，我们也会联合相关的科学研究者，从专家建议的角度先把法律草案做出来，继续推动立法的进程。

环境与健康立法时机成熟 *

全国"两会"上，国务院总理温家宝提出，改善环境质量，维护人民健康，用实际行动让人民看到希望。要防范环境健康风险，什么行动最实际，什么手段最有效？在全国人大代表、湖北经济学院院长吕忠梅看来，就是要推动环境健康立法。

在接受本报记者专访时，吕忠梅强调，制定《环境与健康法》，可以从法律上健全和完善应对环境与健康的制度和措施，将涉及环境污染健康风险管理各相关部门的职责和政策手段等进行明确规定。这样做不仅可以为各部门防范环境健康风险提供法律依据和手段，也有利于提高行政效率，维护群众利益。

为何要制定专门法？

吕忠梅表示，当前我国环境污染对人群健康影响切实存在，局部性和区域性特征明显。"十一五"期间发生的 56 起 Ⅲ 级以上环境污染事件中，89% 与工业污染有关，主要集中在化工、金属采选、冶炼及回收利用行

---

* 本文原载于《中国环境报》2013 年 3 月 7 日，记者黄婷婷，原标题为《吕忠梅关注环境健康风险防范　立法时机成熟》。

业；重金属和危险化学品污染是导致健康损害的主要问题，分别占 55.4% 和 30.4%；80.4% 发生在农村地区。

"为了处理这些事件，各级人民政府花了很大精力，采取了许多临时性应对措施，但却不能从根本上解决问题。"吕忠梅指出，其中一个重要原因就是缺乏法律规范的支撑，没有处理环境与健康问题的长效机制。

"随着环境资源压力进一步加大，环境问题与经济问题、社会问题交织，环境与健康问题将更加复杂化，如何应对环境污染带来的健康风险，会逐步成为评判生态文明建设的一个重要考核指标。"吕忠梅强调。

立法条件是否具备？

法律手段是解决问题最根本、最重要的手段，但是，立法需要合适的时机。目前制定《环境与健康法》是否适宜，是否可行？作为法律专家，吕忠梅已经有了较成熟的思考，"从政治层面、经济基础、科学技术、政策法规和国际进展等各方面来说，目前出台《环境与健康法》都是可行的。"

吕忠梅认为，从政治层面来看，党中央、国务院坚持科学发展观，将最广大人民的根本利益放在第一位，主张权为民所用，情为民所系，利为民所谋，并提出建设美丽中国，这就需要解决广大人民群众最关心的环境健康问题。进行环境与健康立法是贯彻落实科学发展观、建立生态文明的必然要求，党的基本路线和根本方针为制定《环境与健康法》提供了有力的政治基础。

从经济基础方面来看，我国经过改革开放近 30 年的发展，GDP 总量超过日本，已成为世界第二大经济体，具备了限制严重危害人体健康污染企业建设与生产、建设国家环境与健康风险监测网络和对健康受到污染危害的受害人进行补偿的经济基础，人民的生活水平也达到了需要考虑环境影响的阶段。

从科学技术方面来看，我国的环境科学和环境医学近 30 年来得到快速发展，已经对各种环境污染物的产生、危害以及环境污染对人体危害的机理方面作了大量的调查和研究。环境监测和检测仪器以及人体健康检查设备的开发，也为环境污染物的发现、追踪和判定对人体健康影响的程度提供了设备条件，为环境与健康风险监测与评价及损害赔偿纠纷的解决提供了科学技术支撑。

从政策法规方面来看，我国基本上健全了环境行政管理的法规体系，制定了一系列关于污染防治的法律，但尚无直接规定解决环境与健康问题的法律条款。环境与健康问题是一项跨领域的综合性工作，涉及相关部门较多，部门间协作应对必须责、权、利分明，需要通过立法加以明确，建立监管机制加以推动和落实。只有制定一部针对性强、全面具体的《环境与健康法》，才能扭转国家各行政部门在推动环境与健康工作时无法可依的局面。近年来环境法学界和民法学界对环境污染健康损害问题进行了许多研究，不但有许多论文发表，而且还有一些专著出版。这些都为环境与健康立法提供了法理基础。

从国际进展看，2008 年韩国环境部颁布了世界上第一部《环境与健康法》，规定了政府与企业在环境与健康风险管理上的主要义务，并突出了对特殊人群与特殊地域的特别保护，设专章规定在环境影响评价框架内实施健康风险评价，开展健康风险评价是环保部门的法定义务。韩国的经验，可为我国制定《环境与健康法》提供有益参考。

要注意哪些问题？

对于如何制定《环境与健康法》，吕忠梅也有进一步的考虑。她告诉记者，首先，要明确各级政府责任。各级政府在环境与健康管理上应明确政策措施、发展规划、资金保障，开展宣传教育，开展监测及定期发布环境健康风险等，并纳入经济社会发展规划和政府议事日程。

"优良的生活环境越来越成为我国城乡居民的普遍追求，不损害群众健康的环境质量是一种公共产品，是政府应当提供的基本公共服务。针对高健康风险的污染物要定期调查和评价，发布生活环境的污染状况和居民的健康危害状况，让居民及时知道自己生活环境的好坏，了解自身因为环境污染面临的额外健康风险，这是各级政府的义务。"吕忠梅强调。

其次，要明确环境与健康立法内容。吕忠梅指出，立法应专门针对环境污染健康风险管理，明确环境与健康相关损害的预防与控制措施，包括建立环境与健康评价指标体系，制定环境因子风险评估以及对新技术和新物质的环境与健康审查程序，制定健康影响评价申请程序、环境与健康信息公开程序，定期开展环境与健康基础调查和特定地区环境流行病学调查，对环境与健康信息和数据进行收集管理，对高危人群和敏感人群进行环境与健康风险评估及管理等。

最后，要明确法律责任。针对违反《环境与健康法》的规定，应明确相应的一系列法律责任和罚则，包括消除污染危险、停止污染危害、恢复环境质量原状、对伤者或者病人治疗康复、赔偿财产和精神损失等。

用法治方式破除唯 GDP 论英雄 *

"打破 GDP 是考核官员政绩唯一硬指标的格局，建立环境终身问责机制，让环境权成为公民的基本权利。"3 月 6 日，全国人大代表、湖北经济学院院长吕忠梅做客正义网、腾讯网联合推出的 "2013 年全国'两会'系列访谈"，在访谈中对我国的环境保护问题进行了系统分析。

我国已经进入环保问题高发期

据相关数据统计，20 世纪 80 年代到 90 年代，我国关于环境问题的信访案件有 10 万件；2000 年达到 30 万件；2005 年以后，每年有 60 万件；而现在每年高达 100 万件。中国已经进入了环保问题的高发期。

从环境问题规律看，污染物排放到环境，从环境到人体，再到影响人体健康，整个周期需要 30 年左右。吕忠梅说："并不是现在的污染导致了"癌症村"、PM2.5、血铅超标、铬渣污染等问题，这是改革开放 30 多年来形成的环境问题叠加爆发的结果。"

---

* 本文原载于正义网、《检察日报》2013 年 3 月 7 日，记者王义杰、高鑫，原标题为《专访吕忠梅代表：官员政绩让环境说了算》。

在她看来，我国 1989 年制定的现行《环境保护法》落后于经济社会的发展，已承担不起这部法律的责任担当。吕忠梅说："现行《环境保护法》制定时，我国到底实行何种经济体制还没有得到确认，可持续发展、科学发展观还没有提出。所以基本上是在原有的污染防治、末端控制思路下制定的一部法律。虽然也有各级政府要对区域内环境质量负责的原则性规定。但对怎么负责却没有明确规定？一旦出现了有害于环境的决策，问谁的责、怎么问责、责任形式是什么，都没有给出具体答案。"

在她看来，过去 30 多年，经济高投入、高能耗、高污染的增长方式，让我国 GDP 增长一路带着污染的尾巴。而国家对地方经济发展的考核，让GDP 成了衡量一个官员政绩的唯一硬指标。一些官员在一味追求经济效益博取政治资本的目标驱使下，地方政府不仅没有对环境质量负好责，反而变相成了高污染企业的保护伞。

GDP 不能成为唯一硬指标

官员追求政绩可以理解，但政绩的内涵是什么？哪些是真正的政绩？值得深思。

吕忠梅说："铁打的衙门，流水的官员。在现有经济模式下，GDP 作为衡量官员政绩的唯一硬指标，肯定会出现官员带着一身荣耀离开，却把被严重污染和破坏的环境留给当地居民的现象，因为环境的好坏与地方官员的个人升迁与否没有关系。但是，如果把对环境的污染和破坏纳入官员政绩考核，并明确在将来一定时间内，该地区只要出现因官员决策失误而引发的环境问题，尤其是出现了严重环境污染和破坏事件，官员终身不得免责，显然就会打破这一现状。"

"国家已经清楚地意识到这个问题，并开始行动。十八大报告部署的生态文明体制改革已经说明了这一点。"吕忠梅说，"一是用法治思维和法治方式来处理环境污染和破坏引发的社会问题，这表明国家执政方式的转变；二是把生态文明建设提高到与其他四个文明建设同等重要的位置，形成'五位一体'战略，并强调将生态文明建设融入其他文明建设的全过程和各环节；三是明确要求建立生态考核指标体系，完善最严格的耕地保护制度、水资源管理制度、环境保护制度。"这些都是用法治思维和法治方法破除唯 GDP 论英雄的重要举措。

让环境权成为公民的基本权利

伴随着空气重度污染、雾霾天气肆虐，深受其苦的人们的环境保护意识开始觉醒，很多人通过各种方式要求政府保护环境，并保障自己对所生活的环境拥有知情权。

吕忠梅说："对环境，公民应拥有的不仅是知情权，它应与公民对环境的表达权、监督权和参与权共同构成公民环境权中的程序性权利。同时，我们还有在健康环境中生活的权利，这应该与受教育权、财产权一样，成为一项实体性的基本权利。如果这一权利能够在法律上确立，那就可以更为明确地要求政府承担为公民提供良好生态环境和生活环境的责任。"国际上，环境权早已作为第三代人权被纳入国际环境宣言和公约，一百多个国家将环境权写入了法律。吕忠梅说："我们这一二十年来一直呼吁中国应该在宪法或环境基本法中写入公民环境权。当然，权利与义务相对应，我们享有在良好环境中生活的权利，也意味着每个人都有维护良好环境的义务。"

《环境保护法》必须大改 *

3 月 11 日，十二届全国人大一次会议议程过半。湖北省代表团召开小组会议，会后想采访吕忠梅的记者非常多，她特别给《中国环境报》留出了时间。

吕忠梅和她的环保议案

11 年的全国人大代表生涯，是少见和宝贵的经历。对于吕忠梅来说，这 11 年都在为环保代言。当记者问到回顾 11 年来的环保议案和建议有什么感受时，吕忠梅长叹一口气，看得出艰辛，也看得到信心。

"这 11 年我都在为完善环境法治而努力，只是角度不同。包括修订《环境保护法》《大气污染防治法》《水污染防治法》《环境影响评价法》，包括建立公益诉讼制度、设立环保法庭、建立环境与健康监管体制等。"吕忠梅说，这些年来，她不停地就这些问题提出议案和建议。

吕忠梅提出议案和建议后，实际参与的工作也越来越多。她参与了环保部牵头的《水污染防治法（修正案）》的起草、《大气污染防治法（修正

---

* 本文原载于《中国环境报》2013 年 3 月 15 日，记者黄婷婷，原标题为《吕忠梅：〈环境保护法〉必须大改》，有删改。

案）》相关研讨，接受全国人大法工委邀请，参加相关法律草案征求意见会、立法评估会；2010年还专门就《大气污染防治法》修订赴美国进行考察。此外，最高人民法院环境公益诉讼司法解释制定、环保法庭建设等相关工作，她也参与其中。最近正在主持的国家环保公益项目，是重金属污染对人体健康危害的法律监管。

有动力继续推进环境法治进程

正因为有吕忠梅这样一些人的努力与付出，环境法治建设才更有希望。比如，最高人民法院出台了加强环境保护司法的文件，鼓励有条件的地方成立环保法庭，对过去全国法院系统的环境司法状况进行了全面的调查和分析。

《民事诉讼法（修正案）》通过后，最高人民法院相关业务庭开始制定环境公益诉讼的指导性文件。吕忠梅等专家学者受邀参加座谈会，讨论制定环境公益诉讼的司法解释。环境保护部也出台了《环境信息公开办法（试行）》等规章制度，积极推进环境公益诉讼制度。

吕忠梅认为，作为人大代表，无论是提出的议案还是建议，都得到了回应，并实际参与相关工作。"感觉更有动力继续推进环境法治进程"，吕忠梅说。

特别是《环境保护法》修订。吕忠梅说，全国人大环资委、法工委多次邀请她参与研讨。"去年一年，我都记不得参加了多少次《环境保护法》修订座谈会了。"吕忠梅笑着说。

环保法修订，她有话要说

目前已经向全国公开征求意见的《环境保护法（修正案草案）》，并不能让吕忠梅满意。

"全国人大已经将《环境保护法》修订列入2013年年度立法计划，现在的问题是二审将如何进行。是就原来的草案审议，还是重新起草一个草案？"吕忠梅说，这是目前面临的最大的问题。

据吕忠梅介绍，去年9月全国人大常委会公布了《环境保护法（修正案草案）》并向全国公开征求意见，征集到的一万多条意见中，绝大多数意见认为这个草案稿尚不成熟，不宜直接提交二审。

"这个草案存在硬伤。"吕忠梅直言。从微观层面看，草案中一些具体制度的设计还不够完善，没有很好地解决制度的可执行性、可操作性问题；从中观层面看，草案与此次启动修法程序时确定的"有限修改"思路以及修法目标尚有相当距离；从宏观上看，依然没有摆脱以污染防治为主、以环保部门为主、以城市环保为主的立法模式，没有把生态安全、公众健康、城乡一体等中国环境保护最应该解决的问题在其中予以考虑。

吕忠梅特别指出，与2011年启动《环境保护法》修订时相比，目前的修法背景和条件发生了非常大的变化，《环境保护法》修订的定位也应该随之变化。党的十八大报告提出大力推进生态文明建设，同时提出建设法治国家，更加注重改进党的领导方式和执政方式，把制度建设摆在突出位置。

"一方面是经济建设、政治建设、文化建设、社会建设和生态文明建设'五位一体'总体战略布局，另一方面是法治国家、法治政府、法治社会'三位一体'全面推进，这要求我们把生态文明和法治建设相融合，建设生态法治。"吕忠梅强调。

按法律的学理分类，有公法、私法、社会法，我国宣告已经建成的法律体系则将现行立法分在七大法律部门中，并未遵循统一的分类标准。目前看，公法、私法领域有多部法律属于基本法，但社会法却不能有多个基本法，似乎没有道理。生态环境保护相关立法分别放在法律体系的行政法、经济法部门中，也不符合法理。其实，应该将环境法确立为法律体系中的一个独立部分。如果说在中国的法律体系刚刚建成的情况下，不宜作大的变动，将环境法纳入社会法范畴，也有其合理性。吕忠梅认为，应认真研究社会主义法律体系的完善问题，将生态环境立法独立为一个法律部门，继而将《环境保护法》定位为基本法。

"因此，《环境保护法》不能是小改，中改也不行，必须是大改。"吕忠梅说，作为基本法，要规定国家环保政策、政府环保责任、公民环境权利、环境保护范围、生态环境保护和污染防治的制度体系、司法程序等，为将来单行法修订或重新制定提供支持。

人的健康牵动她的心

吕忠梅认为，目前迫切需要解决几个问题。

一是制度设计要突出公众健康保护。在立法目的方面，要强调人的健康优先、生态安全优先，不主张再以经济发展为目标。"这部法律就是生态安全与公众健康的底线保护法。"吕忠梅说。在政府监管体系方面，要建立以保护公众健康为目标的政府决策体系和监管体系。在制度建设方面，环境标准要考虑公众健康，环境影响评价要关注健康风险，同时制定环境健康影响的预防和应急机制。

二是完善生态环境保护制度。吕忠梅说，她已经向全国人大常委会提出了《环境保护法》修订的专家建议稿，这个稿子是按照生态系统要素建立的制度体系，其中也包括城市生态保护、农村生态保护等。

三是完善法律责任制度。建立完善的政府环境问责、环境侵权责任、环境公益损害赔偿、环境责任保险、环境共同基金、政府补偿基金、政府代赔偿责任制度；明确行政处罚标准、政府及工作人员责任、刑事处罚中生态损害的考量等。

"《环境保护法》修订已经具备了许多法律条件，物权法、侵权责任法、民事诉讼法等法律都为《环境保护法》修订提供了良好的基础，再加上中国发展方式转变和文明转型的过程中凸显的严重环境问题，促使社会公众环境意识全面觉醒，如果这么好的修法时机都没有把握住，将愧对百姓。"吕忠梅饱含深情地说。

从环境"管理"到环境"治理"*

2014年全国"两会"召开期间，高检网、正义网、新浪网联合推出"改革聚民意　法治暖人心"系列访谈，邀请全国人大代表、全国政协委员、省级检察长，围绕社会保障、反腐倡廉、司法改革、环保治理等热点民生话题，与网友在线交流。3月8日，全国人大代表、湖北省政协副主席吕忠梅与网友分享她对治理雾霾、环境保护及环保立法等方面的建议。

主持人：各位网友，大家好！今天我们访谈室邀请的嘉宾是全国人大代表、湖北省政协副主席吕忠梅。吕代表，在今天这个特殊的日子里，先祝您节日快乐！

吕忠梅：谢谢主持人。我也祝所有的女同胞节日快乐，健康如意！

主持人：吕代表，您多次在线与网友交流，是咱们高检网、正义网的老朋友了。今年"两会"您比较关注哪些话题？

吕忠梅：还是关注我的老话题——环保。今年做的两份议案、几个建议，都与环保有关。《环境保护法（修订草案）》去年全国人大常委会已经三

---

*本文原载于正义网—新浪网2014年3月8日，主持人高鑫，原标题为《2014年全国"两会"系列访谈：吕忠梅谈如何完善环保治理体系》，有删减和修改。

审，这个稿子经过反复地征求意见、召开各种座谈会，已经做得非常好。但我觉得还有一点建议要提出来，就是《环境保护法》第一条写了保障人体健康的立法宗旨，但是还有一点不足，环境法关注的是公众健康而不是个人健康，还有在具体制度中怎么去保障人的健康，没有很好体现出来，所以我做了一个修改《环境保护法》的议案。

另一个是关于尽快制定《土壤污染防治法》的议案。大家知道，我国的土壤污染问题已经比较严重了。土壤污染了，食品安全隐患就会很大；如果土壤里长出来的植物有毒、我们吃的食物也是有毒的，对人体健康的危害也非常大。十二届全国人大常委会已经把制定《土壤污染防治法》列入立法计划。我提出这个议案，一方面是从自己专业研究的角度，把我们已有的研究成果提供给立法机关参考，因此，我在议案后面附上了立法的专家建议稿。另一方面也希望推动这部法律尽快出台，毕竟食品安全关乎我们每一个人，舌尖上的安全必须从土壤安全开始。我们说要多喝牛奶、多吃牛肉，如果牛吃的是有毒的草，这不行啊！所以《土壤污染防治法》尽快出台非常重要。

另外，我还了几个建议：一个是关于雾霾治理的建议。今年政府工作报告提出 2014 年雾霾治理主要是以减少 PM2.5 和 PM10（细小颗粒物和微小颗粒物）为主。但中国的能源结构以煤为主，煤炭消费是引发大气污染的主要污染源。严格控制煤炭消费，通过减排降低煤炭消费量，有助于空气质量的改善，欧盟和美国当年雾霾治理有 20% 是通过降低煤炭消费实现的。为此，我提了建立全国煤炭消费总指标的建议，希望将煤炭消费控制目标写到五年规划甚至是长远规划中。因为空气污染治理是长期的过程，我们要一直治理下去。每年的优良空气达到 300 天以上，才能说治理取得了决定性胜利，我们才可以有好的生活质量。

此外，我们湖北今年制定了一个水污染防治条例。在这个条例中做了一些新的立法尝试，我想把这些创新带到国家立法中。你到过湖北吧？

主持人：嗯，去过。

吕忠梅：湖北是千湖之省，有大江大河，水资源特别丰富，同时水污染防治的任务也很重。湖北还是农业大省，水产养殖、大米都是蓄水型产业，如何保护好湖泊、河流，对湖北人民来讲是非常重要、非常迫切的一件事。在湖北，我们说得最多的一句话是"水情就是省情"。今年湖北省人大以大会形式通过了《湖北省的水污染防治条例》，我们在起草这个条例时，进行了一些创新，比如规定了政府终身问责制、公众参与以及对于污染企业按日计罚和按企业所获得利润的比例计罚，增加规定了控制农业面源污染、控制地下水污染的相关制度，等等。

这是一次非常有意义的地方立法的探索。我们马上要启动《水污染防治法》的修订，很希望像湖北这样地方立法中的有益探索能够被国家立法采纳。

主持人：可以看出来，湖北在这方面做到了"先试先行"。

吕忠梅：对。湖北是法学教育大省，环境法的研究力量也非常雄厚，武汉大学环境法研究所、中南财经政法大学环境法研究中心都很有实力。特别是我现在工作的湖北经济学院成立了一个湖北水事研究中心，以研究湖北的水问题为核心，服务于湖北地方立法和政策制定，近几年，我们连续承接湖北省委、省政府、省人大的相关调研和立法研究课题，直接为地方党委政府决策提供智力支持。

主持人：多年来，您一直致力于推动环保法的修订，并多次受邀参与环保法修改研讨会。您曾表示，这部法律要承载用最严格的制度保护环境的任务，就必须进行"大修"。在您看来，目前修正案草案中仍有哪些实质性问题未解决？

吕忠梅：以保障人的健康为核心的制度，为什么我这次要再提？草案稿已经反复征求了社会公众的意见，大家都希望这部法律真正建立最严格的制度体系。我也看到，全国人大常委会在审议中真的吸纳了大家的意见。我记得列席常委会第二次审议时，名称是《中华人民共和国环境保护法（修正案草案）》，当时我和代表常委们都提出来要进行全面修订，要提升这部法律的层次和效力；到我再次列席常委会，看到三审稿改成了《中华人民共和国环境保护法（修订案草案）》。这意味着接受了常委、委员和代表提出的进行全面修订的意见，并且在修订说明中，还明确了《环境保护法》是环境保护领域综合性法律的地位，把多年来未解决的《环境保护法》与《水污染防治法》《大气污染防治法》等单行法之间的关系给理顺了。

这些修订都非常好，现在我关注的还有三个问题：首先是如何体现"以人为本"，建立保障从环境健康到人的健康的协同机制，保护人安全有质量地生存、生活在地球环境中，应该是环境立法的最重要目标。二是建立更严格的环境责任制度体系，特别希望像湖北已经做到的，把党的三中全会《决定》已经明确建立地方政府的环境责任制、生态环境审计制度写进去，还要实行终身问责。三是建立更加完善的环境公益诉讼制度，这个制度从二审稿到三审稿，有一些进步。二审稿只规定环保联合会可以提起诉讼，后来到三审稿虽然扩大了范围但我觉得还不够。

主持人：还有局限。

吕忠梅：限制还是多了一些，应该还可以再扩大一点。按照民事诉讼法的规定，可以提起公益诉讼的只有消费者诉讼和环境污染诉讼。目前，消费者权益保护法规定的公益诉讼主体是在国家和地方登记的消费者保护团体。我觉得，环保法可以和消费者权益保护法一样规定，只要在国家和地方登记的合法环保团体就应该有资格。在这几个问题上，我都会进一步呼吁，去推动立法。

主持人：党的十八届三中全会擘画了全面深化改革的总蓝图。也有专家提出，改革进入了深水区，容易改的都改了，剩下的都是一些难啃的硬骨头。对于改革环境保护管理体制方面，您有哪些大的期待？

吕忠梅：现在的环境保护体制可以形容为"九龙治水"。客观上看，形成这种格局是因为环境保护涉及生产生活的各个领域和环节，不是一个环境保护部就能解决所有的问题。比如一条河流，因为水的多种用途，就会涉及多个部门、多个行业、多个区域，农业灌溉要用水、工业要用水、旅游要用水、交通要用水、发电要用水，不可能由一个部门完全管起来。问题是，现在的"九龙治水"不仅是各管各的，而且各自出台的措施经常相互矛盾。目前的立法体制下，各部门牵头提出分管领域的法律草案，于是各部门都利用这个机会扩大自己的职权，逐渐形成了部门利益法律化、各部门依法打架的局面；再加上行政机关之外的主体在管理体系中是"被管理者"，处于被动接受地位，不能参与到管理中来，这样的"九龙治水"管理体制越来越不适应生态文明建设的新要求。因此，环境保护体制改革，不是把"九条龙"变成"一条龙"，而是如何让"九龙共治水"。党的十八届三中全会决定非常明确地提出"促进国家治理能力现代化"，把"管理"变为"治理"就是这样一个涵义，体现在环保体制上，就是要将建立多元参与的共同治理体系作为改革的目标和方向。

我理解，共同治理体系至少有两个方面的要求。第一是政府相关部门纵向上要联动，横向上要协同。如刚才说到的环境污染影响人的健康问题，需要由环保部和卫生部共同管理，如果环保部只管环境不考虑对人的健康影响，卫生部只管看病不考虑环境因素，是管不好；如果让环保部管到看病，卫生部管到环境，也管不了，但可以通过立法建立两部门协同机制，比如，要求两部门信息共享、联合成立风险评估机构并以评估结论作为制定标准的依据、执法依据，同时，两部门根据风险评估结论在各自职责范围内采取相应措施，这样才能把环境与健康的事情管好。今年的政府工作报告提出了要建立"联防联控"机制，我觉得还可以再往前走一步，到建立协同机制。

第二是社会力量的参与。环境问题，完全由政府来管是不够的。目前出现的企业污染、政府买单、群众受害局面，并不正常。作为市场主体的企业，在环境保护方面至少有两个方面的责任，一是作为污染者的环境治理责任，二是企业利用环境资源获得利润后应该承担的社会责任，与此同时，企业主动通过增加投入、技术进步等方式减少排放、保护环境也非常重要，因此，企业在治理体系中也是不可缺少的主体。还有，环境保护需要每个人以实际行动参与，环保必须从节约用水、节约用电、垃圾分类等生活日常做起；也必须有社会组织提供环境保护相关服务，发展环境保护社会组织，鼓励志愿者加入，也非常重要。因此，我非常期待能够通过体制改革、机构改革、制度变革等方式，真正形成现代环境治理体系。

主持人：近年来多地深受雾霾困扰，面对重重雾霾，我们法治应该如何发力？我们注意到，《北京大气污染防治条例》已经于3月1日开始实施，被称为用最严格的制度和法治为守住生态文明提供了可靠的保障。在您看来，破解雾霾困局，如何打赢一场"人民战争"呢？

吕忠梅：打赢雾霾攻坚仗，的确需要全民行动。出台再严格的法律制度，也需要人去遵守。第一，政府要转变观念，也要提供服务。现在的雾霾是多年的污染积累造成的，这首先需要政府改变单纯追求GDP增长的政绩观，按照北京市的首都功能定位，调整产业结构和城市规划；同时，也要更好提供公共服务产品，让市民能够实际参与环保，比如，我也不愿意开车出行，不想污染环境，但如果公共交通不够发达，减少私家车出行就做不到。因此，政府既管理，更要服务。

第二，企业必须依法经营。比如说要建一个工厂必须先进行环境评价、安装污染防治设施设备，工厂建好后也必须按照环境保护的要求组织生产活动，切实履行环保责任和义务。

第三是老百姓，一方面要自觉转变生活方式，践行绿色低碳生活，节约资源和能源；另一方面，是要积极参与政府的环境治理，比如参与环境影响评价听证会、参与环境保护志愿者行动，等等，既要善于表达自己的意愿，积极参与决策，也要以实际行动参与环保。更重要的是，老百姓要善于运用法律武器维护合法权益，敢于监督、举报污染者。只有充分发挥每个人的积极性，雾霾才会散去，蓝天白云才会回来。

主持人：对于环境监管，在您看来，有没有必要建立垂直管理体系，以保证行政执法的独立性？

吕忠梅：现在环保部已经设置了六大督察机构，实行跨行政区域督察，正在着力解决地方政府环境保护责任制的落实问题。问题可能在于，地方政府和环保部门之间的关系没有理得太顺，因此有了垂直监管的需求。实际上，即便实施了垂直监管，也只能解决一部分问题。关键还是要真正落实地方政府的环境保护责任，如果党政一把手切实担负环境保护主责，环保部门的压力就会减轻。因此，需要综合施策。单独依赖哪一块，都会有困难。所以要真正形成治理体系，中央和地方、部门和部门、政府和社会，能够形成一种有效互动的网络，这个事就好办了。

主持人：2013年，贵州省检察机关成立了全国首家生态保护专门机构，在贵阳市检察院、清镇市检察院分别设置生态保护监察局，主要办理涉及生态保护的公诉案件和环境公益诉讼案件，对涉及生态保护领域的职务犯罪进行预防，对涉及生态保护的刑事侦查和审判活动，开展法律监督。在您看来，检察机关在服务生态文明建设方面应有何作为？

吕忠梅：检察机关作为国家的权力机关，对于打击生态犯罪，实行最严格的生态保护制度，是非常有作用的。从现在环境污染案件看，污染成本低，治理成本高；违法成本低，守法成本高。所以，一方面应该把污染入罪的门槛降低，从立法上加以完善。另一方面，打击违法犯罪的手段一定要跟上。检察院设立专门机构，提起环境犯罪公诉、打击污染犯罪，提起公益诉讼，都非常有意义。

但是我有两条建议：一是检察机关依照宪法履行职能，环境案件不同于传统案件，有很多特殊性，需要检察官具备专业化水平和专业能力，因此，要加强培训。二是特别希望检察机关的专门机构将在实践探索中发现的问题，及时提供给专业研究机构，既共同研究解决实践问题的办法，也推进环境法治的进步。

主持人：再次感谢吕代表做客我们的访谈！

应将健康风险纳入环境影响评价 *

"环境保护最终的目的是人的健康。因此,《环境保护法》必须设置一些具体制度来保障人的健康。"近日,全国人大代表、湖北省政协副主席、湖北经济学院院长吕忠梅在接受《中国经济导报》记者采访时建议,应当在《环境保护法》中增设健康风险评估条款,将污染对人体健康的长期影响纳入环评体系。

吕忠梅表示,即将修订的《环境保护法》,生态安全将成为重要部分。"经济发展要与环境保护相协调,这是发展理念的重大变化。以前的环保法强调污染治理,现在更加强调预防。政府要对环境质量负责。对于环境问题,人大要问责,司法机关也要介入。同时,将提高污染者违法成本,对环境污染受害者要赔偿。加大公众参与的力度。政府要加大信息公开,建立平台,给公众提供表达、参与、监督的机会。"

今年,吕忠梅特别提出了一条修改意见,即建议在《环境保护法(修订草案)》中增加更为具体的制度,增设健康风险评估条款,以此来体现保障人的健康的立法目的,并将立法目的中原来表述的"保障人体健康"修改为"保障公众健康"。

---

* 本文原载于《中国经济导报》2014 年 3 月 11 日,记者方学、魏北驹,原标题为《吕忠梅:环保法应更加关注人的健康》。

《环境保护法》的最终目的是人的健康，要保护人的身体健康，从法律上讲，就必须设置一些制度。"吕忠梅告诉《中国经济导报》记者，目前的环境影响评价体系只评估工程项目对周边环境有无影响，法律中并无条文规定对项目的健康风险进行评估，而对于周边环境没有影响，不代表不会在一段较长时期内对人体健康产生累积影响。

吕忠梅表示，将健康风险评估纳入《环境保护法》，对项目若干年后可能出现的健康问题进行评估并采取预防措施，必然会极大减少污染对人体健康的影响。而这一制度的落实，必须依靠相关职能部门之间的联动与协同，"如果真正将健康风险评估纳入《环境保护法》，将涉及不同职能部门之间的协同关系，必须在一个部门主导的基础上建立部门联动机制"。

在吕忠梅看来，现行《环境保护法》早已滞后于社会发展，而治理环境污染，首要问题是要完善法律，《环境保护法》要为建立政府、企业、社会协同治理体系提供基本制度安排，只有推动《环境保护法》进入制度化层面，其后《大气污染防治法》《水污染防治法》等单行法的修改才有依据"。

大幅度提高环保违法成本 *

　　在经济社会快速发展过程中，因为违法成本较低，很多企业不重视环境保护，习惯性选择违法，宁愿接受罚款，也不愿意花钱去保护环境。"大幅度提高违法成本"是当前捍卫环境保护的最急迫需要。记者专门采访了湖北省政协副主席、湖北经济学院院长吕忠梅，就如何把"环保关"真正发展成一条"带电的高压线"进行深入研讨。

　　记者：四中全会决定中明确提出"建立有效约束开发行为和促进绿色发展、循环发展、低碳发展的生态文明法律制度，强化生产者环境保护的法律责任，大幅度提高违法成本"，您长期从事环境资源法的研究，对此有何新的理解？

　　吕忠梅：这对于完善现行的生态环境法律体系是"春风"，更为生态法治建设描绘了路线图。今年刚刚通过的《环境保护法修订案》已经让环境法长出了"牙齿"，不再"疲软"。但我们也要清醒地看到，现有的生态环境立法远未形成完善的法治体系，环境执法不严、环境司法功能发挥不足、社会公众的环境法治意识不强等问题不同程度地存在，需要法治的落实再硬一些。

---

* 本文原载于《湖北日报》2014 年 11 月 12 日，记者张辉，略有修改。

　　记者：从我省实践看，"用最严格的制度、最严厉的措施"保护生态环境的理念正在深入人心。我们还需要做些什么？

　　吕忠梅：环境污染和生态破坏引发的问题是科学的问题，也是社会问题，更是民生问题，直接影响美丽中国建设。让"大幅度提高违法成本"决策落地，当务之急是加强环保领域的依法行政，尤其是各级政府的环境保护法治意识提升和执法能力建设，转变考评体制；重要的是完善生态环境立法，切实提高环境立法质量。

　　当前，应具体做好四个方面的工作：一是将制定《土壤污染防治法》提上立法日程，并尽快修订《大气污染防治法》《水污染防治法》等相关法律，将政府对环境质量负总责、企业承担环境保护主体责任、公民享有环境保护权利义务的各项制度安排加以落实；二是建立完善的环境法律责任追究制度，加大对污染和破坏生态环境的惩处力度，加强对农村和农业的环境保护；三是建立党委政府官员生态环境保护终身追责制度，建立对企业污染和破坏环境行为的行政责任、民事责任、刑事责任追究制度；四是建立和完善环境公益诉讼、环境污染责任保险、环境与健康风险预防、绿色 GDP 核算、对企业污染按日计罚制度等。通过这样的作为，把与建设美丽中国的相关要求变成法律制度安排，确保"大幅度提高违法成本"的可实施性。

中国水安全忧思 *

　　连任三届全国人大代表的湖北省政协副主席、湖北经济学院院长吕忠梅，是一位从事环境法研究30多年的专家，从2009年开始持续研究中国水安全问题，每年形成几十万字的水资源可持续发展年度报告。记者最近对她作了专访。

"水安全危机必须引起高度重视"

　　记者：水安全问题到底严重到什么程度？

　　吕忠梅：以水资源紧张、水污染严重、水污染安全事故频发、水生态系统破坏以及洪涝灾害为特征的水安全危机，已成为我国可持续发展的重要制约，必须高度重视。具体表现在：

　　水资源短缺形势严峻。我国总体上是一个干旱缺水的国家，水资源人均占有量仅相当于世界人均水平的四分之一。在城市化快速推进的背景下，城市缺水范围不断扩大，缺水程度加剧。工农业生产存在大量水资源浪费情况，部分调水工程加剧了局部水资源紧缺。

＊本文为作者接受新华社"关注水安全"系列采访的已发表部分。原载于中国政府网：新华社北京11月19日电，记者李斌、王敏、黄艳，原标题为《一位全国人大代表的水安全忧思录》。

水质污染与饮水安全问题突出。全国水质污染状况总体堪忧。以水利部发布的《2011 年中国水资源公报》的数据为例，全国主要流域的 I 至 III 类水质断面占 64.2%，劣 V 类水质断面占 17.2%，其中，海河流域为重度污染，黄河、淮河、辽河流域为中度污染；化肥使用量逐年攀升，农村面源污染压力不断加重，对环境质量产生了越来越大的影响；受水质恶化影响，全国居民生活饮水安全形势严峻。此外，地下水超采以及污染带来的公共安全隐患日益明显。

重大水环境污染事故频发，严重威胁群众生命财产安全。国内近几年每年发生的水污染事故都在 1700 起以上。

由于围湖造田、筑坝拦汊、填湖造地以及过度城市建设与房地产开发，使水生态空间萎缩，生物多样性减少。

经历几次大规模"围湖造田""围湖造地"运动，影响了湖泊生态平衡，加剧了污染。由于蓄水量下降，水体萎缩，一些湖泊资源丰富地区旱灾频发，生态系统遭受重创。

"理应纳入新型国家安全战略"

记者：如何看待水安全问题的战略地位？

吕忠梅：水安全问题是非传统安全的重要元素，水是生命之源、生产之要、生态之基，是经济社会发展不可替代的基础支撑，是生态环境改善不可分割的保障系统，具有很强的公益性、基础性、战略性。

进一步分析，水安全问题不仅事关农业农村发展，而且事关经济社会发展全局，不仅关系到防洪、供水、粮食等安全，而且关系到经济安全、生态安全、国家安全，兼具非传统安全中的经济、文化、社会、生态、资源等多种安全元素，理应纳入新型国家安全战略。

三管齐下确保"水安全"

记者：今天该用何种方式确保水安全?

吕忠梅：按照依法治水的思路，要确保水安全，需要满足以下三方面的要求：

一是完善立法。目前水资源保护法律法规体系尚不完善，与水资源保护法律相配套的法规、条例尚不全面；水权制度也不完善，水权交易在法律上没有明确依据。

二是严格执法。目前存在管理机构和职责不适应水资源保护的现实，导致执法不能或者执法不严，水安全保护立法难以落实的情况较为普遍。其中，既有流域管理上的"条块分割"、区域管理上的"城乡分割"，也有同一流域水源功能管理上的"部门分割"。

三是全民守法。加强公民环境教育，提倡绿色消费，培养理性消费观。

解决"心腹之患"难度更大

记者：解决水安全问题有多难?

吕忠梅：如果说范围不断扩大的雾霾是人们的"心肺之患"，那么包括水污染等在内的水安全问题，就是"心腹之患"。水体一旦被污染，治理和恢复过程比防治大气污染还要难。

由于覆盖面很广，水污染有时比较隐蔽而不容易被发现，加上跨区域管理体制不顺以及面源污染问题，治理起来非常困难，治理时间更长，资金投入会更大。受污染的水一旦被人饮用，会直接进入人体循环系统，影响健康，而且这种危害可能是潜在的和长期的。

警惕最后一滴水是我们的眼泪

记者：怎么看未来水安全形势？

吕忠梅：专家预计，我国将在 2030 年左右出现用水高峰，届时全国用水总量将达到上限，供需矛盾会更加突出。

另一方面，全民节水意识不强，生产生活中浪费水、污染水、破坏水的现象十分普遍，加剧了水资源供给压力。当务之急是大力建设节水型社会，尤其是水资源较为丰富的南方地区更要引起警觉。

如果不能节水、护水、治污，广泛发动群众参与，那么人类的最后一滴水真可能就是我们的眼泪。

公众健康是环保法治核心追求理念 *

3月4日下午3时，湖北省政协副主席，农工党中央常委、湖北省主委，湖北经济学院院长吕忠梅代表做客法制网2015年全国"两会"系列访谈，围绕新环保法实施、环境保护与人体健康、环境司法等话题与广大网友进行了在线交流。

主持人：近几年，环境保护都是全国"两会"的热点话题。您从事环保理论和实务研究多年，作为全国人大代表，您每年的议案和建议案也多与环保相关。首先请您谈谈今年关注哪些环保的热点话题。

吕忠梅：我今年提案关于环保法治的有三个方面，第一依然是环境立法问题。人大常委会已经启动《大气污染防治法》《水污染防治法》的修订工作，这两部法律在新环保法通过后首次修订，应该把这两部法修订好，更好地发挥其消除大气污染的"心肺之患"、水污染的"心腹之患"的作用，让天更蓝、水更清。第二是环境执法问题。新环保法之所以被称为"史上最严"法律，就是增加规定了一些行政强制措施，需要通过体制机制改革促进

---

* 本文原载于法制网2015年3月6日，原标题为《吕忠梅：公众健康是环保法治核心追求理念》。这里结合同时采访的记者胡新桥、刘志月2015年3月5日在《法制日报》发表的《阻断污染物排放避免马后炮》一文作了删减和修改。

加强执法，保证环保法最严格的制度能够得到落实。第三是环境司法问题。新环保法出台后，需要司法更好地在环境保护当中发挥作用。2014年最高人民法院成立环境资源审判庭并出台了两个司法解释，加大对污染和环境破坏侵权行为的法律责任追究力度，尤其是大家都很关注的环境公益诉讼也取得了很大的进展。但环境司法依然面临着一些问题，比如公益诉讼制度到底如何发展，法院、检察院的职能如何充分发挥还有一些工作要做。今年我的议案和建议主要是围绕环境法治建设这三个重点问题。

另外，我也关注到新技术发展对环保的促进作用，移动互联网和大数据的应用可以为环保产业带来新机遇。比如滴滴打车，可以通过定时定点服务减少出租车在大街上转悠的时间，就可以节约能源，促进环保。再比如，过去环保事项征求公众意见，召开听证会组织困难、成本高、参与者有限，现在通过网络召开听证会，人人都有麦克风、每个公民都可以发表意见，这对于环境保护科学决策、公众参与都非常有意义。这方面，我也会提出一个建议。

环保不仅仅是污染控制

主持人：谢谢您分享了这么多非常好的观点。2014年全国"两会"期间，您曾提出环保法修改应当"完善环境与健康保护制度，实现《环境保护法》以保障人的健康为核心的人本关怀"的建议。我们了解到，今年1月1日起正式施行的环保法第39条加入了有关内容。您认为，新环保法第39条相比过去有哪些突破？

吕忠梅：你刚才说到了第39条，这一条写进环保法非常不容易，原因是要突破环境保护存在的一个误区。很多人认为，环境保护就是关注环境自身，只要环境不污染就可以了，但这会导致一个问题。环境污染物经过环境的迁移转化后可能通过食物链或者人的呼吸等生理活动进入人体，会对某一个靶器官或者某一部分产生作用，造成代偿性反应，严重的会产生疾病甚至死亡。科学家告诉我们，雾霾会对呼吸系统和心血管系统产生危害，重金属污染会造成儿童血铅超标，铬中毒会对妇女的骨骼产生伤害，世界上曾经发生过多起公害病事件都是因为环境污染引起的。

因此，如果环境保护的法律政策"只见环境不见人"，就会出现看起来环保指标都很好，但还会发生人体健康受害的事件。前些年出现过多起儿童血铅超标事件，基本都是在工厂达标排放的情况下造成的。大家都有疑问，既然都是达标排放，为什么还会出现儿童血铅超标的问题呢？其实，核心问题在于我们的污染物排放标准没有考虑对人的健康的长期影响，整个环境标准体系也没有确立以保障健康为核心的理念。因此，环保法的终极目的是人的可持续生存和发展，为了人民有更高的生活质量、更加幸福。正是基于这种认识，所以我把环境与健康问题作为了这次环保法修订的重点内容加以推进。

很高兴的是，立法机关接受了这些建议，新环保法在这方面作了修改。主要有两处：一是将第1条立法宗旨中的保障"人体健康"改成了保障"公众健康"，更好体现了环保法保护的不仅仅是个体，而是所有人（包括未来的子孙后代）的健康的理念。二是增加了第39条，即建立环境与健康保护的调查、监测和评估制度；鼓励环境与健康的科学研究。这都是根据中国目前的实际情况作出的非常有针对性的规定。经过这次修改，把环境保护和人的健康生存和发展有机结合，可以更好地体现"以人为本"的价值观。因为这些修改，至少带来了三个变化。

第一是扩展了立法目标，立法宗旨更契合环境法的本质属性。使这部法律不仅从关注环境到关注人，更是将关注的视野从个人的"人体健康"扩大到包括当代人和子孙后代的"公众健康"。

第二是建立了环境与健康管理相协同的新机制。环境与健康问题主要涉及卫生和环保两个部门的职责，原来这两个部门各管一段、基本不联动，这个制度就是要建立环境保护与公众健康管理的协同机制。不仅把环境与健康的相关问题放在一起评估、决策，比如在调查、评估、监测等方面实现信息共享、合作交流，更重要的是采取一致行动。比如卫生部门发现公害病患者，及时将情况通报给环保部门，环保部门要去调查污染源并采取相应的治理措施。与此同时，环保部门也要告诉卫生部门，防治这个公害病应采取哪些公共卫生干预措施。这样，行政部门协同联动机制就建立起来了。还有一种情况是，环境污染已经造成人体健康受害，受害者要到法院打官司，但受害者只能告诉法官，他因为喝了附近河流中的水而生病，这条河的上游有一家工厂在向河流排放污染物，因此要求上游的工厂赔偿他的健康损失。这样的案件对于法官而言，最困难的是如何认定上游工厂排污与下游居民得病之间的因果关系。如果法律上的因果关系不能成立，法官很难判决支持受害人的赔偿请求。在这种情况下，环境与健康管理的调查数据、评估结果可以为法官确定污染物排放和人体健康之间的关联度，为减轻受害人的举证责任提供支持。这实际上是建立了行政和司法的沟通和衔接机制。

第三是体现风险预防原则。第39条规定的环境与健康的调查监测和健康风险评估制度，核心是风险预防。因为环境健康问题一旦产生，会带来非常严重的后果。我曾经到多个地方调研，看到了重金属污染危害人体健康的种种情景。在一个有铅污染的地方，儿童血铅水平普遍高出正常值的数十甚至数百倍，因为这里有超过百年的铅锌矿开采和冶炼的历史；这里智力低下的成年人也比较多。环境与健康问题的专家告诉我们，儿童血铅浓度长期偏高会直接影响儿童的智力发育和骨骼生长，对儿童肠胃也不好，如果在7岁之前就已经智力发育迟缓，就会造成终身弱智，不可逆转。可以看出，环境与健康问题关系到个人健康，也关系到家庭，关系到社会发展，这是国家治理必须高度重视的问题。不能等到孩子已经成了弱智儿童再去赔偿，那时赔多少钱都不能让孩子重回健康，不能让家庭和社会少一个"负担"。因此，必须建立风险预防理念，让损害后果不发生。环境与健康调查监测和风险评估就是对风险预防理念的制度化安排，让孩子们不再受害。

尽管我们简单来看，环保法只是改了两个字、增加了一个条文，但其明确立法宗旨、扩大调整范围、建立风险预防制度，意义重大，是新环保法一大亮点。

生态环境已成为最稀缺的公共产品

主持人：刚刚您也提到了环保当中我们现在非常关注的问题，那就是雾霾，今年全国"两会"前，雾霾再次成为社会公众关注的热点。您怎么看待这个问题？

吕忠梅：今天的雾霾问题，或者说环境污染问题，其实是多年来环境问题的总爆发，显现了污染容易治理难的规律。我从 20 世纪 80 年代初期开始学习和研究环境法，到现在已有 30 多年。回想起来，我们刚开始研究环保法时，有人对选择这个领域感到奇怪，有人甚至认为做环保就是扫大街，表明当时的中国基本没有环境保护的概念，也不懂什么是环境保护措施，认为工厂建在河流边就是为了排污方便，垃圾处理的最好方式就是填湖。在很多人的心目中，环境就是天然的垃圾场。其实，我从学习环保法开始，就知道中国是受到西方国家严重的环境污染问题引发社会危机的警醒而走上环境保护道路的。当时爆发的大量环境污染影响人群健康事件中，有不少是空气污染事件，比如英国伦敦烟雾事件、比利时马斯河谷事件、美国多诺拉烟雾事件、洛杉矶光化学烟雾事件，还有日本的四日市哮喘，都是严重的空气污染影响公众健康的事件。伦敦烟雾事件就是因燃煤引发，前后四次重大爆发都造成了千人以上非正常死亡和数十万人健康受害，其实就是雾霾事件；洛杉矶光化学烟雾事件则是汽车尾气与紫外线发生光化学作用而产生的，对人体健康也有非常大的危害。当年，中国的老一辈领导人就认为类似问题如果在中国发生，最终也会带来健康危害。1972 年中国派代表团参加了斯德哥尔摩会议，明确提出不走西方发达国家先污染后治理的弯路，这才有了 1979 年的《环境保护法（试行）》，宣示了协调发展原则，规定了环境评价、"三同时"等制度，表明国家对环保问题的认识是清醒的。但在改革开放初期，发展的冲动超过一切，以 GDP 论英雄的动力确实很强劲。

主持人：人们之前的环保意识太弱。

吕忠梅：我记得，20 多年前我曾在课堂上就问过学生，你们"要钱"还是"要命"？学生们沉默了。后来我让他们假期把这个问题带回家，问一问乡亲们，如果在环境好的地方引进一家高污染的工厂，他们是愿意要这个工厂，还是愿意要青山绿水？同学假期回来告诉我，大多数人说愿意要工厂，因为可以就业并且有收入；只守着青山绿水，什么都没有。这在当时是非常真实的想法。现在回头来看，中国经过30多年的发展，在经济腾飞创造世界奇迹的同时，也付出了沉重的环境资源代价。我以为，党的十八大将生态文明建设提升至"五位一体"总体布局，是基于一个判断：中国虽然建立了社会主义市场经济，但还是没有生态理念的市场经济。中国已经成为"世界工厂"，在为世界提供最多产品的同时，生态环境却成了我们最稀缺的公共产品。现在出现的雾霾、水污染、土壤污染等问题都是具体体现。如果说，经过30多年的发展，我们的物质生活水平与西方发达国家的差距越来越小，但生态环境质量的距离却在拉大。

因此，我们必须承认，虽然国家早已知道不能走先污染后治理的弯路，并且一直在采取各种促进协调发展的措施；但在过去的发展过程中，确实走的是边污染边治理的路，有些地方也走上了先污染再治理的老路。在这种情况下，党的十八大报告、十八届三中全会决定都特别强调要用最严格的制度最严密的法治保护生态环境，并出台了生态文明体制改革的方案，要求建立绿色GDP的核算和生态审计，生态环境一岗双责、终身追责，等等，都体现了"最严格"的理念。十八届四中全会出台的《中共中央关于全面推进依法治国若干问题的决定》中再次强调要用法治手段保护生态环境。

生态环境立法体系还有待完善

主持人：我们知道，在人大代表履职的12年里，您执着为环境保护建言，领衔提出过5次关于修改《环境保护法》的议案，还提出了十几个有关环境保护立法的议案和加强环境执法、加快推进环境司法的建议。您认为，面对社会公众日益关注的环境保护问题，在新环保法实施、《大气污染防治法》修订的当下，我们的立法机关应该如何作为？

吕忠梅："良法是善治的前提"，目前看，立法任务的确很重。

中国的环境资源立法已有30多部，去年刚刚修订的《环境保护法》有一个小进步，就是承认了它是生态环境保护领域的综合性法律，具有实际上的基础性法律地位，这为今后环境资源法的体系化提供了一个基础。但是，环境资源立法在我们宣告已经建成的中国特色社会主义法律体系中，没有独立的地位，而是被分别纳入行政法和经济法两个不同的法律部门，比较尴尬。在实践中遇到的问题更多。比如说我们已经看到的《大气污染防治法（修订草案）》（征求意见稿），很多内容都是照抄《环境保护法》，造成大量重复。这就需要理顺两部法律的关系，重新设计环境资源立法体系。因此，新时代的环境资源立法绝不应该仅仅是制定法律或者修改法律，更应该从整体上构建环境资源立法体系。这就是我理解的立法任务很重，大致有这么几个方面的任务：

一是要把生态文明建设的"五位一体"总体布局以立法方式加以体现。我今年有一个建议，就是把生态环境立法作为中国特色社会主义法律体系的一个子系统独立出来，把分散在不同法律部门中的相关立法加以集中，并将《环境保护法》上升为基本法，为今后编纂法典做准备。

二是加快立法填补空白步伐。虽然现在已经有30多部法律，但依然还有一些立法空白，污染防治方面还有土壤污染、电磁辐射污染等没有立法；生态保护方面的空白更多，自然保护区法启动多年还没有立出来，还有长江法这样的流域保护立法等需要立；另外，环保法修订，相关法律也亟待修订。目前，已经启动了《土壤污染防治法》的制定，还要加快修订《大气污染防治法》《水污染防治法》《森林法》《草原法》等相关法律，并将制定生物多样性保护、自然保护地、流域保护的法律纳入立法进程。

三是更好促进生态环境立法与相关立法的协同。生态文明建设目标仅靠环境法单打独斗是不够的，还需要把环境保护的理念贯彻到相关法律之中。比如已经启动编纂的民法典中，如何纳入环境保护的内容，如何提出刑法修正案，完善环境犯罪的相关规定，等等，这些也是生态环境立法很重要的任务。

我觉得在未来若干年内，完善以宪法为核心的中国特色社会主义法律体系，生态环境立法是最重要的内容。

多元共治体系已初步建立

主持人：刚刚我们谈了很多立法方面的问题，您觉得面对现实中很多具体的环境保护问题，行政执法机关应当如何作为？

吕忠梅：这次环保法修订过程中，关于管理体制与治理体系的问题存在一些争论。审议通过的法律其实是建立了多元共治体系。这里可以看到几个值得关注的变化：

一是明确授权环境保护部门统一监督管理。把原来环保法列举的十几个部门都拿掉了。二是明确规定地方政府对所辖区域环境质量负责并接受同级人大监督，这是新增加的内容。三是专门增加了环境信息公开和公众参与一章。四是加重了企业的主体责任。这样就构建了一个多方参与的环境治理体系。

过去大家有两种不太好的认识，一是把环境保护当作环境保护部门的事；二是把环境保护当作别人的事。现在也有人问，规定环境保护部门统一监督管理，是不是意味着环保执法只是环保一家的任务呢？这种认识也是有问题的，统一监督管理并不是其他部门不承担保护职责，而是在各部门承担保护职责的基础上赋予了环境保护部门"监督管理"的法定职责。我很高兴地看到，环保部为配合新环保法的实施，从2014年开始密集地出台配套性文件，这就是履行"监督管理"职责的具体体现。

从新环保法的规定看，负有保护环境责任的主体分为不同层次、承担不同义务，形成了多元结构。

首先是地方政府要对所辖区域的环境质量负总责，每年要向同级人大专门报告环境保护工作。与此同时，将《环境保护法》的执行情况纳入地方主要负责人的考核、纳入地方政府的绩效考核，这是对政府责任的规定，不是对环境保护部门的。

其次是环境保护部门和相关职能部门。环境保护部门作为法律授权的统一监管部门，要将环境保护与发展综合决策作为重要内容，比如环保法规定生态环境承载力预警、生态红线等制度，还有环境影响评价特别是规划环评制度的执行，这些都是环保部门的决策责任；在这个基础上，才能更好履行行政执法责任。与此同时，政府各个部门都在不同程度上负有保护环境的管理职责，比如发改委、科技部、水利部、农业部、国土资源部等，这些部门应该在各自职责范围内承担相应责任。

然后是企业。企业既是排污主体、开发利用自然资源主体，也应该是保护主体。因此，新环保法对企业的防止污染、保护生态的义务作了明确规定，也增加了在线监测、信息公开等义务规定；同时，也规定了经济激励措施鼓励企业推进清洁生产、循环利用，积极参与环境治理。

最后是社会公众。新环保法在总则中规定了公民的环境保护义务责任，同时，也在政府信息公开和公众参与中规定了公民的知情权、参与权、表达权和监督权，鼓励公民践行绿色生活方式，参与环境治理。其实，绿色消费、绿色出行，都需要每个老百姓以实际行动参与。垃圾分类也必须从每家每户开始。

因此，新环保法已经构建了这样一个各负其责、各司其职的多元共治体系，但这还是初步的，希望这个体系在运行中能够不断完善，使我们的环境得到更好的保护。

环境司法作用有待更好发挥

主持人：我们看到，围绕环境保护问题，司法机关也出台了许多的具体措施。在您看来，在环境保护日益成为社会热点的情况下，司法机关如何发挥应有作用？

吕忠梅：通常来讲，司法是公平正义的最后一道防线。如果两个人发生纠纷或者冲突以后，用尽所有的办法都解决不了，就去打官司。在国家治理体系中，司法的职能在于守住最后的底线，因此，司法会比较被动。尤其是在民事诉讼中，叫作"民不告，官不理"，法官也只能在原告人请求的范围内作出判决。

但是这种被动性如果用在解决环境问题上就不太灵，需要以特别的制度设计让司法能够主动发挥作用。为什么？首先要解决谁能告的问题。因为环境是我们大家的，比如中国的河流为全民所有，既不是你的，也不是我的，也不是哪个企业的。如果住在河流边的人因为受到一家工厂的水污染而得病了，想去告那家工厂，怎么办？按照过去的法律，原告与被告必须有法律上的利害关系、任何人不得主张与自己无关的权利，这样来看，这个人与排污的工厂之间既没有合同关系，他也不是河流的所有权人，工厂并没有把污水排到他家里去，他没有任何法律依据去打这个官司。其实，因为河流被污染而受害的并不是一个人或者很多人，还有河里的鱼类和植物，如果河流继续污染下去，会使整个生态系统遭受破坏。为了解决这个问题，法律就要授权一定的机关或者组织来代表社会公众、代表生态环境提起诉讼，阻止对环境的继续污染和破坏行为，这就是公益诉讼。

解决了谁能代表公共利益的问题还不够，如果提起诉讼后，法官依然按照原来的方式，"坐山观虎斗"，谁主张谁举证，没有证据证明就判败诉，也不能很好保护环境。这也需要改变过去的诉讼理念，让法官可以主动发挥作用、主导诉讼，比如可以主动调查取证、可以向当事人说明相关事项、充分考虑生态环境保护的需求作出超过原告诉讼请求的裁判，等等，法律上叫作能动司法或者职权主义诉讼模式。目前，我们知道的一些环境案件，都是在这样的理念下判决的。比如，2014年江苏泰州中级人民法院判决了1.6亿元天价环境公益诉讼案，二审判决不仅维持原判，还判决将1.6亿元赔偿金的一部分用于污染企业的技术改造，就是能动司法的具体体现。

大家会问，过去为什么司法机关在环境保护方面参与不多。这其实有两个原因，一个原因是环境立法设置了以行政执法为主的法律实施机制，赋予环保部门及其相关行政部门以多项管理权，并没有赋予司法机关在环境保护方面的专门职权；另一个原因就是司法被动的特性，当其他手段能够发挥作用的时候，司法不会主动出击。随着我国环境保护形势日益严峻，因环境问题引发的社会矛盾日渐增多，尤其是环境污染和生态破坏带来的长期性、潜在性影响直接威胁着中华民族的永续发展，迫切需要司法在环境保护方面发挥其解决纠纷、维护社会公平正义的不可替代作用，也需要司法突破一些既有观念，主动发挥作用。

我国公益诉讼的"司法破冰"是在 2007 年，贵阳成立第一家环保法庭，受理了第一起公益诉讼案件并积极探索能动司法经验，后来又有一些地方法院成立环保庭或者合议庭等专门机构。这些年的发展也遇到了很多障碍。2014 年，最高人民法院为配合新环保法的实施，成立环境资源审判庭，并鼓励全国有条件的法院都设立。到现在为止，全国的环境审判的专门机构差不多有 400 个，已形成一定规模。最高人民法院成立环资庭的好处是运用其司法解释权，通过出台司法政策、发布指导性案例和典型案例等方式，推动全国的相关工作。2014 年，我直接参与了最高人民法院关于公益诉讼和环境侵权案件审理的两个司法解释讨论，其中一个明显的感受就是充分体现了能动司法的理念。最高人民法院举办了全国三级地方法院法官的大型专题培训班，到全国各地进行调研，指导推动一批公益诉讼案件的审理。

环境司法已经从地方试点"开门缝、开窗户"到现在完全打开"大门"，我们都很高兴，期盼着有更多的案件进来，但现在案件并不多，更没有出现当初立法时大家担心的"诉讼爆炸"。环保法实施以来，媒体每个月都在公布公益诉讼成绩单，有的环保法庭甚至无案可办。最高人民法院的公益诉讼司法解释实际上降低了社会组织提起公益诉讼门槛，把能够达到民诉法和环保法规定的主体资格的 300 多家扩大到了 700 多家，但真正提起公益诉讼的环保团体不超过 10 家。这也说明，并不是司法机关把大门打开了，就会有人来。真正要让环境司法发挥作用，恐怕还要有更多的制度保障或者支持。

我们常常会说，环境公益诉讼一是管闲事的诉讼，因为这种诉讼的任何收益都是公共的，并不能归提起诉讼的人所有，所以是"管闲事"。二是勇敢者的诉讼，以社会组织的力量代表生态环境公共利益提起诉讼，不仅要出钱、出力，还要有专业知识和能力获得证据，非常艰难。因此，如何鼓励"勇敢者"、如何支持"管闲事"，也是司法真正发挥作用必须解决好的问题，在这方面，我们还有很多事情要做。

现在最高人民法院已经和民政部、环保部建立了司法和行政协调的机制，对认定更多社会组织的公益诉讼的主体资格、诉讼费缴纳和相关费用的支付方面做出了一些安排。社会上也有一些基金会开始支持公益诉讼。其实，公益诉讼有很强的专业性，需要有专业人士的加入和支持，这对社会组织也是一个考验。目前一些地方已经在探索检察机关作为原告提起环境公益诉讼，这也是一种思路，同样有一些需要解决好的问题。

因此，我们看到，环境司法作用的发挥，既需要司法机关打开大门、提升能力、完善机制，也要有社会组织的发育、能力适配、公众参与。我也觉得，环境司法作用的发挥不仅仅是司法机关自己的事情，也是我们大家的事情。

理性乐观地期待未来

主持人：您作为从事了 30 余年环境保护方面的知名学者，对未来的环境保护有着怎样的期待呢？

吕忠梅：我对中国的环境保护持有一种积极、乐观而理性的态度。所谓积极，就是我们必须采取切实的环境保护措施，环境才会变得更好，不能放任环境一天一天地糟下去、资源的瓶颈越卡越死，一定要积极采取环境治理措施。

所谓乐观，是我不完全同意一些人认为的中国要完蛋了，我们有坚强的领导核心和举国体制，只要下定决心、积极行动，大家齐心协力攻坚克难，相信我们的环境治理会更好，天会变蓝，水会变清，生活质量会有很大的提升。

所谓理性，是不能期待一蹴而就，环境问题不是一朝一夕造成的，污染的治理，尤其是治理效果的产生也绝不会立竿见影，更不是今天投入一分钱，明天天就变蓝一分。科学研究表明，污染物从排入环境，最终到人体，出现疾病症状需要 30 年。现在看到的污染导致的疾病，是 30 年前污染后果的显现。换句话说，即便我们零排放，要把污染治理好也需要一段时间。因此，我们要理性，更要有定力，以科学的态度看待这个过程，不要盲目地追求即时的效果、一时宣泄的痛快，而是进行理性选择，这既包括政府，也包括个人。如果个人出行多选择公共交通，个人物品够用就好，不追求高消费，都是在为环保做贡献。环保最重要的理念是做减法，而不是做加法。如果每个人都自觉地减少资源能源消耗，我们的环境才会变得越来越好。

环境保护是真正需要人人参与、人人行动的事业，也有人说环境保护是一个母亲的事业，只要付出，不要回报。我觉得，我们的每一份付出都一定会得到回报，是对我们子孙万代的回报，是小付出，大回报。因此，每个人都应该从自己做起、把点滴做好。

新环保法实施观察 *

3月7日，一直致力于环境保护事业的全国人大代表、湖北省政协副主席、湖北经济学院院长吕忠梅做客正义网、人民网联合推出的"2015全国'两会'系列访谈"，就新环保法的实施与我国目前的环境司法现状与网友进行了交流。

长了"牙齿"的新环保法还需配"手脚"

她说："被称为'史上最严'的新环保法今年已开始实施，但只长了'牙齿'，还没有'手脚'，需要配备相关法律法规和标准让其得以顺利实施。"

今年1月1日开始实施的新环保法被称为"史上最严"的环保法，新增加了很多更为严格的制度。不仅明确了政府责任，而且明确了对政府及其官员监督和问责的方法；对环保部门及其工作人员也规定了严格的问责机制；对企业增加了按日计罚等四项强制措施。但如何在法律实施过程中让这些制度"活起来"，成了困扰有关部门的一个问题。

吕忠梅认为，这与新环保法的定位有非常大的关系。她说："这次修订

---

*本文原载于正义网、《检察日报》2015年3月7日、3月8日，记者王义杰，原标题为《为长了"牙齿"的新环保法配备"手脚"》《吕忠梅：2014年中国环境司法的起步年》，有合并修改。

让环保法的法律地位发生了一个细微但很重要的变化，那就是明确为生态环境保护领域的综合性法律，这意味着它是基础性的。也正是因为这一点，这部法律主要是对生态环境保护领域的根本性、原则性、普遍性的问题进行了规定，不会有很多可操作性规定。可以说它只长了'牙齿'，还没有'手脚'，还需要通过修订相关单行法加以具体化，也需要法律授权的监管部门出台相应的配套法规规章和标准，才能得以顺利实施。"

吕忠梅介绍说："目前，已经看到环保部围绕新环保法实施，准备出台50多部配套规章、管理办法和技术指南，也有制定和修订环境标准的计划。全国人大已经启动了《大气污染防治法》《水污染防治法》的修订，这些法律都应该在根据新环保法已经作出的原则规定之下进行细化。"

政府责任不只是"环保局长"的责任

此外，吕忠梅认为，新环保法最重要的修改就是增加了"督政"性规定，明确了政府对所辖区域生态环境质量负总责并接受同级人大监督，将生态环境质量纳入"政绩"考核并实行问责制。在新环保法的实施过程中，政府与环保部门应该分清各自的职责。她说："在走访考察过程中，我听到很多环保局长抱怨对其严格的问责机制与他们掌握的权力、财力不对等，他们没有调动地方整体资源的职责，更没有这个能力。我很钦佩环保局的同志们，他们有强烈的责任意识，认为实施环保法是他们的职责，但这里也必须消除一个误解，就是不能将政府及其主要负责人的责任等同于环保机关或者环保局长的责任，这是不对的。"

作为参与新环保法修订工作的一员，吕忠梅说："新环保法的规定是明确的，政府对生态环境质量负总责，环保部门负责统一监督管理，与环境保护相关的职能部门在各自职责范围内也要负责。最近，环保部的督察中心开始约谈地方政府，这是行使统一监督管理权很好的开始。单靠环保部门自己的力量来解决环保问题，那中国的环境保护永远做不好。"

环境司法专门化真正起步

吕忠梅介绍，从 2007 年贵阳市中级人民法院成立我国第一个专门环保法庭——清镇环保法庭开始，到 2014 年最高人民法院成立环境资源审判庭，这 7 年多的时间里，环保法庭设立处于地方试点探索阶段，基本处于徘徊状态。直到最高法成立环境资源审判庭，才开始推动全国法院系统专门审判机构的成立。她说："据我了解，到 2014 年底，全国成立的环境保护的法庭、审判庭、合议庭有 400 多家。可以说 2014 年，我国的环境司法专门化才真正开始起步。"

这表现为，最高人民法院环资庭成立后，开始加大力度推进环境司法专门工作，最高人民法院 2014 年 6 月发布了《关于全面加强环境资源审判工作为推进生态文明建设提供有力司法保障的意见》，同年 12 月出台《关于审理环境民事公益诉讼案件适用法律若干问题的解释》，与此同时还发布了一批指导性案例，指导全国关于环境诉讼的工作。在今年 2 月初，又通过了《关于审理环境侵权责任纠纷案件适用法律若干问题的解释》。这些司法政策、司法解释和指导性案例，对全国环境司法专门化工作的发展，发挥了巨大的推动作用。

环境公益组织也需要"被公益"

吕忠梅说："目前的情况是，环境司法机构有了，司法解释有了，指导性案例也有了，但却出现了一个令人困惑的现象：新环保法实施以后的第一个月，基本没有受理新的环境公益诉讼案件。过去大家都说，环境公益诉讼的门进不去，现在门打开了，案件却不进来。"

为何会出现这种情况，吕忠梅认为主要有两点原因：

首先，可以提起公益诉讼的主体资格还比较高。她介绍说："新环保法规定，在设区的市级以上人民政府民政部门登记的，专门从事环保公益活动

5 年以上且没有违法记录的社会组织，可以提起公益诉讼。按照这一要求，中国的公益组织中符合条件的环保团体大概有 300 家。最高法在今年 1 月推出来的司法解释，降低了门槛，但按照这一司法解释的规定，全国也仅仅有 700 多家环保团体可以提起环境公益诉讼。中国这么大，这个数量肯定不算多。"

其次，和公益诉讼的性质有关系。"公益诉讼历来有管闲事诉讼和勇敢者诉讼之称。现在可能还没有那么多的勇敢者，也没有那么多的人愿意管闲事。"吕忠梅说，"其实，每提起一个环境公益诉讼都要做好与污染和破坏环境的企业'硬碰硬'的准备，需要费钱、费力、费人，还需要专业知识和能力。公益组织也需要有人干活、更需要有能力的人干活；公益组织不能以营利为目的，但提起公益诉讼需要资金支持，尤其是在调查取证方面，专业技术能力与充足的资金缺一不可，因此，也需要'被公益'。"

"环境诉讼的案件数量少，是当前环境司法面临的现实问题。虽然环境公益诉讼不以追求案件数量增长为目的，但没有案件对于制度本身肯定是挑战。因此，如何鼓励更多的公益组织介入环境公益诉讼，乃至中国的环境公益诉讼朝什么方向发展，都值得认真研究。"

保护潮间带　让候鸟飞[*]

　　全国人大代表、湖北经济学院院长吕忠梅教授此次"两会"提交了《关于高度重视湿地生态功能，加强潮间带滩涂和候鸟保护的建议》。以下是她的观点。

　　作为滨海湿地最为重要的类型，潮间带滩涂对于人类乃至整个地球都有着不可估量的价值，其作用不可替代：它是数百种滩涂生物重要的产卵及育苗场所、渔业资源的重要保障，世界上有超过 25% 的野生水鸟以此作为栖息地；它可以消纳沿海滩涂污染、抵御台风等极端天气，对于人类经济社会发展意义巨大。

　　但潮间带滩涂具有地势平缓、利于填埋、无人占有或居住的特点，极易成为地方政府和企业获取廉价土地或开发利用相关资源的牺牲品，各地在经济社会发展过程中，对潮间带滩涂进行了大规模集中围填。尤其是近 30 年来，全国海岸城市大多进行了不合理的甚至超大规模的填海造地、建造海堤、围海养殖等活动，致使大量珍贵的潮间带滩涂消失。数据显示，早在 2000 年，我国潮间带滩涂资源已损失过半，到 2013 年底，围填潮间带滩涂

＊本文原载于财新网 2015 年 3 月 9 日，责任编辑张帆，原标题为《潮间带滩涂正成为地方利益牺牲品》，略有修改。

达到 84.2%。其中，淤泥质岸线滩涂被围填最多，31 年间共减少了 2326.66 公里。这些忽视生态保护、失控而盲目的大规模围填海行为，将直接导致生物多样性下降，威胁区域乃至全球范围内的生态安全和可持续发展。因此，急需建立有效的潮间带和候鸟保护制度。

滨海潮间带湿地和候鸟保护存在的突出问题

我国虽然加入了《湿地保护公约》并出台了相关制度与政策，批准设立了一批滨海湿地自然保护区，留住了部分潮间带滩涂，但保护的范围与力度十分有限，不能有效控制开垦湿地行为，存在着一些突出问题：

1. 部门规划冲突，导致一些重要湿地保护受阻，甚至可能加速湿地消失

根据现行的管理体制，全国海洋功能区划由国家海洋局制定，湿地保护与管理由国家林业局行使，由于部门分割且缺乏协调与协同机制，正在实施的《全国海洋功能区划（2011—2020 年）》未将潮间带湿地保护纳入，如果这个规划得到落实，将会让 25 万公顷的潮间带滩涂"合法"消失。调查显示，目前黄渤海沿岸 11 个填海工业园（辽宁、河北、天津、山东）按照《海洋功能区划》，属于可开发区域；而按照林业部门《湿地保护规划》则属于重要湿地，不得围填。目前，辽宁、山东等省划定的"渤海海洋生态红线"也未将大部分潮间带滩涂纳入保护范围，现实中的围填海工程基本上是从潮间带滩涂开始顺岸平推，逐步向海洋深处围填。

2. 潮间带滩涂生态服务功能重视不够，经济效益低，违法行为高发

我国目前对潮间带滩涂利用主要有两种方式：一是围填，二是发展养殖业。目前的潮间带利用方式破坏滩涂资源，严重影响其生态服务功能。据统计，2011 年，我国潮间带滩涂生产的水产品达 800 万吨，占全球总量的近 20%。而中国环境与发展国际合作委员会关于中国经济发展方式的绿色转型

的 2011 年度报告指出，我国潮间带滩涂的开垦所造成的生态损失（包括水源净化、氧气补给和土壤形成等自然过程）高达 1800 多亿元 / 年。如果更多的潮间带湿地被不合理利用，生态损失还会加剧。

一些地方的围填海控制性指标和海岸工业园区缺乏科学合理规划，大量围填潮间带滩涂未能获得预期经济效益。调查发现，多数填海而建的工业园均不景气，如曹妃甸工业区有一半停产或废弃，花园口经济区三分之二企业处于停产停建状态。且大多数沿海滩涂的工业园区集中了石油化工等重工业、高能耗、高污染企业，如果不能严格控制污染，还可能对海洋安全造成威胁。

《防治海洋工程建设项目污染损害海洋环境管理条例》第 21 条规定："严格控制围填海工程。禁止在经济生物的自然产卵场、繁殖场、索饵场和鸟类栖息地进行围填海活动。"但该规定基本上没有得到执行，违规填埋、未批先填、批小填大、化整为散违规申请填海指标等行为十分普遍，这与填海工程环境影响评价信息公开薄弱、环境影响评价缺失生物多样性的评价也有一定关系。

3. 对生物多样性的保护不够，海洋生物、候鸟数量急剧下降甚至灭绝，引发全球关注，影响中国形象

潮间带滩涂为各种不同食性的鸟类提供了丰富的食物条件，是鸟类远距离迁徙通道上的重要迁途停歇和觅食地。渤海湾是"东亚—澳大利西亚"候鸟迁徙的咽喉要塞，每年利用渤海湾湿地停歇、繁殖和越冬的各种水鸟有 150 余种，数量以百万计，其中有 20 种鸻鹬鸟类的数量达到国际"重要意义"标准。由于渤海湾遭到大规模围填，给鸟类迁徙带来毁灭性灾难。世界自然保护联盟（IUCN）的调查报告惊呼："黄渤海沿海湿地观察到的水鸟种的数量每年下降 5% ~ 9%，极度濒危的勺嘴鹬更是下降了 26%，为地球上任何一个生态系统所罕见！"据调查，目前至少有 33 个候鸟种落入濒危、近危状态，令人担忧。鸟类生态状态引发全球关注，对中国负责任大国形象带来不利影响。

关于加强潮间带滩涂和候鸟保护的建议

目前，我国潮间带滩涂生态状况正在急剧恶化，生态平衡已被打破，部分区域已不可恢复，急需提高对潮间带湿地的生态服务功能的认识，加大保护力度。我国作为《湿地公约》和《生物多样性公约》的缔约国、《东亚—澳大利西亚候鸟迁徙伙伴》的成员国，也肩负着加强黄渤海潮间带滩涂保护和候鸟保护的不可推卸的国际责任。为此，提出如下建议：

1.提高对潮间带生态服务功能的认识

重新评估潮间带滩涂生物多样性及生态经济学价值，建立海洋生态系统的开发利用与保护综合决策机制，修订《全国海洋功能区划（2011—2020年）》，将已经规划为可进行围填海但尚未填埋的潮间带滩涂，列为禁止开发区。各省市的海洋功能区划也应尽快进行调整。

2.建立潮间带滩涂保护和候鸟保护协同机制

由国家林业局与国家海洋局联合划定全国海洋生态红线，修改渤海海洋生态红线，可参考世界自然保护联盟（IUCN）对我国60块重要的潮间带滩涂的分析报告，再结合我国的调查实际，将需要保护的潮间带滩涂列入生态红线，进行永久保护。

由环保部、国家海洋局共同修改完善《海洋工程环境影响评价技术导则》，按照《环境影响评价法》对海洋开发规划和项目进行环境影响评价，将生物多样性保护尤其是鸟类生存需求纳入评价范畴，把对鸟类及其栖息地的影响作为重要考量因素，建立相应的评价指标体系。

3.加大执法力度，建立潮间带滩涂保护和候鸟保护的联合执法、联动执法机制，加强司法保护

在新的海洋功能区划、海洋生态红线出台之前冻结正在进行的填海项

目。遵守并履行 2012 世界自然保护大会决议"在彻底完成对'东亚—澳大利西亚'一线生物多样性需求的评估之前，停止批准在该地点对潮间带滩涂进行填海作业的行为。不论其目前处于何种保护状态"的承诺，暂停批准潮间带滩涂的填海项目。

加大涉及潮间带滩涂开发规划和建设项目的信息公开和严格执法力度，鼓励公众参与，鼓励环境公益诉讼，加大潮间带滩涂和候鸟的司法保护力度。

国家海洋局和各省市政府加强填海项目调查，一旦发现违法，及时处罚，恢复滩涂。将潮间带滩涂保护纳入政府生态考核和向地方人大报告工作的内容，明确主体责任，实行严格问责。

铁腕治污　法治先行 *

　　作为全国人大代表，吕忠梅提出过五次专门的关于修改《中华人民共和国环境保护法》的议案，同时提出了诸多环境保护立法的议案和环境执法、司法的建议。吕忠梅直言，十几年来，围绕《环境保护法》的修改有许多争议，大致分为三个阶段：从争论"中国是否需要《环境保护法》"，到探讨"是先修改环境保护单行法还是先修改《环境保护法》"，再到"《环境保护法》应该小修还是大改"。本次全国"两会"期间，记者就铁腕环保的相关法治问题对吕忠梅代表进行了采访。

今年继续关注环境法治

　　记者：您专注于环保法研究 30 余年，推动了新环保法通过、最高人民法院成立环境资源审判庭并出台相关司法解释，可谓成效显著，您今年是否依然关注环境问题？

　　吕忠梅：当然，环境法是我的专业研究领域。在当前生态环境问题成为影响我国发展的最大问题之一时，我理当尽力。今年，我重点关注了《大气

---

* 本文原载于《人民法治》2015 年第 4 期，记者张慧超、凌欣，原标题为《铁腕环保需理性发声——专访全国人大代表、湖北省政协副主席吕忠梅》，有删减和修改。

污染防治法》的修订、潮间带湿地与候鸟保护，还有关于环境公益诉讼制度的有效实施、环境司法机制的完善以及环境与健康制度的落实问题。其实这些都是新环保法实施过程中亟待解决的问题，因为《大气污染防治法》是新环保法通过后启动修订的第一个单行法，湿地与候鸟保护是新环保法关于生态保护的重要内容，新环保法规定的环境与健康制度、公益诉讼制度以及严格的法律责任制度，也都需要有相关的配套制度加以落实，更要有顺畅的机制保障其运行。

记者：修订《大气污染防治法》是您今年关注的重点，具体有怎样的修改建议？

吕忠梅：全国人大常委会启动《大气污染防治法》的修订工作非常及时。从目前的修订草案看，已经进行了较大幅度的修改，具有一定的可操作性。但是，按照以最严格的制度铁腕治污的要求以及人民群众渴望蓝天白云的强烈愿望相比，现有的修订草案离"严格依法修改，突出可操作性"的修法目标，还有一定的距离。因此，我提出四点继续修改建议。一是明确全面修订的目标和定位，可以将该法改名为《清洁空气法》；二是进一步处理好与《环境保护法》的关系，增加相关制度，健全大气污染防治制度体系；三是修改完善现有的一些不尽合理制度；四是根据大气质量保护的目的，建立多元共治的体制机制。在提出议案的同时，我们以全国人大常委会公布的草案稿为基础，做了一个完整的《清洁空气法专家建议稿草案》，以期为立法机关提供更全面的参考。

要有"绿色决定生死"的意识

记者：今年是我国全面深化改革的关键之年，在深化改革的背景下，环境保护会有怎样的转变与影响？

吕忠梅：党的十八大报告对中国发展战略布局非常重要的进步是提升了生态文明建设的地位，形成了经济、政治、社会、文化、生态文明建设"五位一体"的总体战略，十八届三中全会决定就是按照"五位一体"战略部署的全面深化改革任务。你可能已经注意到，全面深化改革领导小组下设六个组，其中第一个组将经济体制改革和生态文明建设放在了一起。为什么会是这样？因为经济体制改革最重要的方面是改革我国的经济发展方式，要将高投入、高消耗、高污染的不可持续发展方式通过调结构、转方式，转到可持续发展方式上来。这意味着未来的经济发展必须与环境保护同时考虑。

生态红线是我们的生命线，也必须成为经济发展的底线。这就是全面深化改革的一个重要意义，生态文明建设要贯穿到经济建设、政治建设、文化建设、社会建设的全过程。我们湖北有一个提法——"绿色决定生死"！认识非常到位，这也应该是每个地方，甚至每个人都应该牢固树立的意识。环境保护不仅是环保部门的工作，也是各个部门的工作，是全社会都必须承担的责任。

记者：在您看来，该如何将转变经济发展方式与落实生态环境保护责任纳入法治轨道？如何破解地方发展只求 GDP 的困局？

吕忠梅：新环保法明确了"环境保护优先"的原则，将原来的"环境保护与经济发展相协调"修改为"经济社会发展与环境保护相协调"，并建立了地方政府对所辖区域环境质量负总责的制度。党的十八届三中全会决定还部署了建立绿色核算、生态审计制度等改革任务，要求对于造成严重生态破坏与环境污染的负责人，实行党政同责、终身追责。新环保法还规定了地方政府要向人大汇报环境保护工作，让人大来对政府的环境保护工作实行监督，将环境保护纳入地方政府考核指标，考核结果向社会公布。这些都是为了解决唯 GDP 的问题，以严格的行政问责制度约束地方政府 GDP 冲动。

与此同时，建立环境公益诉讼制度，赋予环保公益团体和法律授权的机关提起诉讼的权利。如果政府不履行环境保护的职责，还可以通过公益诉讼制止污染和破坏环境的行为。这样，一方面有问责，另一方面有人替政府作为，这些都是以法治的手段破解地方发展只求 GDP 的困局。去年，最高人民法院出台环境民事公益诉讼的司法解释，有力地推动了公益诉讼制度的

"落地"。但在实践中，还存在一些问题，我这次关于完善环境公益诉讼制度的建议，主要是针对实践中的问题，提出了建立激励机制，帮助公益团体筹集资金、提升能力，解决环境民事公益诉讼与行政公益诉讼的衔接等方面的建议。

生态环境问责制须落到实处

记者： 关于加强环保领域的依法行政，您是否有具体的意见和建议？

吕忠梅： 环保领域的依法行政，前提是有合理的法律授权与明确的执法职责。过去的环境保护体制是典型的"九龙治水"、部门分割。新环保法为解决这个问题，建立了多元共治体制和协同、联动执法机制，目的在于改变多个执法部门各管一块、缺乏沟通与衔接的局面。在体制上，政府职能转变，不是简单减少几个部委，而是要建立有效的运行机制。当前中国经济社会发展遇到的问题都是综合性的，只有部门分工远远不够，如果不建立协调协同体制，一定会出问题。

环境问题是非常典型的综合性问题，环保执法的改善很大程度上有赖于行政体制改革、政府职能转变，实现治理体系的现代化。在现代体制下，该设立特别机构的要设立特别机构，不需要特别机构的也必须建立协调、协同机制，切实解决部门利益法律化问题。政府行政体制的改革，还需要厘清政府与市场的关系，政府的归政府，市场的归市场。

另外，执法必须依法。目前存在着各种不依法行政问题，乱作为和不作为，选择性执法和扭曲执法现象比较严重。比如环境影响评价制度执行过程中的边建边评、先建后评比比皆是，法律没有得到严格的执行。因此，要实行责任制，谁审批谁负责，纵容者要追究，生态环境保护问责制一定要真正落到实处。同时，执法过程必须公开透明，需要有公众参与和监督。

当然，执法能力提升也是很大的问题。过去，行政机关满足于发文件、搞审批，事前发证很严，事中和事后监管乏力，总是等出了问题再去处理，并且老是采取临时性成立调查组的方式处理，这样的行政方式不仅成本很高，而且有违环境保护预防为主的原则，也很难说它是现代的管理体系与管理手段。环境保护需要的是全过程控制，这种管理方式对执法者能力和素质要求很高，目的在于尽量将污染和破坏尤其是对人群的影响控制在萌芽状态。现在都等着污染了甚至人都得病了再去治污，不仅成本巨大，而且对受害人的伤害是不可逆转的，给多少钱都没用。如果一个人的生命没了、健康没了，都不是赔偿可以解决的问题。因此，环境保护中的风险控制十分重要，这不仅需要建立新的治理体系，而且需要执法水平、执法能力的提升。包括物质上的能力与人的能力两个方面；环境保护是科学技术含量很高的活动，科学技术水平的提升也是不可缺少的。

环保税立法符合改革的需求

记者：关于环保税立法，您能否给我们介绍一下？

吕忠梅：环保税实际上是用市场机制保护环境的一种制度性安排，目的在于通过税收的杠杆作用，为生态文明建设服务。这是推进环境保护领域改革的需要，也是让生态环境保护的理念实实在在地进入各级政府的经济社会发展决策的重要举措之一。

多年以来，我们在环境保护领域有排污收费制度，排污费仅对企业污染环境的行为征收；在资源领域，主要也是采用征收使用费形式。从性质上看，这些收费体现的是环境保护以行政机制为主的思维，没有发挥市场机制的作用。党的十八届三中全会提出全面深化改革的新目标，核心就是发挥市场在资源配置中的决定性作用。环保税就是利用市场机制保护环境的一项举措，征收环保税，可以通过市场机制促进资源节约型、环境友好型社会建设，使资源类产品的定价机制更加合理，让低碳发展、绿色发展、清洁发展的科学理念变成行动。

环境税的出台，对于提高污染者违法成本、减轻社会治理污染负担、筹集环境保护资金也会起到积极作用。当然，征税权是人民权利，关乎公民和企业的权利义务，必须万分慎重。尽管为环境保护征税目的正当，但也必须充分考虑税负公平，统筹各种利益关系。应该根据不同情况，分步推进。

环境保护需要信心、决心和耐心

记者：新环保法被誉为"史上最严""长出了牙齿"，如何落实成为社会公众关注的焦点。关于《环境保护法》实施这"最后一公里"，您有怎样的建议或意见？

吕忠梅：新环保法实施才两个月，各方面都很急切地想看成绩单。这种心情可以理解，但是，环境污染不是一天造成的，环境污染的治理也不是一天就可以完成的。这需要我们既要有决心，又要有信心，更要有耐心。现在，全社会已经高度重视，法律越来越严格是明显体现，但再严格的法律从实施到执行效果的显现，也需要时间。

令人欣慰的是，对于法律的实施，各方面都在积极努力。2014 年，环保部开始制定新环保法实施的配套措施，准备出台包括规章、标准、指南等在内的 50 多部文件，积极落实统一监管职责。2014 年，最高人民法院成立了环境资源审判庭、出台环境司法政策和两个司法解释、举办了全国环境法官的培训、发布了指导案例，充分发挥司法机关职能。还有一些环保公益组织开始设立公益诉讼基金，不仅自己提起公益诉讼，还支持其他公益团体提起公益诉讼，主动参与环境治理。大家都动起来了，但绝不是今天动起来明天就看得见效果。发达国家的污染治理经验告诉我们，即便现在完全停止排污，要把已经形成的污染治理好，也不是一件简单的事情。像英国的泰晤士河、法国的塞纳河、欧洲的莱茵河，从污水河治理到有鱼，用了近 50 年。我们一部法律实施才两个月，并且在制度配套、科技手段、资金投入都还没有完全跟进的情况下，就指望所有的状况都彻底改变，既不现实也不理性。所以，在环境保护问题上，特别需要理性认知。我们积极、乐观、有信心，但是不能不切实际、不尊重规律。污染物从排放到造成损害是污染物在自然环境中迁移转化的过程，治理过程也一样，采取任何治理方式，都需要利用自然环境容量与自身转化规律，这个问题不能浮躁，也不要急躁。相信我们只要遵循规律一步一步往前走，就一定会看到蓝天白云，一定会有青山绿水。如果因为急躁而放弃了坚持，结果只会适得其反。

健康风险评估体系亟待建立

记者：以迅猛态势席卷全国的雾霾让广大民众"谈霾色变"。"消除雾霾，重塑蓝天"已成为民生改善的当务之急。在您看来，破解雾霾问题关键是什么？您有怎样的建议和意见？

吕忠梅：科学合理的标准是大气环境保护以及各项法律制度实施的基础，也是环境保护法律可操作性的具体体现。目前大气污染严重的情况，与大气环境质量标准和污染物排放标准的不完善有直接关系。其中，最重要的是我们的环境标准体系没有以保护人的健康为核心理念，标准建立的目标对象是"环境"而不是"人"。我们的环境影响评价，也没有将可能对人的健康造成的影响纳入评价指标，这才导致了"企业达标排放，公众健康受害"的奇怪现象。因此，必须建立环境与健康风险控制体系，以人群健康风险评估为核心，完善环境标准体系。新环保法第 39 条规定了国家建立环境与健康调查、监测、健康风险评估制度；鼓励环境与健康科学研究。正在进行的《大气污染防治法》的修订，应该根据防止大气污染、保障人群健康的目标，建立相应的制度并加以具体化，增强其可操作性。

其实，目前国内环境污染与人群健康的科学研究也是一个大问题，由于它涉及多个学科，比较复杂，研究难度大，我国研究这个问题的人不多，研究水平也有待提升。比如雾霾问题，大家都很关注，但从治理角度看，我国的雾霾成分是什么？究竟是什么原因造成的？是否不同季节、不同时段、不同地区都有不同？哪些成分可能对人体产生危害？产生多大的危害？都还没有科学的答案，还需要进行科学研究。在国际上，环境保护有"科技＋法律＋公众参与"的公式，中国现在要真正建立以环境与健康风险评估为核心的法律制度体系，还有许多基础性工作要做。

社会公众日益关注环保是一件好事。我们要引导老百姓把这种关注变成每个人的环境保护行动，比方说我们每个人都少买一件衣服，就少消耗很多能源；每个人都节约用电、不焚烧秸秆、不浪费纸张、减少开车出行，我们大气污染就会减轻很多。这是我们每个人都可以做也应该做的，我们不要在埋怨别人污染环境的同时自己也在制造污染，不能只指望别人保护环境但自己不采取保护环境的行动，其实清洁的空气、清洁的水就与我们自己的行为有关，每个人都去做好自己应该做的事情，中国梦才会美丽。

让法律实施看得见 *

2015 年 3 月 5 日，第十二届全国人民代表大会第三次会议在北京开幕，国务院总理李克强在政府工作报告中指出，环境污染是民生之患、民心之痛，要铁腕治理。3 月 7 日，新任环保部部长陈吉宁在"两会"记者会上明确表态，"要让环保法成为一个有'钢牙利齿'的利器"，"要让企业懂得守法是底线，要把过去执法过松、过软的状况彻底改正过来。"环保法是环境领域的综合法，其修订、执行备受各方瞩目，而在其付诸实施后，环境法体系建设尚面临哪些需求，基于上述问题，本刊对全国人大代表、环保法专家吕忠梅进行了采访。

新环保法"长了牙齿"，还要成为"带电的高压线"

记者：今年的"两会"上，您所提交议案和建议的主要内容是什么？为什么提出这些议案？

吕忠梅：今年人大会上，我准备的议案和建议依然是围绕环境法治主题，主要涉及《大气污染防治法》的修订、生态环境法在国家法律体系中的

---

* 本文原载于《环境保护》2015 年第 6 期，记者杨雪杰，原标题为《环保法如何成为治理环境污染的"杀手锏"——专访全国人大代表、湖北省政协副主席吕忠梅》。

地位、环境公益诉讼制度实施、环境司法推进、环境与健康制度实施、潮间带湿地保护等。

当前，生态环境问题已经成为中国的经济问题、政治问题、社会问题、民生问题，由此而引发的利益冲突广泛而复杂，迫切需要经济与政治、政府与社会、科技与法律、行政与司法共同携手，打好环境污染阻击战，为了今天和将来生活在华夏大地上的每个人，守护好人类共同的家园。作为全国人大代表，有义务为保护环境鼓与呼，切实履行代表职责。

记者：作为环保领域的综合法，新环保法已修订完毕并付诸实施，还有哪些问题亟待解决？

吕忠梅：2014年，在各方面的共同努力下，环保法在制定25年后首次修订并获得重大进展。2015年1月1日，新环保法开始实施。法律的生命力在于实施，如何让这一部"长出了牙齿"的环保法真正成为治污的"杀手锏"，密码也是实施。目前，新环保法的实施在理论与实践上都面临着诸多亟待解决的问题，如何解决这些问题也是我在本次人大会上提出议案与建议的重点。

1. 确立生态环境法在法律体系中的独立地位。新环保法被确定为生态环境保护领域的综合性法律，具有明显的基础性，现有的立法结构与内容也体现了这一定位，主要针对环境保护领域的原则性、普遍性问题进行制度设计。但是，从我国立法法的规定来看，环保法仍然是由全国人人常委会通过的普通法律，其效力等级与《大气污染防治法》《水污染防治法》等环境保护的单行法处于同一层级，不存在法律上的"统领"关系。出现这种现象的根本原因在于，已经宣告建成的中国特色社会主义法律体系中，并未将生态环境保护立法作为一个子系统。因此，如何在中国提出生态文明建设与依法治国的新时代，重构中国立法体系，是重大的理论与实践问题。为此，我提出了《关于完善中国特色社会主义法律体系　加强生态环境法治建设的建议》，建议将生态环境法确立为中国特色社会主义法律体系的一个子系统。

2. 水污染防治法修订草案还需完善。2014年，全国人大常委会对《大气污染防治法（修订案草案）》进行了审议并公开面向社会征求意见。这是新环保法通过后启动的第一部单行法修改。从目前已经公布的法律草案征求意见稿来看，存在着一些明显的问题，如与新环保法的关系问题、行政管理法痕迹明显的问题、许多重大的法律制度未予规定的问题等。为了把这部法律修订好，我联合30名人大代表提出了《关于修订〈大气污染防治法〉》的议案并准备了详细的专家建议条文稿。

3. 打通新环保法实施的"最后一公里"。 新环保法建立了一系列新的、严格的制度，如何使其"落地"，变成执法者的行动和司法机关适用于个案的"准绳"，需要各种支持措施才能打通"最后一公里"。环境法实施必须依靠"科技、司法、公众参与"三轮驱动，也是先进国家环境保护的成功经验。政府部门在如何完善环境与健康保护的调查监测与风险评估体系、建立环境与发展综合决策和环境保护公共服务机制、推动环境保护的社会公众参与、保护重要的环境要素等方面，具有十分重要的作用；司法机关如何充分发挥审判职能，通过公正解决环境纠纷，维护生态环境法律秩序、保障当事人合法权益，实现《环境保护法》的目标，都是十分迫切需要解决的问题。为此，我提出了《关于实施新环保法规定的环境与健康保护制度的建议》《关于保障环境公益诉讼制度有效实施的建议》《关于进一步完善环境司法专门化体制机制的建议》《关于高度重视湿地生态功能　加强潮间带滩涂和候鸟保护的建议》等。

记者： 李克强总理在答记者问时指出，"环保法的执行不是棉花棒，是杀手锏。"环保部把今年定为环保法的"实施年"，指出要让环保法成为利器，关键在于执行和落实，在您看来，新环保法的执行和落实如何才能严格起来？

吕忠梅： 不可否认，新环保法依然是以行政执法为主的"管理法"，这样的法律是否能够得到有效实施，与法律授权的监管机关是否"有作为"直接相关。环保部把2015年定为"环保法实施年"，积极履行职责，为落实新环保法建立的最严格制度实施出台规范性文件，既有法律明确授权的"动力"，也有"问责"的压力。

据我所知，环保部将出台 50 多部文件，紧扣新环保法实施主题，结合严格执法的各项要求，尽可能通过确定相关概念的内涵与外延、明确执法机关职责权限和相对人权利义务、完善执法程序、建立执法机制等举措，让法律的实施"看得见"，重在解决环境法实施方面的具体问题，值得肯定。

我曾经把环保部制定政策文件的行为比喻为架设"输变电网"，为让环保法成为"带电的高压线"进行基础建设，这些工作包括如下方面：

1.落实"统一监督管理"职责，建设"变电站"。 新环保法明确了赋予环保部门的职权。为了保证职权行使于法有据、程序正当，环保部必须首先解决从新环保法的原则性规定到执法机关和执法人员可依循、可操作的问题。因此，环境保护部发布了《环境保护主管部门实施按日连续处罚办法》《环境保护主管部门实施查封、扣押办法》《环境保护主管部门实施限制生产、停产整治办法》《企业事业单位环境信息公开办法》《企业事业单位突发环境事件应急预案备案管理办法（试行）》等行政规章，为"高压电"输出而建设"变电站"，让法律的授权以及原则性规定"落地"，变成具有可操作性的制度安排。

2.健全联动协调机制，实现"并网"。 新环保法在授权环保部门对所辖区域的环境保护工作实施统一监督管理的同时，还规定了"其他负有环境保护监督管理职责"部门的职权并要求环保部门与相关部门共同行使环境保护监督管理职责。这就要求在各相关部门的法定职权范围内既明确分工，又建立交流、合作、协调机制，解决执法中"部门分割""各自为政"的问题，实现"并网"。现在，环保部在自己制定部门规章的同时，还与公安部、工业和信息化部、农业部、国家质量监督检验检疫总局共同制定了《行政主管部门移送适用行政拘留环境违法案件暂行办法》，就是在为建立部门协调机制做具体努力。

3.建立沟通协同机制，尽力"联网"。 新环保法的一个亮点，是完善了环境法律责任制度，特别是规定了行政责任与刑事责任的衔接措施，完善了环境公益诉讼制度。这些制度的实施，都涉及行政执法与司法的协同问题。为此，环保部不仅积极参与《最高人民法院关于审理环境民事公益诉讼案件适用法律若干问题的解释》的制定，还与最高人民法院、民政部联合发布了《关于贯彻实施环境民事公益诉讼制度的通知》，实现了行政机制与司法机制的"互联互通"。

4. 推行科学技术措施，提供"软件"。一方面，新环保法的实施必须以法律化的技术规范作为基础；另一方面，科技进步又是保护公民环境权益的强大支撑，需要法律加以鼓励。为此，环保部与商务部、工业和信息化部联合发布了《企业绿色采购指南（试行）》，还向社会推荐了环境保护部环境规划院修订的《环境损害鉴定评估推荐方法（第Ⅱ版）》作为环境司法的技术指南，为新环保法的有效实施提供了科学基础。

当然，环保部出台的系列文件并非尽善尽美，亦有不完备、不周全之处，"输变电网"还需要完善升级。更重要的是，制度的建设与实施从来都包括两个层面，即上层建筑层面的制度设计与经济基础层面的物化制度，而不管是哪个层面的制度，也都要由人来执行。因此，已经建成的"输变电网"能否顺畅运行，还需要有资金投入、物质条件建设、科学研究支持、队伍素质与能力培训和提升。我非常期待，新环保法能够成为真正的"带电的高压线"，让"蓝天、碧水、净土"成为我们生活的常态。

新环保法规定的保障公众健康立法宗旨要落实

记者：制定《环境与健康法》是您近几年连续提交的议案，您和您的团队为此做了一个40条的示范法草案，但是目前单独制定《环境与健康法》的国家寥寥无几，您觉得我国目前需要做哪些方面的配套准备？

吕忠梅：的确，目前仅有韩国制定了专门的《环境与健康法》，其他国家还没有，我是这样理解这种现象的：西方发达国家的环境立法是从污染对人群健康造成严重影响后开始起步的，从一开始就高度关注环境与健康问题。比如日本因为水俣病、痛痛病、哮喘病等，在制定《公害对策基本法》的同时，还制定了公害健康受害补偿与赔偿方面的法律；美国在多诺拉烟雾事件、洛杉矶光化学烟雾事件造成了人群健康受害的背景下制定《联邦环境政策法》《超级基金法》。这些国家不仅在环境基本法中高度关注人群健康问题，而且建立了以保障人群健康为核心的环境标准制度以及环境与健康风险评估框架，出台了大量的环境与健康风险评估技术指南或规则，开发了相关评估技术。目前，世界上大多数国家的环境与健康风险评估都采纳或借鉴了美国的评估体系与技术框架。在这个意义上，这些国家的环境与健康制度已经建立与健全，没有必要再专门制定《环境与健康法》。

与上述国家不同，在一些国家，环境立法属于"先知先觉"型，对发达国家已经出现的环境问题高度警惕并希望采取预防性措施予以控制，使其不发展到对人群健康产生严重影响的地步。因此，环境立法的重点放在对环境问题自身的控制方面，对环境与人群健康问题的关注度不够。等到环境污染造成人群健康受害甚至成为社会不稳定因素的时候，现有的法律制度体系难以应对，由此形成了对环境与健康专门立法的现实需求。当前的中国，就属于这种情况。我们1989年的环保法在第一条写上了"保护人体健康"，但实际上没有具体制度予以支撑。这种认知直接导致了环境法体系中的环境与健康保护制度疏漏，比如：我们的环境标准体系缺乏以人群健康为核心的理念及具体标准；环评制度只要求评价规划、项目对环境的不良影响，缺乏对健康风险进行评价的要求和指标体系；损害赔偿制度只关注已经造成的实际的人身损害而不包括对生态环境破坏可能造成的人群健康受害等。在面对近年来环境污染造成的人群健康损害事件频发，不断成为影响社会稳定的群体性事件的情况时，法律制度应对"无能"现象十分突出。法律不能维护正常社会秩序时，表明它出了问题，必须加以完善。为了搞清楚中国环境与健康问题的现状与立法需求，我们组成由环境科学、环境医学、环境管理学、环境法学等多学科合作的跨学科研究团队，对这个问题进行了8年的现场调查、数据挖掘、管理绩效评估、法律制度分析等工作。我2014年领衔提出的关于制定《环境与健康法》的议案，就是以我们对中国环境与健康问题研究为基础，借鉴相关国家的经验与措施做出来的。在议案中，我们提出了一个40条的《环境与健康法草案（专家建议稿）》，建议以"风险管理"法律理念立法；确定环境与健康监管体制；健全环境与健康法律制度体系。

因此，无论是从我国现实的立法基础，还是从先进国家的经验看，环境与健康法律制度实施需要具备一定的条件，这也意味着制定《环境与健康法》也需要为此进行积极的准备。我认为，目前可以利用国家推进全面深化改革、全面实施依法治国的难得机遇，为建立和实施环境与健康法律制度进行准备。

一是结合政府职能转变，建立整合式的环境与健康管理体制，综合考虑环境与健康管理的需求，确立环境保护部门的综合管理职能、明确相关部门的职责权限、建立环境与健康协同管理机制。

二是结合创新型国家建设，为解决环境与健康问题提供强大的智力支持，尤其是鼓励环境与健康问题的跨学科、跨部门、跨地域研究，建立政、产、学、研、用协同创新平台，建设环境与健康决策支持智库。

三是加大对环境与健康风险评估及管理工作的投入，增加开展环境与健康调查、环境与健康风险评估、环境与健康管理、环境与健康损害赔偿的资金投入；在环境保护基金使用途径中增加环境与健康风险评估、风险管理的科目。

四是建立地方政府负责人环境与健康风险管理考核与责任追究机制，将环境与健康风险管理纳入生态环境损害责任终身追究制的范畴。

记者：就现阶段而言，新环保法对环境与健康作出了规定，目前针对环境健康可以开展哪些工作？

吕忠梅：2014年修订通过的环保法首次将"保障公众健康"（第1条）作为立法目的，并在第39条明确规定了环境与健康制度，同时在第47条规定了环境污染公共卫生监测预警机制，初步建立了我国的环境与健康法律制度。环保法已经授权环保部门在环境保护领域实施"统一监督管理"，环保部完全可以依据环保法，调整内设机构，确定工作优先领域，制定部门规章和行动计划，积极推进环境与健康保护工作，至少可以开展以下工作：

一是在环保部内部加强环境与健康工作机构建设，优化配置资源、调整工作职能，设立环境与健康司，负责环境与健康统一管理工作。

二是以已经开始进行的全国重点区域环境与健康调查为基础，制订环境与健康保护"十三五"规划以及行动计划，加快推进全面的环境与健康调查工作，为制定环境与健康标准、实施环境与健康风险评估、进行环境与健康风险管理积累数据。

三是在国家环境监测体系建设中建立环境与健康综合监测与信息共享平台，修改完善环境监测规范、技术导则，建立环境与健康有关的污染物监测指标体系及相关标准。同时，由环保部会同卫计委等部门，建立环境监测体系与卫生监测体系有效衔接和信息共享机制，将与健康密切相关的指标更多地纳入常规环境监测范围。

四是制定《环境与健康保护监管办法》，作为新环保法的配套规章，将环境与健康调查、监测、风险评估制度细化，形成可操作的具体规范。

长江需要一部法律*

　　3月28日，国家发改委、外交部、商务部联合发布《推动共建丝绸之路经济带和21世纪海上丝绸之路的愿景与行动》文件。随着"一带一路"倡议的推进，长江流域迎来新的发展机遇。

　　长江流域是中国最大的流域，涉及19个省市自治区和4亿多人口，无论在水资源供应、生态环境影响，还是在区域经济发展上，都具有举足轻重的地位。

　　然而，过去几十年来，长江流域开发利用与保护的矛盾十分突出，无序开发造成的环境污染和生态破坏，制约着长江流域经济社会可持续发展。长江流域开发涉及水利、防洪、环保、农业、水电、航运等诸多领域，管理权责分属中央和不同地方机构，管理权条块分割、部门分割问题严重，对长江流域的有效治理造成障碍。

　　为了更好地促进长江开发与保护，理顺长江治理体系，今年全国的"两会"上，30名全国人大代表联名提出了尽快制定长江法的议案。

　　制定长江法有何意义？立法的难点何在？可行性如何？财新记者

---

* 本文原载于财新《中国改革》2015年第6期，记者孙文婧，原标题为《长江需要一部法律——专访吕忠梅》，略有修改。

近日专访全国人大代表、湖北省政协副主席、湖北经济学院院长吕忠梅，详解长江法立法议案。

缘 起

记者：为何要提议制定这样一部长江法？

吕忠梅：议案提出的长江法，是专门针对长江流域的治理制定法律。许多国家都会选择本国重要的流域进行专门立法，但中国至今还没有制定一部流域法。长江是中国最大的流域，也是全国最大的水资源供应基地。流域的水资源开发利用涉及十分复杂的利益关系，不仅包括生产、生态用水，还包括水利、防洪、灌溉、发电、航运、旅游等方方面面。长江是一个巨大的流域，上中下游情况各异，地方、部门利益关系错综复杂，诉求各不相同。例如，上游建了水坝导致水量发生变化，就会影响下游的航运、灌溉、生产、生活甚至鱼类洄游等问题。

长江流域涉及 19 个省（自治区、直辖市），拥有对长江流域开发利用管理权的部门也有 12 个之多。目前，由于缺乏统一的法律调整机制，地方与地方之间、中央与地方之间管理权条块分割、部门分割现象严重，很多管理措施或者互相矛盾，或者难以衔接。体制机制的不完善也造成了长江流域严重的无序开发、环境污染和生态破坏严重的现象。近年来长江流域旱涝灾害频发，水生态恶化、水污染和水土流失的严峻局面与缺乏有效的法律调整机制有相当程度的关系。

当前，"一带一路"、长江经济带开放开发战略必将给长江流域发展带来新机遇，也将给长江流域生态环境保护带来新挑战。我们应该未雨绸缪，在大规模开放开发前统筹规划，处理好开发利用和保护之间的关系，将生态文明建设贯穿于经济社会发展的全过程。正是因为长江流域的重要性和治理的复杂性，我们认为，有必要制定专门法律——长江法来统一协调、统一治理，促进整个流域经济社会可持续发展。

记者：目前的长江流域管理体制是怎么样的？存在哪些问题？

吕忠梅：长江流域涉及 19 个省（自治区、直辖市），实际上是 19 个省（自治区、直辖市）"分而治之"。每个省（自治区、直辖市）的地方政府，都有水利厅或者水利局，根据《水法》的规定，管理所辖地区的水资源，他们会根据当地的情况制订用水规划，收取水资源费，执行《水法》的有关规定等。

此外，水利部设在武汉的流域机构——长江水利委员会（以下简称"长江委"）是代表中央对长江流域实施管理的派出机构。根据《水法》授权，流域机构主要负责制订流域规划、抗旱、河道管理、工程建设等。按照《水法》设置的执行权与监督权相分离原则，流域管理机构与区域管理机构的权力有所分工。流域机构主要负责整个流域规划与水资源保护并负责监督，区域机构主要负责区域执法并接受监督。

长江委制订了经国务院批准的流域规划，地方政府也制订了区域的规划。根据法律规定，区域规划应该服从和服务于流域总体规划，但在实践中，区域规划往往立足于争取本地经济社会发展利益来用水和管水，并未很好实施流域规划，使流域规划变为"纸上谈兵"。如有的地方将排污口选择在本地的最下游，以"节省"治污成本；有的地方无视流域规划的规定，降低区域规划的水质标准等。区域水资源管理和流域管理存在许多矛盾和冲突。地方与地方之间、地方与中央之间到底应该建立什么样的体制，权责如何划分、规划怎么协调、决策机制如何运行，存在诸多困难和问题。尤其是当下，政府行政管理体制改革的目标要向形成现代治理体系转变，如何构建现代治理体系和提升治理能力是长江流域立法最大难题。

内　容

记者：提议的长江法所调整的对象和内容是什么？

吕忠梅：长江法调整的对象是整个长江流域的开发利用和保护活动，包括政府、企业和个人涉及长江流域水资源的各种行为。重点在于各主体的权力配置与权利义务关系构建。

首先是地方政府之间、地方与流域管理机构之间的权责如何分配的问题。必须明确哪些权力属于流域机构，哪些权力属于地方政府。比如，流域机构代表国家对流域进行管理，是否可以直接管到企业行为？其次是要对各种权力建立协调与协同机制，进行权责的衔接。流域管理与区域管理之间既要分工，又要协同，不能留下空白地带。再次是要对相关主体的权利与义务作出规定，建立企业、社会、公民个人共同参与机制，要赋予社会公众知情权、参与权、监督权。总之，长江法的目标就是要理顺各种法律关系，通过确立流域治理的协调和协同机制，构建多元共治的现代流域治理体系。

例如，长江上要建一个大坝，大坝对水生生物或者鱼类有何影响？如何让鱼类洄游？大坝把水拦住了，下游的航运和灌溉怎么办？发电让水温发生了变化，改变了鱼类生存环境怎么办？现在，大坝审批权在国家发改委，但其中的问题涉及水利部、环保部、农业部等多个部门，涉及流域机构和地方政府，更涉及流域内的诸多企业、城市、居民，如何将建大坝可能带来的各种影响统筹考虑，如何让各种利益诉求充分表达，如何将水资源的各种功能综合平衡，然后作出决策；接下来还有，已经作出的决策如何确保得到实施，既定的环境与发展综合决策目标如何实现，这是长江法要解决的核心问题。

我们认为，长江法应该树立"五位一体"的综合决策理念，将尊重自然、顺应自然、保护自然的生态文明理念融入长江流域开发利用和保护的各个方面、各个环节，实现经济社会发展和生态环境保护的综合决策。根据资源环境承载能力、现有开发密度和发展潜力，统筹协调人口、资源与环境，将水的多元价值放置于流域整体范围内统筹协调，推动长江流域经济结构调整和发展方式转变。

记者：我国已有的环境法律体系中，也有关于水域利用管理的规定，为何不能解决长江流域的问题？

吕忠梅：我国现有的环保法律体系，理论上讲，最上位的是《环境保护法》，下面有两类法律：一是资源利用方面的法律，如《水法》《渔业法》《水土保持法》等，这些都跟水资源开发利用相关；二是污染防治方面的法律，如《水污染防治法》《环境影响评价法》《固体废物污染环境防治法》等，这些是对相关水污染行为进行约束和控制的。过去，这两类法律的立法目标与规制内容各不相同，很多甚至有矛盾与冲突。最初，《水法》仅有水资源开发利用的制度，没有水资源保护的内容；后来修订时，《水法》才增加了"水资源保护"一章，但即便如此，"水利不上岸，环保不下河"的问题依然没有得到很好解决，水资源开发利用与保护的一体化存在很多问题。

这种现象，在很大程度上是"部门立法"的结果。我们希望能够跳出部门立法的束缚，真正为长江流域立法，突破资源开发利用和保护分割的立法体制，将相关问题纳入一部法律统筹考虑，建立流域治理的协同和协调机制。简单地说，协同，就是各部门一起行动；协调，就是通过权责划分和协商机制解决矛盾与冲突、消除空白。流域机构和区域之间、不同政府部门之间、地方政府不同部门之间都应形成职权职责明确、监管标准统一、信息沟通与共享顺畅、行动有机联系、公众参与充分、纠纷解决迅速的高效运行关系。

针对我国水资源立法存在的问题以及长江流域的实际情况，我们将长江法定位为特别法，它是针对长江流域自身的水资源状况而制定的法律，仅适用于长江流域。反映的是长江流域的特殊性，有针对性地解决长江流域水资源的具体问题。与适用于全国的《水法》《水污染防治法》不同，长江法是适用于长江流域的中观层次法律。

难　点

记者：近几年"两会"上，为长江流域管理整体立法的呼声一直不绝于耳，但迟迟未能立案。立法最大的难点在哪里？

吕忠梅：立法最大的难点在于如何把涉及长江流域开发利用和保护的各种利益关系厘清并建立合理的分配机制。从理论上讲，水资源开发利用与保护涉及三大方面：第一，必须保证生活用水；第二，要有生产用水；第三，要留生态用水。而三种水利用关系中又涉及不同主体的各种不同利益。生活用水中城市居民和农村居民需求可能不同；生产用水也包括工业、农业、交通、旅游等不同行业；生态用水涉及整个水生态的平衡、不同生物族群。所以，首先要把各种不同需求搞清楚；其次，还要搞清楚各种开发利用活动可能带来的生态环境影响是什么；还要确定水资源的整体容量，并以此为基础，确定谁先谁后的用水顺序。但在实践中，各种用水需求之间的关系比理论上要复杂很多。例如，长江下游强烈要求上游保护水源，上游认为他们为保护下游而牺牲了自己的发展机会，下游是受益者，应该对他们进行补偿。下游则说我们喝的是上游的洗脚水，上游应该先控制污染然后才能给补偿。还比如，中游省份填湖造地发展房地产，却把长江的水袋子填没了，造成了洪水泛滥。这些区域之间的利益冲突、流域保护和地方发展之间的矛盾，都要通过建立规则，理顺关系。哪些行为是可以的，哪些是禁止的。如何通过行政机制、市场机制建立合理的预期，例如既要建流域综合执法机构，还要建水权交易市场，同时，还要发挥司法功能，运用司法机制解决问题。长江法要把这些问题都规定好。

具体而言，我们结合长江流域特殊的地位、特别的水情、发展战略与规划，设计了以规划、区划为先导，以落实最严格的水资源管理为抓手，"点""线""面"相结合的法律制度体系。这些制度依托长江流域治理和长江经济带建设的总体布局，包括流域治理管理体制、流域环境与经济社会发展综合决策、跨流域水事处理、涉水产业转型与升级、水资源统一调度、流域性水事建设的投融资等"面上"制度；统筹流域治理与黄金水道建设，建立河道综合治理、保护范围划定、船舶标准化、流域生态补偿等"线上"制度；针对长江流域内各重点水体的特殊制度需求，建立源头生态红线、"两湖"水资源调度、以三峡水库为核心的长江干支流控制性水库群综合调度、河口综合整治、入河排污口管理、流域控制性水工程管理等"点上"制度。

记者：您认为目前出台长江法的时机是否已经成熟？

吕忠梅：制定长江法的议案其实很多年前就提出过，20世纪90年代初，水利部及长江水利委员会即着手准备，进行了大量的前期研究。2004年以来，长江委又陆续围绕立法进行了大量的专题研究，2006年，长江委正式向水利部提交了《长江法（立法建议）》。目前，长江委已完成四期长江法条文的起草研究，取得了相关初步立法成果。这些积累与成果，为长江法的制定提供了必要的基础。

长江法迟迟未出台的原因，一方面是立法难度的确很大，另一方面是时机也不太成熟。国家对于长江流域的战略布局没有像现在这样清晰，立法需求也没有这样迫切。随着三峡、南水北调等重大工程的运行，"一带一路"、长江经济带开放开发战略的推进，长江流域的问题成为影响中国可持续发展的核心问题，机遇与挑战并存。如何在经济社会发展过程中保护好我们的母亲河，更成为重中之重。现在推进立法工作，恰逢其时。我们在调研过程中，也感受到了社会各界对制定长江法的呼声越来越高。

记者：建立长江流域治理的协同协调机制，必然涉及很多管理权的再分配。是否会给立法造成阻力？

吕忠梅：任何一部法律的出台，都会涉及利益的重新配置。我国从未有流域立法，长江法要建立流域治理新体制，一定会有各种利益博弈。但我认为这不能称为阻力。

立法过程本身就是利益博弈过程，表达不同的利益诉求是正常现象。各种利益是否能够进入法律，多大程度上写入法律，取决于利益各方最终达成的共识。一旦利益由法律确定之后，各方主体就必须按照法律去执行。其实，在立法过程中，利益表达充分，反而容易落实。

记者：国外的流域立法实践，能给我国哪些可借鉴的经验和启示？

吕忠梅："一条河川一部法律"是近现代水事立法的最重要经验。我们知道的一些治理得很好的河流，如美国的田纳西河、欧洲的莱茵河、法国的塞纳河等，成功的经验也都在注重流域立法、践行流域治理理念、建立流域共治机制。这些流域都是通过国内立法或者国际立法方式，建立特别机构并赋予其流域治理的统筹权，在特别机构之下设置相关机构，负责项目开发、资金筹措与使用、公众参与、科学评价等，并建立了联动、协同、协调、参与、监督等多个机制。这些对制定长江法都有借鉴意义。

当然，每个国家的流域治理体制跟本国行政体制密切相关，如法国的特别行政机构就是我国没有的，我们也不能照搬照抄外国，而是要向他们学习建立流域治理体系的核心，按照我国体制，构建合理的法律秩序。

新环保法实施仍需加强 *

修订后的《环境保护法》自 2015 年 1 月 1 日开始施行以来，既令人充满期待，也让人们感受到了"最严格制度"的威力；既遭遇了"法外执法"的责难，也背负了加大经济下行压力的骂名。

近日，全国政协社会和法制委员会驻会副主任、中国法学会环境资源法学研究会副会长吕忠梅在接受《法制日报》记者采访时指出，这部法律"长出了牙齿"，突破了"为城市立法、为企业立法、为污染立法"的窠臼，确立了"保护优先、预防为主、综合治理、公众参与、损害担责"的原则，推动建立基于环境承载能力的绿色发展模式，建立多元共治的现代环境治理体系，完善了生态环境保护与环境污染防治的制度体系，增加了环境信息公开和公众参与制度，强化了政府、企业、公民的义务与责任。新环保法的实施，仍需加强。

"部长喊你来谈话"：新环保法"刚性"初显

记者：如何理性看待这部法律及其实施的效果？

---

* 本文原载于《法制日报》2016 年 2 月 23 日，记者蒲晓磊，原标题为《新环保法施行一年"长出牙齿"》，略有修改。

吕忠梅：回顾历史，我国从 1979 年就开始环境立法，迄今已有 30 多部法律，但种种事实表明，环境法的作用并没有得到很好发挥。

人们承受着空气污染的"心肺之患"、水污染的"心腹之患"、食品安全的"心头之患"，却没有感受到环境法的力量与权威。一些地方政府以牺牲生态环境为代价追求 GDP 增长政绩，环保部门经常因"鼎力相助"而成为"有功之臣"。环保法备受诟病，被称为"没有牙齿的老虎"，环保部门甚至被戏称为"不保护环境部门"。

2015 年，由督政约谈而兴起的"部长喊你谈话"一度成为流行语。尽管环保督政约谈只是一种"柔性"行政行为，对责任主体以诚勉和警示为主，但随着"区域限批""挂牌督办""媒体披露"等"硬性"措施的跟进，环保督政约谈的"刚性"逐步显现。

新环保法赋予了环保部门按日计罚、查封扣押、限产停产、公开约谈等多种执法权力，党政同责也有了明确规定，制度的落地有赖于严格执行，更有赖于对敢于以身试法者的严肃处理。

新环保法明确规定了企业在防治环境污染、保护生态环境方面的主体责任。加大处罚力度，提高违法成本是新环保法实施的一个"大棒"。

生态环境保护关涉经济、政治、社会、文化等多个方面，环境问题也是科学技术、经济结构、发展方式、人民生活等综合性问题，建设生态文明，实现可持续发展，离不开公众参与。为此，新环保法专设一章，规定信息公开与公众参与，建立我国的环境保护公众参与机制。完善的公众参与需要赋予公民知情权、参与权、表达权、监督权，并需要有切实可行的参与程序。

短板弱项还在：新环保法实施面临挑战

记者：如何看待新环保法的实施效果和面临的挑战？

吕忠梅：新环保法实施一年，环境执法、环境司法、公众参与有了新进步。但现实仍不乐观，环境保护"应急多，缺常态；关注多，缺进展；制度多，缺保障；成效多，缺口碑"还是不争的事实。这既与生态环境污染破坏容易，治理恢复困难的客观规律有关，偿还多年的环保欠账绝非一日之功，需有持之以恒的定力；也与新环保法实施之初，许多刚刚出台的制度尚未真正运行有关，建立健全机制不可能一蹴而就，需有假以时日的耐心。

目前，新环保法实施乃至整个环境法治建设，依然存在诸多薄弱环节，这也是环境保护形势严峻的重要原因。"十三五"规划要在"绿色发展"的理念下对环境保护进行全面布局，生态环境法治建设必须进一步加强，运用法治思维与法治方法建设生态文明的任务仍需各方共同努力。

记者：说到挑战，去年有一个现象值得关注，多年来一直延续的防止秸秆燃烧造成大气污染的行政强制方式遭遇了强烈质疑。您如何看？

吕忠梅：环境执法应该照顾农民的利益，而不是简单地剥夺。牺牲农民利益、耗费大量行政资源的"禁烧"不仅无法真正实现环境保护目标，还会带来新的环境问题。这暴露出我国现行的环境治理体系和能力的严重不适应，秸秆利用政出多门、简单行政命令、管理碎片化，缺乏应对环境问题的整体性、系统性、协同性考量，新环保法建立的环境与发展综合决策机制形同虚设。这对于环境法治建设如何真正理顺体制，在强调相关部门各负其责的同时更加注重部门联动、协同管理、整合执法，建立现代化的环境治理体系提出了新挑战。

记者：去年，山东临沂被环保部约谈后，临沂市政府突击对全市57家污染大户进行紧急停产整顿，成为全国唯一在约谈后采取停产整顿措施的城市，如何看待此后引发的新环保法是否拖累地方经济发展的争论？

吕忠梅：虽然这一争论在环保部的迅速有力回应下得到了平复，但也让人感受到了以缓解经济下行压力之名放弃环境保护的势力之强大，调结构、转方式还没有真正在各级地方政府及其领导干部中"内化于心，外化于行"，GDP崇拜仍然有相当的市场。这对于环境立法如何通过健全自然资源产权制度、建立资源价格的市场形成机制、形成环境资源使用权交易市场、完善环境税收制度等，促进发展方式转变提出了新课题。

发挥环境司法功能：新环保法实施在路上

记者： 新环保法对环境资源审判有哪些影响？

吕忠梅： 各种形式的立案难、审理难、判决难、执行难依然存在，在推进环境资源审判专门化过程中，有的法院畏难、拖延甚至抵制专门审判机构建设，有的法院不按立案登记制的要求及时受理环境资源案件，有的法院受制于各方面的干扰不敢依法保护环境权益。由于环境资源案件的特殊性、重要性，环境资源审判的规则、队伍、体制机制建设也都还需要进一步推进，裁判尺度不统一、法律适用问题多、公益诉讼审理难度大等，既有新环保法提供的司法依据不足问题，也有司法理念亟待更新、司法能力与素质急需提升的问题。这对于在生态文明建设中如何更加充分地发挥司法功能，建立维护环境公平、环境正义的环境法治秩序，切实保障公民环境权益提出了新任务。

与此同时，公益组织去年提起的多起公益诉讼中大量未被立案，反映出我国公众参与环境治理是"短板"。这里既有公益组织自身的能力、实力不足问题，也有国家对于环境保护公益组织的发展鼓励不够、司法机关对于公益组织提起诉讼态度不明、社会对于公益组织开展活动认同度不高的问题。这对于在实现国家治理体系与治理能力现代化过程中，如何正确认识并发挥社会组织的作用，切实保障公众的知情权、参与权、表达权、监督权，采取积极措施鼓励、引导环境保护公益组织依法有序参与提出了新要求。

推进环境法治建设是永远的主题 *

2016 年 3 月 5 日，全国"两会"召开期间，正义网与人民网联合推出"建言　改革　献策发展"2016"两会"系列访谈，邀请全国政协委员、全国政协社会和法制委员会驻会副主任吕忠梅，就环境法律制度实施、生态环境司法专门化、生态环境损害赔偿、长江法的制定等话题与网友在线交流。

主持人：吕忠梅代表，欢迎您做客我们的全国"两会"访谈。我们关注到，您过去每年都会带来很多议案和建议，而且很多已被立法机关采纳。今年您有哪些新的议案和建议？

吕忠梅：环保立法、执法和司法，环境法治建设永远是我关注的主题。我今年准备的议案有三件。第一个是《水污染防治法》的修订，第二个是《土壤污染防治法》的制定。这两部法律人大常委会都已经启动了修订和制定工作，我主要是针对现有草案稿提出完善建议。第三个是制定长江法。长江经济带建设是"十三五"规划的重头戏，长江开发和保护也一直是我关注的问题。去年年底，在重庆召开的长江经济带工作会议上，总书记特别指出

---

* 本文原载于正义网 2016 年 3 月 5 日"正义网直播访谈"，主持人高鑫，原标题为《吕忠梅：环境法治与公益诉讼》，有删减和修改。

长江经济带建设要共抓大保护，不搞大开发，在处理开发和保护的关系时应把保护放在前面。保护长江母亲河，立法非常重要。我们做了十几年长江法的研究，我去年已经提过议案，今年将就长江法的制定继续提议案。

同时，我也准备提出几件建议。主要是就如何推进检察机关提起公益诉讼的试点工作，还有新环保法规定的环境与健康制度如何真正落地，我提出了建议。

环境审判呈现"一少四难"

主持人：您刚才也提到，环境司法方面出现了一些新问题，请您为我们详细阐述一下调研的结果和成果吧。

吕忠梅：我们去年对全国环保法庭的运行情况进行了全面调研，将那些审理案件比较多、成立比较早的环保法庭作为重点对象，调研环保法庭的运行现状以及在审理案件过程中存在的困难和问题。总体来看，发展态势不错，但环保法庭审理案件也面临一些特殊的困难和问题。

我总结为"一少四难"。一少是案源少，环保法庭自成立以来，公益诉讼案件不多是大家都在问的一个问题。"四难"是审理难、取证难、判决难、执行难。"一少四难"是一种表面现象，但背后的原因值得分析。公益诉讼案件为什么少？有人说检察院才提了8件，仅仅是检察院的原因吗？也有人说是损害环境的问题少，这样的说法认同者不多。其实，检察院提起公益诉讼试点去年下半年刚刚开始，试点地方有限、相关规则出台还有一个过程，一下就提起很多的可能性不大，因此，这个理由似乎也不能成立。

法律最先赋予公益诉讼主体资格的是环保公益组织。根据民政部门的资料，全国符合法律规定可以提起环境公益诉讼的环保组织有700多家，但目前真正提起公益诉讼的，集中在9～10家，全国400多个环保法庭受理了45件公益诉讼案件。减去检察院提起诉讼的8件，环保公益组织提起诉讼37件。这与原来的判断差距非常大。

主持人：为什么环保公益诉讼组织不提或者不愿意提起公益诉讼？

吕忠梅：我们也有同样疑问。在调查中发现，环保公益组织不是不愿意提起公益诉讼，而是因为能力不足。不少环保公益诉讼组织反映，提起一个公益诉讼需要有非常强的团队和非常强的专业能力，要会取证、会调查，更重要的是做这些事情都需要有充足的资金支持。但现在环保公益组织筹资渠道和筹资能力都有限，一是因为发展得非常晚，自身不强；二是其本身没有资金来源，而社会捐助也很弱。所以让公益团体来做这件事情，它很勇敢，愿意去出力，但是没有钱怎么去出力？

此外，去年底中办和国办出台了《生态环境损害赔偿制度改革试点方案》。《方案》规定，试点地方省级政府经国务院授权后，作为本行政区域内生态环境损害赔偿权利人，可指定相关部门或机构负责生态环境损害赔偿具体工作，并建立了诉讼制度。因为目前省级人民政府应该授权给哪个部门并不明确，谁来代表省级人民政府作为生态损害赔偿的权利人以及提起生态环境损害赔偿诉讼，没有定论。如果我们把这两类诉讼都理解为公益诉讼。按照法律规定，提起公益诉讼的主体有两类，一是法律规定的有关机关，二是社会组织。现在的实际情况是"有关机关"没有明确，"组织"能力不足。

深入分析案件少背后的原因，就会发现还有很多配套支持的制度没有跟上去，导致这种现象。因此，需要通过合理的制度安排来加强能力建设，让"有关机关"和"社会组织"都能够真正承担起代表公共利益的职责。比方说是否需要建立财政支持制度？或者鼓励慈善组织建立公益诉讼资金，对提起公益诉讼的团体予以一定程度的扶持和支持？当然，同时也要建立完善的资金管理制度。这其实是一个非常重要的问题。我们在调研的基础上，也针对类似问题提出了建议。

环保执法力度正在加强

主持人：我们也知道，10多年来您一直紧盯着环保话题，一直为中国的环保事业鼓与呼。2015 年给您印象比较深的环保故事有哪些，您能不能给我们举一两个例子？

吕忠梅：2015 年印象比较深的环保故事，应该是新环保法的实施。新环保法出台时，我告诉大家这部法律"长出了牙齿"，但是"牙齿"能不能咬住违法者，最重要的是执法必须跟得上。过去一年的环保工作中，执法力度大大加强，环保部门采取了强硬的措施，令人印象深刻。

主持人：等于展示了它强势的一面。

吕忠梅：对。"部长喊你来谈话"成为流行语，就是写照。我初步计算一下，环保部门平均每 21 天约谈一个地方，从地级市到省级都有，并且党政领导同时谈。约谈时承诺的整改也必须落实，如果整改没有到位，接下来就是纪委、监察来追责。这是因为环保法对政府的环保职责有明确规定，也赋予了环保部门统一执法监督管理权。更重要的是在生态文明体制改革中，正式出台了生态环境问责制，明确规定了党政同责、终身追责，不仅对政府负责人问责，还要对党委负责人问责。因此，尽管我们的环境状况还没有达到理想状态，但在党中央如此坚定的决心和力度之下，执法越来越严格，大家最关心的大气、水、土壤污染问题都在改善中。

因此，我们要有信心，有定力。只要坚持不懈地做下去，一定能够让天变蓝、水变清，一定能够享受美好的生活质量。

主持人：刚才您也说到，印象比较深的是新环保法已经实施一年多了，除了它所带来的成效外，还有哪些方面需要完善？

吕忠梅：肯定有。新环保法实施过程中也暴露出一些问题。比方说环境影响评价制度，这是一个非常好的预防性制度，新环保法的规定非常严格并加重了法律责任。但问题是环境影响评价是一个孤零零的制度，是不是应该和别的制度联系起来？其实，它和规划制定、安全生产管理、排污许可证的发放都有非常直接的联系，但法律上并没有形成体系性规定。天津的爆炸事件给了我们一个惨痛的教训。在规划环评和项目环评阶段，如果不把安全生产、安全评价、环境影响评价和它的整体区域规划综合来进行评估，形成一个统一的方案，恐怕难免出问题。

还有排污许可证制度也是如此，如何确定企业的综合排放量？如何监测？如何避免再发生不达标排放造成公众健康受害事件，都需要统筹考虑。所以有一些制度从原则上看都很好，但这个制度真正实施时就会发现，落地还需要有很多的配套措施。

刚才讲环境司法只说了"一少"，还有"四难"没有说。其实也是这个问题。公益诉讼提起来以后，怎么审？需要哪些证据？因果关系怎么认定？损害后果怎么认定？赔偿金额怎么计算？都是审理中必须解决的问题。这是因为环境案件跟传统案件不一样。在传统案件中，你借钱不还，我去起诉你，只要证明你是什么时候借的钱，到现在钱没还给我就够了。但在环境污染案件中，我向水体排污，你在里面养鱼，我和你之间没有任何法律上的关系。你的鱼死亡了，需要证明我排了什么污染物、排了多少，更要证明你的鱼的死亡跟排污之间有因果关系，怎么证明？这说明环境污染案件的证据要求、案件审理过程和传统案件是不一样的，这就需要有不一样的规则，但我们现有规则远远不够。前面讲到"四难"，就难在这里。

从法律体系的意义上讲，环保法的规定只是原则性的，更多体现了政策法或基本法的功能。这部法律的实施需要有单行法的配套，比方说2015年修改《大气污染防治法》，今年要修改《水污染防治法》，这些都是法律层面的配套单行法。但只有法律层面的配套还不够，真正要让法律制度落地，还需要有行政法规、环境标准，更重要的还要有技术操作规则。比如总量控制制度，怎么分配一个地区排放污染物的总量，怎么控制才不会超过这个地区的容量，都需要有标准和技术指南。

主持人：所以说环保法的成效已经显示出来了，不能一看现在问题没有解决就说是环保法不好。

吕忠梅：对。立法可能确实会有一些不完善的地方，但更重要的是要把法律已经规定的制度通过各种方式细化，使其能够具有可操作性，并在执法过程中一步一步地去做实。一个法律制度的落地背后有很多工作要做。

环境法律制度实施需要多方参与

主持人：环境问题不是一天就能完全解决，目前的环境污染形势依然较为严峻。在环境保护方面除了您刚才谈到的立法要逐步完善，制度要跟上，政府、企业、公民三方面应该怎样去承担责任呢？或者说责任应该如何去加重呢？

吕忠梅：企业应该有良心，这个"良心"是指要承担社会责任，要依法来承担防治污染的责任。很多企业都在纠结防治污染是否会增加成本，不堪重负。其实，环保作为推动企业转型升级、技术改造的动力，也是会带来经济效益的。环保法规定了一些经济激励措施，鼓励企业采取清洁生产工艺和技术，对环保节能产品给予税收、价格优惠；对率先达到环保标准的企业，可以获得更多发展机会，等等。如果企业主动适应环境保护的需求，可以找到更多的商机。

日本的丰田汽车是一个典型例子。20世纪70年代日本爆发了严重的公害病，日本国会颁布《公害对策基本法》，大幅度提高环境标准。当时还是一家小厂的丰田汽车，抓住机遇，研制出达到新标准的汽车，在政府的支持下，脱颖而出成为日本最大的汽车公司。

其实，国家鼓励发展环保产业，环保产业本身的发展空间巨大。比方说水污染治理、生态修复、节能减排等方面都是市场大蛋糕。现在因空气质量不好出现的净化器产业，其实是伪环保，净化器并没有真正消除污染，可能生产净化器还会带来更多的污染。实际上，企业应该是抓住这个机遇，为消除雾霾做一些技术的改造和研发，让它获得永久生存的能力，而不是说一看雾霾了，就以这个为噱头去弄一些产业。污染问题危害每个人的健康，企业应该做有良心的企业，企业家应该承担环保的社会责任。

对于公民个人来讲，树立正确的环保理念很重要。做环保不是天天喊口号，也不是多少以环保为名的产品，关键是怎么减量。每人少用一张纸，将空调温度调高一度，都是环保。节约资源和能源能减少消耗。绿色消费、低碳生活，关键就是减量。

主持人：一谈到雾霾，好多人想到的是买个空气净化器把雾霾关在窗外面。

吕忠梅：问题是大家都在买空气净化器，但有没有想过，每制造一台空气净化器的过程也会消耗更多的资源能源，可能还会排放大气污染物，总量怎么减下来？正确的做法应该是大家都自觉地去节约，少开车、少买不必要的东西、平时多注意节约水电。勤俭节约不仅是朴素风尚和美德，也是一种环保理念。能重复利用的，尽可能不用一次就扔掉。所以，每个人，都要做环保的自觉践行者。在环境面前，我们每一个人都既是污染者，又是污染的受害者。为了自己少受害，也应该少污染。只有树立这种权利和义务相统一的观念，环境质量才能真正得到改善。

主持人：我们每个人不能做一个逃避者或躲避者，必须积极去应对。

吕忠梅：不能躲避，也不能只去指责别人而不看自己，其实我们自己也在排污。

生态环境司法专门化还在积极推进过程中

主持人：出现了环境纠纷，过去老百姓更愿意找政府，而不愿去找法院，您觉得这凸显出一个什么问题呢？

吕忠梅：在百姓的理念中，更愿意通过行政的途径来解决，认为领导一拍板问题就解决了，这是中国的传统观念，也是过去立法的导向问题。环保法产生之初，的确是更多地偏重于通过行政的渠道去解决问题，没有给司法留下什么空间，2014年以后环境司法力度不断加大，老百姓也越来越多地知道运用司法的手段来维护自己的权益。尤其是随着司法体制改革的推进，立案登记制、环保法庭的设立，还有一些典型案件，也让老百姓感到找法院也挺好的。

主持人：在环境司法体制机制方面，目前还有没有一些大的缺陷？

吕忠梅：现在，最高人民法院正在积极推进环境司法的专门化，专门化本身是一个不断完善的过程。去年第一次全国环境审判工作会议上，明确提出了环境司法专门化的五个基本要素，即审判机构、审判机制、审判程序、审判理论及审判团队专门化。这使得我们有了一个目标，但朝着这个目标前进还会遇到一些问题，这些问题是否称为"大的缺陷"，则不一定。

目前，我觉得有几个值得高度关注的问题。一是虽然成立了环资庭，但民庭、刑庭、行政庭都还在受理一部分案件，并且这些案件与环资庭审理的案件有关系，这种情况应该怎么处理？这是在专门化的过程中需要解决的一个问题。

另一个问题是，司法体制改革的目标是建立以审判为中心司法体系，这种改革要求更加注重庭审、注重当事人的诉讼权利，强调当事人主义，要求法官中立性。但是在环境司法中，一个案件可能会同时涉及私人利益和公共利益，如果采取当事人主义，可能会适得其反。

还讲刚才那个例子，我把污染物排放到了你承包的鱼塘里，污染既造成鱼的死亡，也造成鱼塘污染。你去提起诉讼时，只要求赔偿鱼死亡的损失，因为鱼是你自己的；但是，你承包的鱼塘是公有的，鱼塘被污染了你不再承包就可以，不用为此花钱打官司。这就是一个典型的私益诉讼涉及公共利益的问题，在这种情况下，法律是否可以赋予法官一定权力，让他可以主动地把公共利益保护一并加以考虑，这是与当事人主义不同的职权主义诉讼模式。所以在司法改革中，如何建立更适合环境司法的司法制度，恐怕也是一个问题。

生态环境损害赔偿体系尚需理顺

主持人：目前我们国家生态环境损害赔偿体系，您觉得是否已经建立起来了？

吕忠梅：生态环境损害赔偿体系从法律制度的建设上来讲，已经逐步在完善。最近，最高法出台了《人民法院审理人民检察院提起公益诉讼案件试点工作实施办法》，去年底中办和国办发布了《生态环境损害赔偿制度改革试点方案》，最高人民法院和环保部也推荐了生态损害赔偿鉴定的计算方法。

什么叫生态环境损害赔偿？生态环境修复要花多少钱？从更大的范围来讲，生态的补偿怎么做？都还需要进一步研究，这个制度还存在很大的完善空间。目前还只是一个初步的框架，但是如何落实到每一类生态环境损害，包括每一种生态损害事实的鉴定、认定还有最后损失的计算，都还有很多工作要做。

主持人： 您刚才也提到公益诉讼，去年也算是环境方面的一个热词。去年您也曾经发表文章八问检察机关试点公益诉讼，站在专家的角度上，您如何评价去年检察机关在公益诉讼试点工作方面所采取的一些举措及取得的一些成果？

吕忠梅： 应该肯定的是，人大常委会授权以后，检察机关行动非常迅速，很快就拿出了试点工作的方案，13个地方的试点正在顺利地往前推进。目前，试点中主要采取了两种方式，一是以检察建议的形式督促行政机关履行职责或者污染企业整改；二是提起公益诉讼。这样的探索，是建立在中国特色司法体制之上的，非常有意义。你提到的八问中，实际上是对如何推进检察公益诉讼制度发展提出了一些比较深的需要解决好的理论问题。

这项制度试点后将要去推行，我们既要关注实践中出现的问题，更要在制度试点之初把如此重要的司法制度背后的东西理清楚，这就要从基础理论和制度设计的角度深入研究一些问题，我相信，随着试点的推进，一些问题会有答案的。

主持人： 我们也注意到，水、土壤受到的污染也很严重，但是大家的感觉没有像空气污染问题那么迫切。在您看来，我们是否应该同等重视？

吕忠梅： 现在气、水、土这三大问题都很严重。只是气的问题已经引起大家重视了。其实，水的问题一点不亚于气，水是生命源，去年和今年新华社都针对全国性的水污染和破坏状况连续推出了水安全报告。虽然大家说的"北方有水皆枯，南方有水皆污"有些夸大，却真实地反映了我国水污染的现状。土壤污染形势也非常不乐观，近年来发生的镉大米、镉小麦事件，可以看到其严重性。

如果把三大污染打个比方，气是"心肺之患"，水是"心腹之患"，土是"心头之患"。我们应该清醒地认识现在面临的环境问题。从生态系统来讲，水、土、气是一个循环的系统。我们必须把这些问题都重视起来，多管齐下，方方面面都采取措施，环境才会变得越来越好。

去年有记者问我哪个好治，我说水的问题和土的问题比大气的问题更难治，问题也更严重。因为我们不是每天一抬头就看得见，没有这么直观的感受，但实际上都需要花大力气去解决。

长江法的制定仍在积极推动

主持人：您提议的制定长江法，目前进展如何？

吕忠梅：我对长江法的研究从十几年前就开始了。2002年《水法》修订时，吸纳了一部分我们做的长江流域水资源保护研究成果，专门增加了水资源保护一章。现在，全国人大环资委把制定长江法列入了调研计划，国家社科基金去年批准了我们的长江流域立法研究的重大项目。目前，我们正在与长江水利委员会、水利部、环保部密切合作，开展前期调研和方案论证，对国务院颁布的太湖流域管理条例这个我国第一个真正意义上的流域行政法规实施情况进行评估，同时也在与欧洲的相关大学合作，进行国外流域立法比较研究。期望能够在今年或明年拿出一个比较成熟的长江流域立法方面的学者建议稿。

长江立法涉及的利益主体和利益关系都非常复杂。如何妥善处理好保护与发展的关系，对长江流域的立法定位非常重要。长江流域上中下游经济发展的水平和阶段不一样、不同主体对长江的利用方式不一样，如何把各方复杂利益的关系梳理清楚，制定出一个真正有利于子孙后代的法律，其实难度挺大的。我们想通过非常扎实的研究、充分的论证，提出一个比较合理的立法建议稿。

主持人：为长江立法，可能有一些人就会提出黄河要不要立法，还有淮河流域、珠江流域等是否也要立法？

吕忠梅：这个问题问得特别好。我们在论证的时候就讲了，是不是一个国家所有的流域都要立法，答案是否定的。一个流域是不是需要专门立法有它特定的需求。总体上看，我们有《水法》《水污染防治法》等系列涉水法律，所有的流域都可以适用这些涉水法律。在世界范围内，没有一个国家为所有流域进行专门立法，都只是选择了对经济社会发展具有特别意义的流域来进行专门的流域立法。流域立法意味着要针对某一流域的特殊问题进行专门的法律制度设计，比如设置特别机构、赋予特别权力等，如果每个流域都一样，就等于没有了。所以，黄河是否要立法不一定，但肯定不是所有流域都要专门立法。

主持人：长江法制定出来之后，它和《水法》是怎样的关系？

吕忠梅：长江法和《水法》《水污染防治法》应该是普通法和特别法的关系。在研究中，我们把长江法作了三个定位，即特别法——专门为长江流域而制定设计，实施法——把《水法》《水污染防治法》及相关法律制度落实到长江流域，综合法——是处理开发和保护之间关系的法，保护优先不等于只保护不发展。

在法的位阶上，我把它理解为是一个中观层次的法律，我们有基本法和普通法之分，其实都是指适用于全国的法律，只有部门之分。长江法不一样，应该是适用于长江流域的法律，它是国家立法而不是地方立法，也不是某一个单一领域或部门的立法，因此在法律体系中处于中观层次，是一个"横切面"立法。

主持人：最后一个问题，对于今年的环保事业您有哪些大的期许？

吕忠梅：2015年新环保法实施，已经开了一个加大执法力度的好头，我相信会继续保持这种势头。希望司法运行得越来越顺畅，更好地发挥定分止争功能。另外，希望《土壤污染防治法》和修订的《水污染防治法》尽快出台。当然，我更希望通过法治的力量，减少雾霾天，让水更清洁、土壤更安全，各级政府特别是领导者真正把生态环境保护、绿色发展理念贯彻到决策之中，把为子孙后代留下绿水青山作为自己的一份责任。

主持人：谢谢吕忠梅代表。今天的访谈到此结束，感谢各位网友的关注。

长江流域生态优先、绿色发展必须立法 *

　　全国人大代表、政协第十二届全国委员会社会和法制委员会驻会副主任吕忠梅向澎湃新闻表示，她准备的制定长江法议案，正在征集30名以上代表联名。

　　她说："为长江立法一直是我们的心愿，这是我们已经作了十几年研究的课题。去年我已经提过，今年我将继续提。"

长江流域水环境问题复杂多样

　　长江流域是我国人口最多、经济活动强度最大，也是水环境问题最为突出的流域之一。

　　吕忠梅指出，近年来，长江流域总体抗灾能力显著提升，但局部洪涝、干旱灾害频发，防洪抗旱仍是长江的心腹之患；长江水质虽然总体良好，但局部水质、水生态环境有恶化趋势；水污染与水土流失也严重威胁到流域生态安全。

　　作为我国最大和最复杂的流域，长江流域面临许多本流域的特殊性问

＊ 本文原载于澎湃新闻 2016 年 3 月 6 日，记者刁凡超，原标题为《制定长江法，确立流域生态优先战略定位》，有删减。

题。吕忠梅团队研究发现，当前，长江上游部分支流水能资源开发导致河道断流，对生态环境造成重大影响；中下游干流河道仍未实现系统治理，违法采砂、占用水域岸线等行为时有发生；河口地区泥沙淤积问题严重，咸潮入侵现象有所加剧，海水倒灌和滩涂利用速度加快；随着大量跨流域调水和控水工程的实施，流域内用水、流域与区域用水矛盾日益尖锐。

在管理上，长江流域管理体制机制条块分割、部门分割依然存在，流域治理手段缺乏，水资源市场化配置和公众参与机制等还需要大力培植，流域综合治理技术支撑还比较薄弱。

吕忠梅认为，要建立现代流域治理体系，加强流域治理能力，必须制定长江法，理顺流域治理的体制机制，建立统筹协调、规划引领、市场运作的领导体制和工作机制。

"期望这两年拿出比较成熟的建议稿"

长江流域生态问题受到了中央领导人的高度关注。

2016年1月，中央接连召开两次会议就推动长江经济带发展作出部署，生态环境成为这两次会议共同的主题。

中共中央总书记习近平指出，当前和今后相当长一个时期，要把修复长江生态环境摆在压倒性位置，共抓大保护，不搞大开发。

一个月后，国家发改委、环保部印发了《关于加强长江黄金水道环境污染防控治理的指导意见》。《意见》总体要求将修复长江生态环境摆在压倒性位置。

在吕忠梅看来，这些新政策、新法规为制定长江法提供了依据和基础。长江法的制定，可以协调长江流域日趋复杂的功能性冲突与多元利益冲突，以法律形式确立长江流域生态优先、绿色发展的战略定位。

不过，长江流域上、中、下游经济发展的水平和阶段不同，如何在复杂的情况下把各种利益关系梳理清楚，存在一定困难。

　　为了制定长江法，吕忠梅团队作了十几年研究。据吕忠梅介绍，从 20 世纪 90 年代初开始，水利部及长江水利委员会即着手开始就长江法立法做前期研究准备工作；2004 年以来，长江水利委员会又陆续围绕长江法开展了大量的基础性专题研究；2006 年，长江水利委员会向水利部正式提交了《长江法（立法建议）》。目前，已完成四期长江法条文的起草研究。"我们期望能够在今年或明年拿出一个比较成熟的关于长江流域立法方面的建议稿。"吕忠梅表示。

没有长江何来长江经济带 *

2016 年全国"两会"上，为长江流域立法的呼声不绝于耳。

3 月 7 日，澎湃新闻专访了全国人大代表、第十二届全国政协社会和法制委员会驻会副主任吕忠梅，她是长江法国家重大项目课题组首席专家，也是连续两年领衔提出制定长江法议案的人大代表。

吕忠梅认为，开发过程中要把长江保护好，"长江如果没了，经济带也就不存在了"。

不是要为每一条流域都制定一部法律

记者：为制定长江法您调研了十几年，也呼吁了好几年。

吕忠梅：对，呼吁了 10 多年，最早提出制定长江法是在 2003 年我第一次当选为第十届全国人大代表时。去年领衔提出的制定长江法议案也已经由大会审查通过，不过要列入立法计划还需要一个过程，在这个过程中，我还会继续提议案。修订环保法的议案，是呼吁了十几年才启动的。

记者：为什么要单独为长江立法？

---

* 本文原载于澎湃新闻 2016 年 3 月 7 日，记者习凡超，原标题为《吕忠梅代表：长江不保护好，经济带就不存在了》，有删减。

吕忠梅：长江流域涉及19个省（自治区、直辖市），4亿多人口，占中国经济总量三分之一强，如果长江流域开发造成的生态破坏达到不可遏制局面，对中国的影响将是毁灭性的。所以为什么党和国家领导人都强调一定要把大保护放到大开发前面，强调要在保护中开发，在开发中保护，一定要处理好这个关系。如果在开发过程中不保护好长江，长江没了，我们的经济带也就不存在了。所以，长江法作为流域法最重要的任务就是要处理好流域内的各种利益关系。

长江流域如何在大保护的前提下进行开发，我认为决策者层面非常清醒，公众也不会希望等到长江毁掉了再去谈保护，所以大家的保护意识都有。但具体到项目审批的时候，如果没有一个整体的规划和统一执行机制，而是由各地方、各部门自己去批，批下来的结果可能就是"不可收拾"。所以长江经济带不仅要有合理的规划，还需要严格的权力约束让这个规划落地，长江法的制定就是起到这样一个作用。

记者：长江水利委员会（以下简称"长江委"）不能处理这些关系吗？

吕忠梅：长江委是水利部的派出机构，代表中央对长江流域实施管理，负责制订流域规划、防洪抗旱、河道管理、水利工程建设等工作。

但是，由于历史的原因，长江委目前是一个政、事、企未明确的机构，《防洪法》《水法》赋予了其监管职能，但同时它又是一个事业单位，还有下属企业。这样一种"混合型"机构如何中立、公正地履行管理职能？这是个非常大的问题，流域机构到底应该在法律上如何定位，这不是《水法》和《水污染防治法》可以解决的问题。

长江流域有上中下游，有左右岸，有干流、支流，有生活水、生态水、生产水，这里面有十分复杂的利益关系，需要建立规则来平衡，制定法律是协调利益关系的最正式方式。

另外，长江流域不仅仅是水资源利用问题，而是包括流域产业结构、人口布局、经济规模等诸多与水资源相关的开发和利用问题，在这个过程中，更需要立足于长江流域的生态安全，以法律的形式确定长江流域的开发、利用、保护主体的权利义务、职责权限，建立有效的体制机制。

记者：新《环境保护法》已经实施，《水污染防治法》正在修订，这些法律不够吗？

吕忠梅：不够，因为长江经济带开发问题不仅仅是污染问题，也不仅仅是保护的问题，而是从法律上界定保护与开发、保护与利用、保护与保存的关系问题。长江经济带涉及这么大的经济总量、这么多的人口、这么多的地方政府、这么多的企业。从政府的角度而言，涉及长江经济带保护职责的部门有多个，但各部门保护的目标是不一样的。比如农业部门要保护长江的渔业，交通运输部门要保护航道，旅游部门要保护风景，但这些部门的保护与生态保护的目标有时是不一致甚至冲突的。比如，保护渔业的目标之一是要提高鱼产量，有可能为了提高产量而过度捕捞，导致鱼类数量减少甚至灭绝。

因此，我将长江法定位为一部流域保护与开发的综合法，它既不是传统意义上的资源法，也不是传统意义上的保护法。

记者：为长江流域制定一部法，那黄河流域、珠江流域是不是也要制定？

吕忠梅：这是很多人都在问的一个问题。我也看到有人提出要将长江、黄河等流域机构都升格为正部级机构。从我们的研究来看，为长江立法不等于为中国的每一条流域都立法。我们必须回答的问题之一就是为什么需要为长江立法。

我们已经对流域立法比较成功的国家和地区，比如美国、日本、澳大利亚、欧盟的流域立法进行了认真的梳理，发现了一个特别有意思的现象：这些国家都有流域特别立法，但没有一个国家为每一条流域都立法。一个流域是否需要制定特别的法律，是有条件的，也是与国家的发展战略紧密相连的。

我们认为，从国家发展战略层面、从长江流域在中国未来发展中的地位、从长江流域开发利用和保护利益的特殊性等方面综合衡量，长江流域符合制定特别法的条件。我们的结论非常清楚，虽然提出了要制定长江法，但不会简单地说为中国的每个流域都制定一部法律。

持续了十几年的研究项目

记者：长江流域不同的功能区、各方利益需要作哪些梳理？

吕忠梅："十三五"时期，国家会为长江经济带发展制订专门规划，去年，国务院召开了制订长江经济带战略规划的相关会议。我们正在根据规划进行梳理。首先是长江流域不同区域的功能定位；其次是长江经济带不同地区的发展阶段与发展任务；再次是政府相关管理部门在长江经济带发展中应该拥有的职责与权限。如果说，未来的法律需要设立一个特别授权的流域管理机构，这个机构与现有的长江委之间有什么不同？它应该被赋予哪些权力？这个机构与各地方政府的相关机构的关系应该是怎样的？

还有一个非常重要的问题是，在国家的发展战略中，市场机制如何发挥决定性作用，长江流域的各种不同水体，比如干流与支流、湖泊与湿地的保护和开发利用也不会是完全相同的，大量的市场主体在长江经济带开发、利用和保护过程中应享有哪些权利？同时，要承担哪些保护的义务？这就涉及长江法与民法、经济法、行政法、刑法等多领域法律的衔接问题，也非常复杂。

记者：这些关系听起来很复杂。

吕忠梅：所以，我们对长江法的研究作了十几年，现在提出制定长江法的议案，既不是一时兴起，也没有打算一夜之间完成。目前，我们已经完成了流域立法的学术、理论梳理，包括各个国家流域立法的制度梳理。完成了长江流域立法需求的前期调研，完成了对长江流域已有法律、法规、规章实施情况的分析评价，也对长江法的立法结构进行了较为充分的论证。下一步，我们还会继续进行实地调研，以问题为导向找准立法需求；另外，我们也会邀请经济学、管理学、社会学等不同领域的学者加入研究工作，我们进行立法前的充分评估，对立法可能产生的经济影响、社会影响等进行论证。比如，我们会借鉴国外的立法评估技术，对重要法律制度可能产生的经济利益冲突、社会效益、执行成本等问题进行研究，以保证制定出来的法律具有可实施性并且具有"正能量"。在这些研究的基础上，最后完成这部法律。

记者：前期的论证工作做完了？

吕忠梅：对，从课题研究的角度，我们已经做完了前期论证。包括对中国水管理理论和实践的历史背景分析，我们将新中国成立以来的水管理分为五个历史阶段。长江委的职能实际上是随着不同的历史时期逐步拓展的，最开始它作为水利部的派出机构，最重要的职能是防洪；后来因为出现了污染，就成立了水资源保护局，开始防治水污染；但这个时候，长江委主要管的是水量，且没有法律明确授权，从性质上讲，长江委是一个技术咨询机构，并没有行政管理职能。后来，国家制定《防洪法》《水法》，逐步赋予其管理职能，到 2002 年《水法》修订时，赋予流域机构水资源统一管理职能，既管水量，又管水质，并明确授予了七项职能。就这样，长江委从管水量到管水质，再到管长江资源开发利用（比如河道采砂），逐步变成了一个综合治理机构，但长江委的水资源保护局实行的是水利部、环保部双重业务领导。这种梳理对于将来立法剥离长江委的非监管职能、合理授权是非常有意义的。

另外是对现有立法的分析评估。除了对国外的流域立法进行收集整理外，对我国的流域立法历史与现状我们也进行了全面分析。2001 年，由长江委主导制定的《长江河道采砂管理条例》，实际上是第一个长江流域的行政法规，然后是《太湖流域条例》，它作为国务院颁布的行政法规，进行了流域综合立法的探索，目前的实施情况良好。当然，我们也还有其他流域立法，比如《淮河流域水污染防治暂行条例》，就是一个不成功的典型。对于这些已有立法的分析评估，有利于我们吸取经验教训。

目前是制定长江法非常好的时机

记者：您认为现在制定长江法的时机成熟了吗？

吕忠梅：从时代背景来看，目前是非常好的立法时机。"长江经济带"发展战略处于实施初期，国家明确了保护优先的战略，这就明确了长江法的价值取向。

从前期基础看，长江流域的立法研究已经有了很好的基础。长江委已经积累了十几年的调查和研究成果，他们曾委托有关科研机构，起草过《长江法建议稿》，积累了丰富的经验。我们这个团队，从 1996 年开始从事长江水资源保护问题研究，先后参与了《水污染防治法》《水法》《环境保护法》等多部国家法律的制定和论证工作；直接参与了《湖北省水污染防治条例》《湖北省湖泊保护条例》等地方立法工作，在这些立法中，都将流域综合管理、流域协调协同理念纳入，并从理论上提供了支撑。应该说，这些积累也为长江法的制定提供了基础。

下一步的工作就是要把"事理"转换成"法理"，把"理论"转化为"实践"，把长江经济带发展"保护优先"的理念变成合理的制度安排，契合国家发展战略的需求，并切实保障长江经济带的生态安全和可持续发展。

记者：全国人大环资委对制定长江法持什么样的态度？

吕忠梅：他们态度很积极，也启动了相关的立法调研工作。

记者：接下来还要做哪些工作？

吕忠梅：我们准备从今年开始，集中一段时间对长江流域进行实地调研。从整体上把握流域的不同河段、不同水体面临的不同问题，比如有些生态敏感区是否需要建立特别保护区，禁止开发；有些地方是否限制开发，限制什么，采取何种限制措施？有些地方可以开发，但生态保护的底线在哪里？所以，调研任务还很重。在调研的基础上，我们会梳理主要问题，并根据不同的问题召开若干研讨会，充分听取各方面的利益诉求和意见建议，尽可能地在立法时不遗漏、不放弃各种利益诉求，只有这样，才可能进行充分的利益沟通和利益平衡，制定一部好的法律。

希望这部法律能够与长江经济带发展战略规划同步推进。现在，我们提议案、向媒体发声，就是想让各部门、全社会形成长江经济带发展战略的实施必须立法先行、于法有据的共识，希望大家一起来推动长江法尽快出台。

长江经济带发展应立法先行 *

发展？保护？

对这一"两难"问题，长江经济带建设面临太多的纠结。

在今年全国"两会"期间，环保部部长陈吉宁就坦陈："当前，长江流域开发和生态安全保护之间存在着非常尖锐的矛盾。"

如何通过建立一套法律制度，使绿水青山产生巨大生态效益、经济效益、社会效益，使母亲河永葆生机活力？《法制日报》记者近日专访了全国政协社会和法制委员会副主任吕忠梅。

为 GDP 竞赛踩刹车

记者：当前，长江开发保护存在诸多问题，其中最突出的问题是什么？

吕忠梅：还是 GDP 竞赛的思维方式。每个区域都在想着怎么把长江最大限度地用起来，想的都是上项目、划园区、拉投资。在他们的经济发展规划里面，"保护"往往就是一带而过的空话。在园区规划里，你也很难看到对保护和污染防治的实际投入，很难找到对长江保护的具体举措，生态保护

---

* 本文原载于《法制日报》2016 年 11 月 22 日，记者王斗斗，原标题为《"谁来管长江"是立法最大难点》，有删减。

的底线思维是缺失的。

记者：现在，中央提出共抓大保护，不搞大开发，这一战略定位确立后，这种"重开发轻保护"的问题是否会"刹车"？

吕忠梅：这个"刹车"踩得好，应该会产生不小的影响。最近就有人跟我讲，说不知道怎么搞长江经济带建设了。他们认为，上项目、投资金、创产值，就是长江大开发的标志。国家突然提出长江大保护，他们不知该怎么做了。现在，很多人都还认为，长江保护是限制、制约经济发展的。

记者：制定长江法可以协调处理好开发与保护的关系？

吕忠梅：对，可以通过法律划定几条底线。要有生态底线、行为底线，在经济发展和环境保护发生冲突时确定谁优先的顺序。现在因为缺少底线，只有投资冲动，没有保护愿望，一旦全部放开，结果只会是无序开发，最后就是生态破坏不可挽回。现在立法就是要在还没有最大规模开发前，把原则定下来，把底线划定，把超越底线要承担的后果讲明白。

除此之外，还要通过法律为长江开发保护建立一个核心的管理体制。谁来保护长江、谁对保护长江负有职责，由法律作出明确规定。现在的情况是，谁都有职责，谁都有权力，但职责重叠、交叉、空白，权力如何行使没有程序，谁都说自己是依法行政，实际上是"依法打架""依法推诿"，保护的权力分散和碎片化现象十分严重。

为长江流域管理立规矩

记者：谁来保护管理长江，现有的立法解决不了吗？

吕忠梅：现有的立法不足以为长江来设定这些内容。有一些普遍设定的规则，在面对长江流域大开发热潮时，失之于宽，失之于松，失之于无。

记者：对于长江流域管理的问题，长江委不能协调解决吗？

吕忠梅：不能。从历史上来看，长江委是 20 世纪 50 年代作为水利部负责水利基础设施建设的派出机构，它仅仅是一个技术咨询机构，没有决策权、管理权。到 80 年代以后，尤其是 1988 年长江流域水灾后，《防洪法》赋予了它在防洪方面的决策权。2002 年，新《水法》明确流域管理与区域管理相结合的水资源管理体制，按照流域管理决策权和监督权分离思路，赋予了长江委等流域机构七项监管职能，使其成为具有一定执法权的机构。可以说，随着国家逐步实行最严格水资源管理制度，其权力不断得到扩充。

但是，长江流域开发利用涉及众多方面和环节，比如建水电站、船舶航行、水产养殖和捕捞等，分别由不同部门管理，长江委作为水利部的派出机构，没有协调这么多部门、这么多事务的权力。另外，从长江委自身的情况看，目前也存在政事企不分的问题，它既是行政机关，又是事业单位，还是企业法人。自己既是运动员，又是裁判员，还是规则制定者，这种状况也决定了它承担不起长江经济带建设综合管理的职责。

记者：如果国家制定长江法，应否提出新设立一个长江流域的综合管理机构？

吕忠梅：最应该的是设定一个特别机构，它一定不是现在的长江委，而是新体制下的综合管理机构。我们的想法是，它应该是国务院直属的专门机构，由法律来赋予其综合管理权限，对开发利用和保护有一定的决策权，特别是具有统一监管的权力。

记者：如此多的职权集中放在一个管理机构之下，会否打破原有平衡，各种关系如何理顺？

吕忠梅：这也是我们最担心的。管理机构怎么设是长江法立法的最大难点。它和我们现行管理体制有冲突，需要集中授权。我们简单进行了梳理，涉及近 20 部法律 76 项职权，归并到一个综合管理机构之下，哪些应该综合授权、哪些需要分别授权，这里面既涉及现有的行政体制，也涉及多部法律的关系，需要审慎考虑。

记者：环保法修改，您也是呼吁了十几年。目前，对长江法制定有哪些预期？

吕忠梅：我们希望把十几年研究长江法的成果加以总结，为立法机关提供一个专家建议稿，作为国家立法的一个铺垫。立法是各种利益诉求不断表达、不断完善的过程，我们哪怕仅仅作为一家之言，提出来也是一种贡献，让立法机关有一个讨论的前提和基础。

我的预期是，这部法律应该和长江经济带的规划同步推进，绝对不能滞后，否则会带来非常严重的后果。一定要规则先行，重大改革都要于法有据。

生态文明须"入宪"*

"今年的议案和建议，绝大部分还是跟环保有关。"全国人大代表、政协第十二届全国委员会社会和法制委员会驻会副主任吕忠梅日前接受《京华时报》记者专访时说。与往年一样，今年"两会"，她仍不"跑题"，聚焦和致力于推动环境法治。

将生态文明建设载入宪法

记者：今年全国"两会"上，您有哪些议案和建议？

吕忠梅：绝大部分还是跟环保有关。已经准备的议案有三个，第一是关于生态文明入宪；第二是将环境法典编纂列入下一届人大常委会立法计划；第三是制定长江法。建议主要围绕两方面：国家碳排放市场的信息公开和与公益诉讼有关的经费问题。

记者：生态文明入宪有何意义？

吕忠梅：生态文明建设是中国提出的国家治理整体战略，也是全球治理的"中国方案"的重要内容，在国际上产生了巨大的影响力，体现了中国

---

* 本文原载于《京华时报》2017 年 3 月 6 日，记者高鑫、王晓飞，原标题为《吕忠梅代表谈环境法治 提议将生态文明入宪》。

特色的环境保护战略风采，充分展现了中国的道路自信、制度自信和理论自信，理应在宪法中加以体现。近些年来，全国人大常委会在制定和修订环境保护相关法律过程中，都明确将推进生态文明作为立法目的；国务院也发布了大气、水、土壤污染防治行动计划，全面体现了生态文明建设和改革的要求。"十三五"规划更是明确提出"绿色发展"新理念。但我国宪法关于环境保护的规定，仅限于第 9 条和第 26 条的规定，不能完整体现生态文明建设的内容，给下位法的制定和施行带来一定的障碍。

宪法作为国家的根本法，对生态文明进行思想性阐述和原则性规定，才能为其他法律、行政法规和规章的制定提供宪法依据。将生态文明载入宪法，是落实依法治国方略，切实运用法律思维和法律方法推进体制改革的必然选择。所以，我提交了将生态文明入宪的议案。建议借鉴 1999 年和 2004 年两次修宪的经验，适度增补或者修改有关条文，体现生态文明建设的根本要求。具体包括三个方面的内容：一是修改宪法序言，将生态文明建设基本方略载入；二是修改总纲第 9 条和第 26 条；三是修改第 2 章公民权利，对公民环境权进行明确宣示。

生态文明体制改革推进迅速

记者：环保领域，去年有哪些事令您印象深刻？

吕忠梅：生态文明体制改革正在按照中央的部署，展开八个方面的改革，推进迅速，许多改革措施已落地。立法方面，修订后的《大气污染防治法》开始实施，《水污染防治法》的修订、《土壤污染防治法》的制定，这些都在向前推进。执法领域，环保督察力度越来越大，督察实现了全覆盖。司法领域，法院出台相关司法解释，发布 30 多个典型案例，审理了一批有影响的案件；检察院推进公益诉讼试点，从 2015 年的 10 多件到现在的数百件，试点正在向纵深推进。

记者：新环保法实施中，2016 年有什么突出成效？

吕忠梅：许多方面都有进展。如新环保法第39条规定的"环境与健康监测、调查和风险评估制度"，环保部正制定环境与健康工作的管理办法，力求使这项制度"落地"。国家加大了环境污染监测预警和问责力度。"两高"在环保司法领域的协作也有所加强，环境资源公益诉讼进展比较顺利。全社会对于环境保护的意识有所增强，参与度有所提高。我今年在北京过年，老百姓为了保护环境，自觉减少了烟花爆竹的燃放。

环境治理"单兵突进"亟待解决

记者：下一步有什么问题亟待解决?

吕忠梅：目前有两个问题比较突出，第一是环保法建立的政府各级和各部门"协调联动"体制没有得到有效建立，实际上存在"单兵突进"现象。不少地方、不少人甚至是领导都认为，实施环保法就是环保部门的事，出现了环境问题就将环保部门推到一线处理了事。其实，环保部门处于末端的位置，环境污染和生态破坏都是前端的决策造成的。只有前端的各相关部门，在规划、建设、开发利用等过程中都履行保护环境的责任，企业依法承担环境保护义务，环境问题才不会产生或者少产生。等到问题成堆了再靠环保部门治理，投入高、时间长、效果差。

第二是环保法建立的各尽其职、各出其力、各担其责的"多元共治"机制尚未有效运行。比如，将排污企业的有关信息向社会公开，让社会公众和团体进行监督，远比环保部门"运动式"检查的投入少、效果好。再比如，运用信息化手段进行监督，既有政府的监测体系，也鼓励第三方检测机构提供数据，可以通过数据比对，迅速发现问题。

记者：在制度设计上，政府的环保责任该如何分配?

吕忠梅：从环保法的设计上，地方政府环境保护的责任分为三个方面：第一是地方人民政府对所辖区域的环境质量负总责，这意味着政府在决策经济社会发展的几乎所有问题时，都必须将环境保护纳入其中，进行综合决策。第二是政府相关职能部门要各负其责。环境问题是在生产和生活过程中产生的，所有与生产和生活有关的管理部门，都要在分管范围内，承担环境保护的责任。如发改委审批项目、农业部门推广种植技术、渔业部门发展水产养殖、交通运输部门采用汽车生产工艺技术，等等，都要承担环境保护责任。第三是环保部门的监管职责，环保法授权环境保护部门实行统一监管，意味着环保部门的重点应放在对于各地方、各部门履行环境保护职责的监视和督察上。只有这三个方面的主体都能切实履行好环境保护的职责，环境问题的根本解决才有希望。

加快推进全国碳市场信息公开 *

　　在今年全国"两会"上，全国人大代表、全国政协社会和法制委员会驻会副主任吕忠梅建议，加快推进全国碳市场信息公开，在制定中的《碳排放权交易管理暂行条例》总则部分增设一条，明确赋予公众检举权和控告权，适当拓宽信息公开范围和公开义务主体范围。

　　吕忠梅说，国家碳市场即将于 2017 年启动，其前提是政府能够准确掌握全国碳排放总量信息。"碳市场信息公开对于碳市场运行至关重要，既可以增强市场透明度，形成稳定的市场预期，令市场参与主体作出理性的决策；又可以接受社会监督，维护碳市场的秩序、安全与利益。"

　　吕忠梅称，据调查，2013 年以来陆续启动的七省市碳交易试点，以及正在制定的国家碳市场交易办法对碳市场信息向社会公开尚无明确规定。

　　从试点碳市场的地方性法规或政府规章来看，各地仅就控排单位名单的社会公开作了要求，均未涉及控排单位碳排放数据、政府配额分配情况、核查机构核查信息的公开。

　　现行部门规章《碳排放权交易管理暂行办法》第 34 条以列举的方式，仅把纳入的温室气体种类、行业、控排单位名单，配额的分配方法、使用、储

---

* 本文原载于澎湃新闻 2017 年 3 月 8 日，记者刁凡超，原标题为《全国人大代表吕忠梅：应加快推进全国碳市场信息公开》。

存和注销规则、清缴情况，核查机构名单、交易机构名单作为信息公开的范围。未涉及控排单位碳排放数据、政府配额分配情况、核查机构核查信息。

正处于制定阶段的《碳排放权交易管理条例（送审稿）》第28条虽增加了"纳入标准、控排单位的排放和配额清缴情况"，但排放数据、配额分配情况公开到何种程度、以何种形式公开仍不明确。

另外，配额分配数据、核查报告信息等实现社会监督的保障性信息依然未纳入公开范围。

"这些重要的碳市场信息不公布，势必会对政府监管和社会监督的有效性带来不利影响。"吕忠梅说。

《"十三五"控制温室气体排放工作方案》对建立温室气体排放信息披露制度已作出明确规定，在此基础上，吕忠梅建议修改《政府信息公开条例》，将"重要碳市场信息"纳入政府信息公开的法定范围，并在《碳排放权交易管理暂行条例》中，在平衡"保密与公开"的基础上，适当拓宽"信息公开"范围，明确"各年度控排单位的排放和配额清缴情况"公开的要求，增加"各年度控排单位的配额分配情况"公开。

此外，《碳排放权交易管理条例（送审稿）》第28条规定的公开义务主体仅限于"国务院碳交易主管部门"，公开义务主体范围较窄。她建议，应进一步明确控排单位、核查机构的信息公开义务。

包括明确规定控排单位向公众公布"上一年度碳排放报告""当年碳排放监测计划"和日常碳排放信息披露的义务。其中，上市公司按照《碳排放权交易试点有关会计处理暂行规定》的要求在财务报表中披露碳排放权数量等信息，明确第三方核查机构向公众公布"上年度核查报告"的义务。

用一部法典卫护青山绿水 *

　　十二届全国人大五次会议期间最受关注的一项议程，莫过于提交大会审议民法总则（草案）。

　　看到"民事主体从事民事活动，应当有利于节约资源、保护生态环境"这一规定恢复到第一章"基本原则"中，全国人大代表、全国政协社会和法制委员会驻会副主任吕忠梅终于放下了心。

　　"今年是我当选全国人大代表的第 15 个年头，回看过往的经历，我可以说尽到了应尽的职责。同时，我也很感激能够有这个机会，将我学术上的法治梦想，变为推动社会进步的现实。"3 月 9 日，吕忠梅在接受《法制日报》记者采访时说。

第一项议案是修改环保法

　　2003 年，吕忠梅当选为第十届全国人大代表。她的第一项议案，就是修改《环境保护法》。

　　当时，《环境保护法》已经施行了近 15 年，在实施过程中暴露出了诸

---

* 本文原载于《法制日报》2017 年 3 月 9 日，记者蒲晓磊，原标题为《吕忠梅代表：矢志卫护青山绿水》。

多不足，对于是否废止《环境保护法》的争论十分激烈。

在吕忠梅看来，废除该法并非可取之策。

"因为，环境保护基本法具有宣示可持续发展战略、明确'权力—权利'配置原则、建立双重协调的法律机制、构筑权利保障体系之功能。因此，应该修改《环境保护法》，提升其法律地位，完善法律制度，以使其真正起到基本法的作用。"吕忠梅说。

于是，吕忠梅在全国"两会"上领衔提出修改《环境保护法》。

吕忠梅的第一次大会发言，是关于法官断层和人才流失现象。当时，吕忠梅还任职湖北省高级人民法院副院长，工作经历让她对法官队伍建设中的问题十分关注。

"我那时就向大会提交了相关建议，希望能够建立符合司法规律的法官管理制度，明确法官作为公务员系列中的专门类型，通过设置晋升条件等方式，改变法官人才流失的现象。"吕忠梅回忆。

第一项议案、第一次在大会上发言、第一次列席全国人大常委会、第一次与参加代表团审议的中央领导人交流……时至今日，对于履职过程中的多个"第一"，吕忠梅仍然记忆犹新。

"见证了法治建设的快速推进，亲历了一些重要事件，对于一名从事法学研究和法律实务的人而言，这都是难得的经历与财富。自己能够实际参与到法治建设的过程中并贡献一些力量，已经足够幸运。"吕忠梅说，她能够真切地感受到，作为一个"螺丝钉"，是怎样在最高权力机关这个"机器"上发挥作用的。

持续全力推动环保法修订

"连续三届当选全国人大代表，参与过这么多项立法和修法，哪部法律难度最大？"

对于这个问题，吕忠梅很快就说出了三个字："环保法。"

吕忠梅坦言，连她自己都没有想到，自从 2003 年提交修改环保法议案开始，这项工作会一直持续 10 多年，直到新环保法的出台。

"当然，不是一个议案提了 10 多年，而是每一年都从不同角度对这部法律进行论述，例如论述需要一部环境保护基本法的必要性、建立公益诉讼制度等。"吕忠梅笑着补充了一句。

吕忠梅对于修改《环境保护法》的执着努力，几年后终于得到了回应——2011 年初，环保法的修订被列入当年的立法工作计划。

"从全国人大常委会启动立法到颁布实施，环保法的修订历时四个年头，历经四次审议和两次向社会公开征求意见，修改力度、历时时长和审议次数在我国立法史上都很少见。"吕忠梅说。

2012 年 8 月 31 日，《环境保护法（修正案草案）》公布。

"大失所望。"吕忠梅坦言，这与她所期望的环境保护基本法有着很大的差距。对此，吕忠梅除了在全国人大常委会法工委、环资委征求意见会上提出意见，还和中国法学会环境资源法学研究会的 200 多名学者一起，联合提交了一份意见建议书。

在各方呼吁下，这部原定于由十一届全国人大常委会进行二审的法律，被暂时搁置。

2012 年 11 月，党的十八大召开，中国特色社会主义事业总体布局由经济建设、政治建设、文化建设、社会建设"四位一体"拓展为包括生态文明建设在内的"五位一体"。

这让吕忠梅看到了契机。

2013 年 6 月，环保法（修正案）的二审稿提交全国人大常委会审议。列席全国人大常委会会议的吕忠梅，建议将修正案变为修订案，并且提供了修订案条文稿及相关参考资料。

2013 年 10 月，再次列席全国人大常委会会议时，吕忠梅发现，三审稿已经从过去的"修正案草案"变为"修订案草案"。

"从形式上看，从'修正'到'修订'只有一字之差，含义却大不相同，'修订'意味着对《环境保护法》的全面修改，这对于赋予《环境保护法》在生态环境保护领域的综合性法律地位非常有利。"吕忠梅笑着说。

2014 年 4 月 24 日，十二届全国人大常委会第八次会议表决通过了修订后的《环境保护法》。

新挑战新目标仍在环境法治

新环保法实施后，吕忠梅又有了新的挑战。这一次，她将目标瞄向了环境法典——一部类似于《民法典》的法律。

"目前，我国的环境法律体系的框架已基本形成，但环境质量总体上仍未实现根本性好转。究其原因，在于分散式立法模式难以解决行政部门主导环境立法的问题，难以解决环境法律间的重叠与冲突问题，难以解决法律修改滞后的问题。"吕忠梅如此解释她的初衷。

在吕忠梅看来，编纂环境法典是消解上述弊端的有效路径。她建议将环境法典编纂列入第十三届全国人大常委会立法计划，并适时启动相关研究论证工作，待条件成熟时提请审议。

"当然，这部法律的工程量不小，即使未能如愿列入立法计划，作为学术研究也是很有价值的。这样，等到将来需要编纂环境法典的时候，也可以直接拿来使用。"吕忠梅说。

2014 年，吕忠梅和另外两位学者一道，因对《环境保护法》修订所做的贡献而荣获"年度法治人物"嘉奖。在"CCTV 2014 年度法治人物颁奖礼"上，评委会给他们的颁奖词，至今让吕忠梅印象深刻：为了一棵树的尊严、一朵花的芬芳，他们各显其能，为天空代言，为河流请命！面对少数人的贪婪，为了更多人的幸福，他们共同努力，用一部法律的修订去卫护这一片青山绿水。

吕忠梅笑着说，她想将最后一句话改为：用一部环境法典去卫护这一片青山绿水。

再提制定《环境与健康法》*

"环境污染导致的健康损害后果严重、影响范围大,但健康损害效应滞后等因素使得这一问题隐蔽性非常强,等到群体性健康损害爆发已为时过晚。" 3 月 6 日,全国人大代表、全国政协社会和法制委员会驻会副主任吕忠梅建议将《环境与健康法》纳入国家立法计划,以应对越来越多的环境污染损害公众健康的情况。

吕忠梅认为,能否有效解决环境与健康问题,已成为人民群众衡量政府治理能力的重要标准。"只有从源头实施风险管理,才能从根本上解决环境污染的健康损害问题,这也是经过多个国家实践总结的最经济、最有效的手段。"

在吕忠梅看来,我国虽然于 2007 年发布了《环境与健康国家行动计划》,初步建立了环境与健康管理体制和机制,但这个体制和机制经过 10 年的运行,已经滞后于当前对环境的治理和保护需要。

比如,环境保护部门与卫生计生等部门的职责划分和协作模式没有明确规定,实践中职责交叉和监管空白并存,资源分散配置难以形成合力,"争权诿责"的问题突出。

---

* 本文原载于中国青年网 2017 年 3 月 11 日,记者王泳,原标题为《全国人大代表吕忠梅呼吁:尽快制定〈环境与健康法〉》。

　　此外，环境保护部缺乏对环境与健康工作的行政授权，环境与健康风险管理实际上处于缺位状态；环境与健康风险管理缺乏技术支撑，亟须建立专业技术执行机构为决策提供科学支撑。

　　为此，吕忠梅建议，升级国家环境与健康工作领导小组作为高层次议事协调机构，在进一步明确国家卫生计生委和环境保护部在环境与健康工作中的任务分工和协调机制的同时，研究制定《环境与健康法》。

促进"以人民为中心"的环境法治建设 *

日前，全国人大代表、全国政协社会和法制委员会驻会副主任吕忠梅接受《人民日报》中央厨房"国策说"专访。她认为，环保不仅要打击环境犯罪，加强环境监管，还必须关心人的健康，应在现有基础上建立环境与健康风险评估体系，以环境法治促进实现"以人民为中心"的环境保护。

打击环境犯罪 需要法律衔接

在环保问题被推到风口浪尖的今天，单靠环保部门"单兵独斗"，通过行政监督和行政处罚的手段，约束污染企业的排污行为显然难成气候。法律成为捍卫环保必不可少的武器，随着新环保法的出台，环境保护法律体系日趋完善。

当前，我国环境立法已形成了较完善的法律架构，立法数量蔚为可观。"但这些法律存在重复、冲突、不衔接等问题。"吕忠梅说。为此，她在今年提出了将环境法典编纂列入下一届人大常委会立法计划的议案，希望建立环

---

* 本文来源于人民日报中央厨房 2017 年 3 月 11 日，记者张妹欣、孟晨，原标题为《吕忠梅：关注环境，更要关注老百姓的健康风险》。

保法与单行法律间的有序衔接和关系，保证相关法律间不打架。在现行法律法规体系中，综合运用各种法律手段保护环境：民事法律加大对公民因污染和破坏造成的人身和财产损害的保护力度；刑法在打击环境犯罪、制裁破坏环境者以及震慑环境违法行为等方面的作用是其他法律所无法比拟的。近年来，环境司法有了长足进步，民事诉讼开局顺利，在刑事诉讼领域喜忧参半。

吕忠梅认为，近年来环境犯罪的刑法手段运用虽有进步，但并未达到预期效果。通过对环境刑事案件的调查发现，一方面是资源类犯罪案件较多，如砍伐森林树木、偷猎野生动物等，这种犯罪对生态环境危害后果较重，甚至会导致某种物种灭绝，但由于缺乏对生态系统服务功能的价值衡量，导致轻刑化现象明显。另一方面，污染环境罪情况复杂，如企业犯罪中指挥者与操作者间的定罪量刑规则不清晰，偷排污染物的犯罪嫌疑人难以找到、取证困难，等等。为了解决这个问题，新环保法作了一些规定，刑法修正案（八）降低了认定环境犯罪的"门槛"。2月初，最高检与环保部、公安部联合出台《环境保护行政执法与刑事司法衔接工作办法》（以下简称《办法》），为解决取证难问题提供了方案。"《办法》旨在通过完善行政执法与刑事司法的衔接程序，保证将环境行政执法过程中发现的犯罪行为、相关证据能够比较好地移送给侦查起诉机关，实现无缝对接。"吕忠梅指出。

提升环境治理能力和水平　需要全民参与

环保关乎每一个人的利益，如何真正加强公众监督的力量？吕忠梅强调，公众参与是环境保护不可缺少的力量，许多国家都通过建立环境信息公开制度、公益诉讼制度，鼓励公众参与。公益诉讼是一种"勇敢者的诉讼"，需要有更多的公益组织勇敢地站出来，为保护生态环境，将污染和破坏环境的企业和单位告上法庭。

关于备受关注的"常州毒地"案公益诉讼败诉事件，吕忠梅已经请代理律师提供相关资料，对有关法律问题进行研究。她认为，这个案件无论最后是什么结果，都会因为汇集了公益诉讼涉及的几乎所有问题而成为"标志性案件"。

根据目前掌握的情况，她认为大家普遍关注的"天价诉讼费"只是程序问题，并不能成为核心，这个案件关键在实体法方面，现行法律未对原土地使用权人、土地收储中心、现土地使用权人的污染治理或者土地修复责任作出明确规定；现在已有的土地修复计划是否能够满足生态保护的要求，也缺乏科学依据。环保组织认为虽修复但未达到效果，要求继续进行修复。"这个案件既有立法问题也有司法问题，既有实体问题也有程序问题，因为尚未看到全部证据资料，无法对案件本身进行判断，但这些问题如何处理，对于司法能力和智慧都是考验。"吕忠梅期待这起案件能够得到妥善解决，促进环境司法发展。

完善环境标准　需建立健康风险评估体系

环境污染对人群健康的影响，也是吕忠梅近年来一直研究的问题。"前几年出现了一些'怪现象'，排污企业附近的儿童血铅含量明显升高，甚至出现了群体性事件，但调查结果却是企业全部达标排放。"吕忠梅说，导致这种现象的原因，是因为在我国没有建立以保障人体健康为核心的环境标准体系，一些与人体健康有关的污染物，也没有纳入环境监测的范围。

那么环境污染究竟会带来多大范围和程度的健康影响？需要有长期的科学研究和数据积累。一些环境保护比较先进的国家，作了几十年的跟踪研究。中国在 2007 年制订了第一个《环境与健康保护行动计划（2007—2015）》，但没有得到真正执行。2014 年新环保法虽然建立了环境与健康制度，但也因缺乏配套而未得到实施。在她看来，实施环境与健康制度，最重要的是对环境污染进行健康风险评估，这就需要建立专门的评估机构，组织力量对大气污染、重金属、有毒化学品所可能产生的人群健康风险进行调查、监测评估，这需要有稳定的平台、多学科合作以及长期的数据积累，才能对各种污染物可能产生的对不同区域、不同人群的健康风险作出预测。目前，这些都还处于空白状态。

"环境保护部门不能光做消防员，也要做守门人！"让她欣慰的是，国家刚刚发布了"十三五"环境与健康的规划，开始对全国的重金属污染进行调查。环保部也正在制定《环境与健康工作管理办法》，还在酝酿设立国家健康风险评估中心，为运行环境与健康风险评估制度进行准备。吕忠梅说："如何让在污染发生时没有人受害，或者最大限度地减少人群健康损害，才是以人为本的环境保护。"

环境与健康工作需要统筹协调部门*

在 2016 年全国"两会"上，吕忠梅就建议在国务院职能部门"三定"方案中，明确增加"环保部承担统筹协调国家环境与健康工作职能"，并建议加强环境与健康工作、建立环境与健康绩效考核指标体系，尽快组建国家环境与健康风险评估中心，以填补空白。

《澎湃新闻》注意到，今年全国"两会"上，吕忠梅在去年提案的基础上，增加了一条，"建议升级现有国家环境与健康工作领导小组，作为国务院环境与健康工作的高层次议事协调机构。"

根据原有的《行动计划》，国家环境与健康工作领导小组分别由卫计委和环保部的主管副部长作为组长协调工作，领导小组办公室分别设在国家卫计委和环保部。

《行动计划》由 18 个部委联合发布，且到 2015 年即告结束。"吕忠梅认为，卫计委、环保部"双牵头"的安排实际上使这项工作处于停滞状态。由于领导小组级别较低，综合协调能力差，不能有效应对日益突出的环境与健康问题。

"去年一直是呼吁在国务院'三定'方案中明确环保部的职能，经过一

---

* 本文原载于澎湃新闻 2017 年 3 月 15 日，记者刁凡超，原标题为《吕忠梅建议成立国务院环境与健康领导小组　统筹环境健康工作》，有删减。

段时间的调研，发现这还不够，还应该进一步完善顶层设计，成立包括所有有关部门在内的协调议事机构，这才是比较理想的状态。"吕忠梅对澎湃新闻说。

为此，她建议成立国务院环境与健康工作领导小组，由国务院总理或副总理担任组长，小组成员包括环保部、国家卫计委、农业部、发展改革委、财政部、国土资源部、科技部、住建部、安监总局、中国气象局等相关部门主要领导。其职责为分析国家环境与健康形势，研究部署、统筹指导环境与健康工作，提出环境与健康重大政策措施，协调解决国家环境与健康工作中的重大问题。

同时，将国家环境与健康工作领导小组办公室设在环保部，具体承担领导小组的日常工作。

"可以把委员会的办事机构放在一个部委，比如国务院食品安全委员会作为国务院食品安全工作的高层次议事协调机构，机构设在食药监总局，但是由一个部委来承担这个职能是承担不了的。"吕忠梅说。

将编纂环境法典列入立法规划 *

目前，我国的环境问题日益突出，在向污染宣战时，首先需要准备好的枪炮弹药就是法律。

随着史上最严环保法的出台，《大气污染防治法》已经修订完成，《水污染防治法》也到了修订出台前夕，《土壤污染防治法》的相关起草工作进入加快推进期。同时，近年来，大气、水、土壤等领域的污染物排放标准也在不断修订完善，一套较为完整的环保法律体系框架正在快速搭建。

当前，我国环境保护领域的立法情况如何，怎样加强各领域法律之间的协调？针对这些问题，《每日经济新闻》记者专访了全国人大代表、全国政协社会和法制委员会驻会副主任吕忠梅。

环保领域法律衔接不畅

记者：您如何看待目前环保领域的整个法律体系？

吕忠梅：从立法的总量上来看，环境保护的立法是走在快车道上。

---

* 本文原载于《每日经济新闻》2017 年 3 月 15 日，记者李彪、周程程，原标题为《全国人大代表吕忠梅：编纂环境法典　加强环保法律协调》。

一是立法的数量比较多。从 1979 年制定了中国的第一部《环境保护法》，至今，已有 30 部左右的环境与资源保护相关的立法；二是修订的频次比较高。很多的法律都是经过了几次修订，如《大气污染防治法》就经历了三次修订。

但在环境立法数量快速增长的同时，我们也发现了一些问题。

《环境保护法》在 2014 年修订的时候，当时已被确立为环境保护领域的综合性法律，从理论上讲应该有统领其他法律的地位或效力。但从立法效力来讲，全国人民代表大会通过的法律是基本法，全国人大常委会通过的法律为普通法，而《环境保护法》《大气污染防治法》《水污染防治法》都是由全国人大常委会通过的普通法律。

从立法效力等级上看，《环境保护法》严格来说难以归类于基本法，它与《大气污染防治法》《水污染防治法》《噪声污染防治法》具有同等效力，但《环境保护法（修订案）》的立法说明中说它具有基础性的地位。

因此，新环保法实施后，多部单行法律修订时，必然会遭遇尴尬。问题就在于，各单行法在修订时，如何处理与《环境保护法》之间的关系。是照搬《环境保护法》的内容还是根据《环境保护法》作出实施性制度安排？与环保法是衔接关系还是补充关系？

记者：这是否会造成环保领域法律之间的衔接不畅等问题？

吕忠梅：正是这种分散式立法模式，造成了环境保护领域法律之间的相互重叠与冲突。

大气、水、土壤、固废、噪声等污染防治的立法，都是分别从环境要素或单一污染要素去考虑制定的。当然，每一个要素都有自己的特殊性，但同时需要注意的是，要素之间都是有联系的。

比如，土壤污染来自大气、水。土壤里面污染物经过挥发，会进入大气；通过水土流失会进入水，这是一个循环的系统。而这些平行的法律，相互之间的衔接与协调存在问题。

《大气污染防治法》规定了污染物排放标准，考虑的是给人的呼吸带来的危害。而土壤污染的标准，考虑的是通过食物摄入给人体带来的损害，进而制定了相应的标准。这两者是不同的。但是，一旦土壤中的污染物来自大气或者水，单个的标准就很难适用。并且，标准制度上的断裂、空白或者冲突，也给执法带来了很多问题。

记者：对于目前存在的法律标准制度上的断裂、空白或者冲突，该如何解决？

吕忠梅：需要用一种立法的技术，实现法律之间的协调机制。这种立法上的技术，叫作法典的编纂，即编纂环境法典。编纂过程不是汇编，而是要以一定的立法原则为指引，把所有法律制度之间的逻辑联系厘清后，通过技术性的安排，让这些法律制度之间能够形成一个完整的体系。

一方面，环境法典能够较好地满足环境保护工作对法律制度的整体性、系统性的需求；另一方面，通过环境法典的编纂可以系统解决现行环境立法存在的重复、冲突、遗漏、滞后等问题，并通过国家立法机关主导立法的方式，扭转环境立法部门化的趋势。

为此，我建议将环境法典编纂列入十三届全国人大常委会立法计划，并适时启动相关的研究论证工作，待条件成熟时提请审议。

环保督察应常态化持续发力

记者：您如何看待目前环境保护领域法律实施的效果？

吕忠梅：环保法执行的力度已经加大了，中央环保督察组已经在全国进行督察，问责制也在实施，全国人大常委会授权最高人民检察院提起环境公益诉讼的案件等。但现在的问题是，加大执法力度与治理效果的显现之间是有距离的。需要注意的是，污染30年，不能指望一夜之间就解决所有的问题。

在此问题上，我认为一定要有定力，且持续不断地发力，要有信心。世界范围内的污染治理，快的要十几年，慢的要几十年，才能彻底解决。

记者：在您看来，在污染治理方面，我们应该如何持续不断地发力？

吕忠梅：首先，环保督察必须常态化，不能等重污染天气出现了才去督察，而是要长年不断地去督察。

在加大执法力度的过程中，我们既要还旧账，还要不欠新账。

环境治理是一件永远不能停止的事情，要持续发力。如果急躁冒进，或者想要通过突击式执法的方式一夜之间彻底扭转污染问题，这是不切实际的幻想。所以一定要有定力，并且把这种疾风暴雨式的措施，变成常态的、全社会参与的、持续不断的工作。

另一方面，环保问题的根子是在产业布局和产业结构。所以，治理污染，虽然环保部门有很大的职责，但是这绝对不只是环境保护部门的事，而是所有的政府部门、市场主体，所有的公民都应该参与的事。

在环境保护问题上，尤其是大气污染方面，人人都是受害者，人人也是导致大气污染的根源。大家都在用车，很多人都在冬季取暖，都在消耗能源和资源。所以，每个人都不能只站在指责、推卸责任的位置上。

每一个部门、每一个主体甚至每一个个体，都要用自己的实际行动来参与。应该形成多元共治，人人都有责任来保护环境，人人都有责任去参与污染治理的氛围。

重点排污单位自动监测数据应公开 *

备受关注的 2017 年全国"两会"落下帷幕，"打好蓝天保卫战""加快推进健康中国建设"更是成为李克强总理政府工作报告的核心内容。这凸显着党和国家对改善环境质量、保护国民健康的高度重视和坚定决心。全国政协委员、全国政协社会和法制委员会驻会副主任吕忠梅多年来一直关注环境问题，在她看来，环境保护必须"以人民为中心"，把关注、关心人的健康放在首位。本刊就大家关注的环境污染与人群健康问题对她进行了采访。

保护环境须以人民为中心

记者：长期以来您都关注环境保护工作，尤其是关注环境与健康问题，今年您的两个提案也都是大家最关注、与人民生活息息相关的环保问题，请问您今年提案以环境与健康为内容的原因是什么？

吕忠梅：今年的两个提案一个是关于建立健全国家环境与健康风险管理体制机制，另一个是关于进一步落实《大气污染防治法》信息公开要求，推

---

* 本文原载于《环境保护》2017 年 3 月 29 日，记者罗敏，原标题为《专访吕忠梅：完善环境与健康风险管理机制　推动重点排污单位自动监测数据公开》，略有删减。

动重点排污单位自动监测数据公开。两个提案既有联系，又各有侧重，但都涉及环境与健康问题，我们保护环境的目标，必须"以人民为中心"，无论是大气环境质量的改善还是环境健康风险的管控都应基于这一理念，成为我国环境治理的出发点和落脚点，这也是我提出提案的初衷。如果我们以这样的理念来观察目前的环境保护工作，会发现存在一些不足，环境保护"以人民为中心"的理念还需要以制度和政策措施加以落实。

推动重点排污单位自动监测数据公开

记者：我们重点说说大家最关心的大气问题，您提出进一步落实《大气污染防治法》信息公开要求，推动重点排污单位自动监测数据公开的建议是基于什么样的考虑？

吕忠梅：自 2014 年 1 月 1 日《国家重点监控企业自行监测及信息公开办法（试行）》施行以来，经过近三年的努力，我国除西藏外，各省级环境主管部门均已建成并运行重点监控企业自行监测信息发布平台，其中山东、浙江等省积极利用公开数据形成公众监督，推动 600 多家企业对其公开的超标数据进行反馈说明，有 100 余家企业切实改善排污状况。这些良好实践，证明信息公开对促进重点污染源守法和减排有着积极作用。然而，在 3000 余家国控重点废气污染源之外，各省、市还有数量庞大的排污企业尚未安装自动监控设备并向社会公开数据，公众无法监督上述企业排污行为。

记者：造成这一问题的原因是什么？

吕忠梅：原因主要有两个方面，第一是地方政府履行职责不力，导致重点排污单位名录公开不足。许多地方未按法律规定公布本行政区域内重点排污单位名录。《环境保护法》《大气污染防治法》以及《企业事业单位环境信息公开办法》，对设区的市级环保部门提出了制定并公开重点排污单位名录的要求，并对重点排污单位如实公布环境信息进行了规定。但 2016 年 1 月进行的"新环保法实施一年来重点排污单位名录公开情况"的调研显示，在所调研的 338 个地级市中，有 146 个城市公开了名录信息，占比 43.2%。后在多个环保公益组织推动下，目前有 213 个城市公开了 2016 年度名录，仍有 120 余个城市未按《环境保护法》规定公开名录。还有，已经公布的地方名录，质量也是参差不齐。《企业事业单位环境信息公开办法》第 8 条规定了列入重点单位名录的条件，没有规定量化的筛选原则及方法。在 213 个已经公开名录的城市中，多数未公开名录制定原则。有的城市公开的名录仅有国家重点监控企业及几个医院、实验室。在沈阳、唐山等同步公示名录筛选原则及方法的城市中，筛选原则和方法也不统一，制定出来的名录差异较大。

第二是重点排污单位未依法履行信息公开义务导致企业排污信息公开存在"短板"。《大气污染防治法》要求的信息公开尚未全面落实。《大气污染防治法》明确规定了重点排污单位安装、使用大气污染物排放自动监测设备并依法公开排放信息的义务，也规定了不公开或者不如实公开自动监测数据的法律责任。但在实践中，除北京、聊城等少数地方落实了市控大气污染源公开自动监测数据外，多数省、市的重点排污单位并未按照《大气污染防治法》要求公开自动监测数据。以重庆市为例，2016 年重庆市已将百余家企业纳入大气污染物重点监控企业名单，其中 78 家企业未按法律要求公开自动监测数据，包括 49 家国控企业、29 家市控企业。未履行自动监测数据公开的企业，大部分也未被依法追究责任。另一方面，由于企业污染信息公开的形式、渠道等程序性规定不明确，导致部分污染源愿意主动公开在线监测数据，却无公开渠道。在调研中发现，有部分污染源已经安装了自动监控设备也愿意向社会公开自动监测数据，但因无公开平台，无法向社会公开自动监测数据。

环保信息公开的着力点

记者：环保信息公开是法律明确规定的地方政府责任和排污企业的义务，是保障公众的环境知情权、表达权、参与权、监督权的基本前提，必须要得到切实的遵守。基于上述两个问题，您认为我国现阶段应该从哪些方面着手促使企业监测数据真实有效公开？

吕忠梅：应从以下四个方面展开。

一是将地方城市环保信息公开纳入环保督察范围，督促尚未落实环保法要求的制定并公开地方重点排污单位名录的 120 余个城市，按照法律法规要求制定名录，并向社会公开；督促所有设区的市于每年 3 月底前按时公开名录信息，同时明确名录中各企事业单位的污染类型，便于公众监督其环境信息公开情况。

二是完善环保部企业排污信息公开规则，明确企业排污信息公开程序。各级环保部门为落实企业大气污染物自动监测数据公开要求，要建立统一信息发布平台或利用已有的信息发布系统，便于企业公开信息，保障社会公众的环境知情权。

三是建立激励机制，对主动安装在线监控设备，并愿意公开在线监测数据的企业，予以鼓励；为主动公开排污信息的企业提供公开渠道，便于其向社会公开监测数据。

四是严格执法，明确要求地方政府在向人大报告环境保护工作时应包括信息公开的内容，将不依法公开排污信息纳入行政问责的范畴；对已纳入名录中而未依法进行环境信息公开的重点排污单位和主要负责人依法追究法律责任。

"绿色原则" 贯通发展与保护 *

民法典被誉为"社会生活的百科全书"。作为民法典开篇之作的民法总则，经十二届全国人大五次会议表决通过。

作为中国民事立法史上的里程碑，民法总则的重要性毋庸置疑。至今回忆起立法期间的一些时刻，全国人大代表、全国政协社会和法制委员会驻会副主任吕忠梅仍然记忆犹新。

3 月 8 日下午，参加十二届全国人大五次会议的吕忠梅拿到了民法总则（草案）四审稿。当看到"民事主体从事民事活动，应当有利于节约资源、保护生态环境"这一规定被恢复为"基本原则"之后，她终于放下了心。

长期关注环保问题的吕忠梅认为，21 世纪的民法典与 19 世纪、20 世纪的民法典一个最大的不同，就是必须回应一些现代问题，生态环境问题显然是典型的现代问题之一。

在吕忠梅看来，绿色发展理念的核心是"经济要环保，环保要经济"。

"要把经济发展与环境保护有机协调起来，贯彻绿色发展理念既不能单靠民法，也不能只靠环境法，必须有多个法律领域的沟通与协调。我们既要

---

* 本文原载于《法制日报》2017 年 4 月 19 日，记者蒲晓磊，原标题为《"绿色原则"纳入基本原则适应现实需求》。

认识民法和环境法的不同，又要找到它们之间的接口。通过确定'绿色原则'将绿色发展理念贯彻和体现在民法典编纂中，就是在作对接。"吕忠梅今天在接受《法制日报》记者采访时说。

一波三折终于写入基本原则

2016年6月，民法总则（草案）提请全国人大常委会一审。在向社会公布的征求意见稿中，明确规定："民事主体从事民事活动，应当保护环境、节约资源，促进人与自然和谐发展。"这一条被称为"绿色原则"。

这一规定在提请全国人大常委会二审的草案稿中，依然存在。

二审期间，一些全国人大常委会组成人员提出，保护环境、节约资源、促进人与自然和谐发展值得提倡，但是在"基本原则"章节中作出规定，不如在"民事权利"章节从民事权利行使角度加以规范，更为适当。

2016年12月，提请全国人大常委会三审的草案稿将"绿色原则"从基本原则中移除，将其放在"民事权利"一节且与其他内容合并，规定为："民事主体行使民事权利，应当节约资源、保护生态环境；弘扬中华优秀传统文化，践行社会主义核心价值观。"这一修改，不仅大大降低了绿色发展理念在民法中的地位，由民事活动的基本原则变为行使民事权利的公共义务，而且其内容也被大大限缩。

三审稿面向社会公开后，多位代表和学者发表意见，认为在基本原则部分恢复"绿色原则"更为合适，也更符合中国国情和现实需求。

吕忠梅也是众多呼吁者中声音很高的人之一。

吕忠梅在收到面向全国人大代表征求意见的三审稿后，以书面形式向全国人大常委会法工委提交了修改建议和专门论证报告，建议恢复"绿色原则"。同时，也在不同形式的征求意见会上大声疾呼。

最终，在提请十二届全国人民代表大会第五次会议审议的民法总则（草案）中，"绿色原则"重新回到了第一章的基本原则部分。

全国人大常委会副委员长李建国在关于民法总则（草案）的说明中，对于规定"绿色原则"的理由作了特别表述：这样规定，既传承了天地人和、人与自然和谐共生的优秀传统文化理念，又体现了党的十八大以来的新发展理念，与我国是人口大国、需要长期处理好人与资源生态的矛盾这样的国情相适应。

十二届全国人民代表大会第五次会议表决通过了包含"绿色原则"的民法总则，其规定为：民事主体从事民事活动，应当有利于节约资源、保护生态环境。

"绿色原则"可成为司法判断准则

谈到积极呼吁将"绿色原则"放回到基本原则的理由时，吕忠梅坦言，只有将绿色发展理念作为一项基本原则，才能成为所有民事活动的遵循和司法判断的准则。

从 20 世纪 90 年代初，吕忠梅即开始研究环境法与民法的关系。在她看来，环境法产生于传统民法的不足，但"解铃还须系铃人"：一方面，如果民法不对民事活动施加环境保护的义务，无法遏制环境污染和生态破坏；另一方面，对因环境污染、生态破坏导致的个人生命健康以及财产损害，如果不在民法中作出明确规定，环境破坏者的法律责任则无法得到有效追究，受害者也得不到充分赔偿或补偿。如果民法典中不规定相关内容，即便《环境保护法》等法律有了规定，也难以执行，尤其是司法机关在审理案件时会遇到极大问题。

比如，《环境保护法》第 64 条规定："因污染环境和破坏生态造成损害的，应当依照《中华人民共和国侵权责任法》的有关规定承担侵权责任。"如果侵权责任法不作相关规定，《环境保护法》的这一条就会落空。实际上，我国现行的侵权责任法只规定了"污染环境"造成损害的民事责任，没有规定"破坏生态"造成损害的民事责任，就可能出现因生态破坏遭受的损害，法官找不到法律依据而无法作出支持受害者的裁判。这个问题需要到民法典分则编纂时才能加以解决。

"现在，民法总则规定了'绿色原则'，如果法官在审理案件时再遇到类似情况，就可以依据绿色原则来作出判决。'绿色原则'可以为法官寻找立法的本意或者法律价值取向，通过法律目的解释裁判具体案件起到至关重要的作用。"吕忠梅说。

体现"五位一体"治国理政整体战略

民法作为市场经济的基础性法律，将宪法中公民个人的生命权、健康权、财产权等基本权利具体化，有"个人权利宪章"之称。民法典的编纂，实际上是为权力（利）"勘界"：确定"政府权力法定——法无依据不可为"和"个人权利自由——法无禁止即可为"的界限。

正因如此，民法典的编纂工作，不仅有民法领域的研究者、实务工作者参加，而且吸纳了与民法相关的多个学科参与。在民法典编纂的工作中，吕忠梅主要是从环境保护的角度研究并参与其中。

吕忠梅多年前就明确提出，中国需要一部"绿色民法典"。在2016年中国法学会举办的有关民法典编纂的"中国法学家论坛"上，专门就"民法典编纂中的绿色发展"作了主题发言，提出必须在中国民法典中体现"绿色发展"新理念和经济建设、政治建设、文化建设、社会建设和生态文明建设"五位一体"的治国理政整体战略。

以学者身份，进行民法典制定的基础研究和调研；以人大代表身份，参与民法典制定的审议工作；以组织者身份，召集会议，为制定绿色民法典进行不同学科的交流与对话……以三种身份参与到民法典编纂工作中的吕忠梅，对于民法典编纂所体现出的意义感触颇深。在吕忠梅看来，"绿色原则"在民法总则中的一波三折，其实是整个民法典编纂过程中的一个缩影。

吕忠梅认为，此次民法典编纂，虽然让许多人感到"幸福来得太突然",但已经有了多年的研究和准备基础。

在接受《法制日报》记者采访时,吕忠梅对民法总则的制定作了这样的评价:

民法总则的立法过程,显示出立法的科学化、民主化、规范化程度有了长足进步,立法的前瞻性、引领改革和发展的能力都有了很大提升,是国家治理体系和治理能力现代化的具体体现。

民法总则的起草和审议过程,真正体现了既保证民法的专业性,又广泛吸纳不同学科意见的有机结合,充分调动法律各学科、各专业、各专门机构的积极性。

民法总则多次面向社会征求意见,及时回应社会和民众的重大关切,较好地平衡了遵循民事立法规律和体现中国特色的关系,体现了以人民为中心的理念。

第十三届全国政协委员履职

（2018—2022）

笃行不怠

首提环境法典编纂、制定《自然保护地法》提案，参与《长江保护法》制定，关注生态环境损害赔偿制度改革、生物安全立法

2018年3月，全国政协十三届一次会议首场委员通道上，吕忠梅接受媒体采访

"环保人"的定位始终不会变 *

3月2日傍晚，忙碌了一天的全国政协机关渐渐安静下来。

刚从人民大会堂参加完政协大会筹备工作的吕忠梅，回到位于机关的办公室，没来得及喝一口水，便对记者说："我们开始吧，8点还有会。"

这位曾连任第十届、第十一届、第十二届全国人大代表的女法学家，现在是第十三届全国政协委员。不过，无论有几重身份，对吕忠梅来说，"环保人"的定位始终不会变。

今年她会带来怎样的提案？在一个多小时的采访中，吕忠梅娓娓道来。

完善环境与健康风险管理体制机制

环境与健康管理是近年来公众关注度较高的话题。吕忠梅今年继续针对完善国家环境与健康风险管理体制机制向全国政协大会提出提案。

"一方面，环境污染导致的人群健康损害已经成为中国的现实威胁；另

---

* 本文原载于《法治日报》2018年3月3日，记者仇飞，原标题为《"环保人"吕忠梅的四份环保提案》。

一方面，由于缺乏法律规制，环境与健康风险管理还处于部门分割、缺位较多状态。"在吕忠梅看来，解决环境与健康问题，必须从改革管理体制、理顺管理职能方面寻求突破。

事实上，我国已经对开展环境与健康工作制定了相关政策和法律：2007年当时的卫生部、环保总局等18个部委联合发布《国家环境与健康行动计划（2007—2015）》，建立了环境与健康管理由卫生、环保两个部门共同牵头的体制；2014年《环境保护法（修订案）》第39条首次规定了环境与健康监测、调查和风险评估制度；2016年8月25日，中共中央政治局审议通过的《"健康中国2030"规划纲要》，明确提出将建设健康环境作为建设健康中国的一项重要内容，其中一项重点工作是要建立健全环境与健康监测、调查和风险评估制度；今年1月，环保部印发《国家环境保护环境与健康工作办法（试行）》，对环保部门开展环境健康风险的监测、调查、评估、防控等作出规定。

"环保部的这个试行办法意义重大，首次对环保法的原则性规定进行了细化，使环境与健康风险管理制度程序化、可操作。但这只是一个环保部的规范性文件，效力层级低，不能真正解决目前存在的体制机制问题。"吕忠梅直言，环境保护部门与卫生计生等部门的职能分工与协作模式也没有明确规定，"争权诿责"的问题突出。

根据《国家环境与健康行动计划（2007—2015）》，国家环境与健康工作领导小组分别由国家卫计委和环保部的主管副部长为组长，领导小组办公室也分别设在国家卫计委和环保部。

在吕忠梅看来，这种双牵头安排实际上是"有牵头、无统筹"。事实上，领导小组自成立以来，没有开展过实质性工作，协调机制也形同虚设，不能有效应对日益突出的环境与健康问题。

"为此，我多年提出议案、建议，希望建立国家环境与健康工作领导小组，使其成为国务院环境与健康工作的议事协调机构。"吕忠梅说。

建立完善的环境与健康制度，需要有法律依据。吕忠梅多年来持续推进《环境与健康法》的研究与立法工作，她和研究团队的成员提出了《环境与健康法（专家建议稿）》，对我国的环境与健康法律制度进行了系统设计。

尽快实现生态环境损害赔偿制度法律化

吕忠梅所提的第二个提案与生态环境损害赔偿有关。

近期，中共中央办公厅、国务院办公厅印发《生态环境损害赔偿制度改革方案》（以下简称《方案》），要求自2018年1月1日起，在全国试行生态环境损害赔偿制度。吕忠梅认为：这项改革，意味着我国将形成生态环境保护的国益诉讼、公益诉讼、私益诉讼并行，行政磋商与司法裁判相互衔接的多层次、多元化纠纷解决机制。

"在这个方案出台之前，2015年就发布了生态环境损害赔偿的试点文件，有七个省在2016年开始了试点。但在跟踪试点工作的过程中，我们发现了一些法律问题，核心是生态环境损害赔偿责任的法律属性，生态环境损害赔偿责任是民事责任吗？生态环境损害赔偿诉讼是公益诉讼吗？"吕忠梅认为，如果法律属性问题不解决，《方案》的施行尤其是诉讼制度的建立，会因缺乏法律依据而造成混乱。

吕忠梅举例说，前不久看到山东首例省政府提起的生态环境损害赔偿案件，省政府委托省环保厅作为该生态环境损害赔偿诉讼原告提起的是民事公益诉讼。

"有的由地方社会组织和政府作为共同原告提起生态环境损害赔偿诉讼；有的地方，是社会组织已经提起过公益诉讼，政府又提起生态环境损害赔偿诉讼。这表明大家对生态环境损害赔偿责任的性质认识是混乱的，环保法规定的公益诉讼，是授权检察机关、社会组织代表社会公共利益提起的诉讼；试点方案规定的生态环境损害赔偿诉讼是授权地方政府代表国家自然资源所有权人提起的诉讼，两种诉讼是有区别的。"吕忠梅认为，没有从法律上厘清"生态损害赔偿责任"的概念，明确责任性质是造成这种现象的主要原因。

吕忠梅建议，在 2018 年制定的《土壤污染防治法》中建立生态环境损害赔偿制度，"一方面，这部法律已经列入了全国人大常委会的 2018 年立法计划，正在制定中；另一方面，《方案》所列举的适用生态环境损害赔偿的情形，大多与土地利用有关。"在《土壤污染防治法》中建立这一制度后，司法机关可以据此制定司法解释，尽快推进这项重大改革措施"落地"。

"从理论上讲，生态损害赔偿诉讼是一种国家利益诉讼，而非一般的公益诉讼。生态环境损害赔偿权利人是省级人民政府及其地市级人民政府，生态损害赔偿诉讼不同于由法律授权人民检察院、环保团体提起的公益诉讼，是代表国家以所有权人身份提起的国家利益诉讼，也应建立与公益诉讼既相衔接，又有区别的诉讼制度。"吕忠梅谈道。

促进社会组织在公益诉讼中更好地发挥作用

目前，根据法律规定，具有提起环境公益诉讼原告资格的主体主要有社会组织、检察机关等。

我国首部记录环境公益诉讼个案进程的报告——《环境公益诉讼观察报告（2015 年卷）》显示，2015 年符合相关规定的具备环境公益诉讼主体资格的社会组织有 700 多家，但当年全国只有 9 家社会组织提起诉讼。

"一方面是因为法律对主体资格仍有比较严格的限制，另一方面，也说明社会组织提起环境公益诉讼的能力尚需提高。"吕忠梅说，根据 2017 年的调查，社会组织提起环境公益诉讼数量在下降，检察机关提起的公益诉讼数量大幅度上升。

2015 年，全国人大常委会授权最高人民检察院在全国 13 个地区开展提起公益诉讼试点。

相关数据统计显示，自 2015 年 7 月 1 日起至 2017 年 6 月 30 日试点结束，全国法院共受理检察机关提起的公益诉讼案件 1126 件，审结 938 件。

2017年6月，十二届全国人大常委会第二十八次会议表决通过《关于修改民事诉讼法和行政诉讼法的决定》，检察机关提起公益诉讼被正式写入行政诉讼法、民事诉讼法。3月2日，"两高"发布《关于检察公益诉讼案件适用法律若干问题的解释》，对诉前程序等作出细化规定。

"在检察机关重视公益诉讼、行政机关关注公益诉讼的情况下，如何激活社会组织，更好实现社会组织提起公益诉讼的制度功能，充分发挥社会公众参与环境保护的积极性，值得高度重视。"吕忠梅举例谈道，在环境公益诉讼的范围上还有扩大空间，目前《海洋环境保护法》只规定了国家代表人诉讼，社会组织提起的海洋环境公益诉讼应该得到支持，这就需要有制度性安排。

在吕忠梅看来，环保组织的能力建设至关重要，目前环保组织的发展现状难以支撑资金成本较高、专业素质要求高、调动资源能力强的公益诉讼，"环境公益诉讼专业性强，调查取证既需要环保知识，更需要法律知识，环保组织在这方面人才也相对较少"。另外，财力不足、基础建设薄弱，也是制约环保组织提起公益诉讼的重要因素。

设立基金是解决环境公益诉讼能力不足的有效方式。吕忠梅介绍，目前已有环保组织设立专项资金用于支持环境公益诉讼活动，但经费有限，难以承担支持环境公益诉讼的重任。她建议政府建立专门的环境保护基金，将公益诉讼司法裁判经费纳入统一管理，明确对社会组织的支持方式；同时，鼓励成立社会基金，通过多种渠道募集环境公益诉讼经费，加强社会组织能力建设。

建设"活水城市"

除了环保法治提案外，吕忠梅还提出了建设"活水城市"的建议。她认为，对于城市雨水的利用，应该以雨水为基础，与现有水系打通，让雨水"流得动、存得住、回得来"。

随着我国经济社会的快速发展，特别是改革开放以来，城市建设和城市化的快速发展，水资源已成为制约我国经济社会发展的重要因素之一，经济社会、城市发展与自然灾害之间的矛盾凸显。

"雨水作为天然的水资源，具有处理成本低、处理方法简单等优点，把收集的雨水循环起来，让收集的雨水得到充分利用，城市有了新的活力和生机，水体'活'了，城市也'活'了。"吕忠梅说。

"但我国的雨水收集利用率仅为 20% 左右。"吕忠梅接着说，水体在循环过程中可以增加水体溶解氧含量，达到气相（空气）与液相（水体）的溶解氧平衡，有利于改善大气质量和局部的生态环境，"为解决城市遭遇下雨时'水漫金山'，雨后缺水、河道河渠干涸的困境，建立城市水体的循环体系，让包括城市雨水在内的水流动起来，逐步实现雨水'流得动、存得住、回得来'的水循环体系，对于城市的可持续发展具有重要意义。"

吕忠梅指出，这种城市水资源循环过程也是构建"活水城市"的重要内容："'活水城市'的概念是科学的、可持续发展的，它体现了城市环境文化，有利于城市水资源的科学利用和绿色低碳城市建设，是解决水资源短缺的有效手段之一，也为改善城市水体和大气质量提供有益的启示。"

"不能用违背生态规律的办法保护生态环境。"吕忠梅反复强调。

环境立法需要体系化规范化 *

"今天上午，李克强总理在政府工作报告中明确提出，我们要携手行动，建设天蓝、地绿、水清的美丽中国。我认为，要实现这一目标，法律必须进一步发力。"全国政协委员、全国政协社会和法制委员会驻会副主任吕忠梅在提及听取政府工作报告的感受时对记者这样表示。

多年来，吕忠梅一直关注环境保护问题。今年"两会"，她准备的四件提案全部聚焦环保领域，其中一件是关于推动环境立法的体系化、规范化。

"体系化的一个重要形式就是法典化。大家都知道要制定《民法典》，其实环境立法一样需要法典化。"吕忠梅委员解释说，迄今为止，正式由全国人大常委会通过的有关环境的法律已经有30多部，这30多部法律存在重复率高、碎片化等问题。

吕忠梅还发现，由于环境要素多，环境立法涉及的法律和部门也多，各部门的职责分工不同，以前的立法方式难免带来管理上的冲突和法律制度上的不协调。加之目前还有一些环境要素存在立法空白，很容易造成"有的都去管，有的没人管"的局面。

"从这个意义上讲，我们需要实现环境立法的体系化、规范化。从去年

---

* 本文原载于正义网2018年3月5日，记者杨波，原标题为《吕忠梅委员：环境立法需要体系化规范化》。

的人代会到今年的政协会，我都持续呼吁推进环境法律法典化的相关工作。"吕忠梅说。

完善的法律离不开有力的实践与执行。提及司法机关对保护生态环境所做出的努力时，吕忠梅委员着重提到了检察机关在环保领域开展的公益诉讼工作。她告诉记者，检察机关代表社会公共利益，针对环境领域的行政不作为提起诉讼，确实发挥了很好的作用，取得了理想的效果。

"就在几天前，'两高'出台了《关于检察公益诉讼案件适用法律若干问题的解释》，我很期待这个司法解释实施以后能够较好地解决试点工作中遇到的问题，也特别希望这项制度能够发挥更好的作用。"吕忠梅说。

自然保护地立法应尽早提上日程*

"政府工作报告对一些民心所向、民生所盼的热点焦点，既给出明确回答，又增强了大家的信心。"全国政协委员、全国政协社会和法制委员会驻会副主任吕忠梅3月6日下午接受红星新闻专访时说道。

吕忠梅介绍，在今年的政协会上，她提交了两份提案，还是一如既往关注和推动的环保法治：一个是如何让已经启动制定的《长江保护法》成为一部良法，另一个是关于启动自然保护地立法研究的建议。

对于环保领域此前出现的环境数据造假现象，吕忠梅认为，一方面是一些地方对"史上最严"的环保法还不敏感，企图蒙混过关；另一方面，我们也需要反思政策标准是否有不合适的地方，导致某些地方、某个行业出现"不可能完成"的任务。

"从目前基层执法所反映的情况看，对数据造假现象应具体判断、区别对待，既不能简单粗暴地责罚一线执法人员，也不能放纵那些故意违法者。"吕忠梅说。

对于提高环境污染违法成本话题，吕忠梅提出，在加大惩处力

---

* 本文原载于红星新闻2019年3月8日，记者高鑫，原标题为《泉州碳九泄漏为何不定为污染环境罪？吕忠梅委员这样回答》，有删减。

度、提高违法成本的同时，还要通过建立多元化机制，让守法者获得更多利益。

谈提案和关注话题：盼自然保护地立法尽早提上日程

记者：多年来，您持续关注和推动环境法治。今年"两会"，您有哪些提案和关注话题？

吕忠梅：肯定还是环保。我今年有两个提案：一个是关于长江立法，这是我多年来持续推动的事。希望在已启动立法的情况下，从为长江立良法、谋善治的角度，进一步加以促进如何将其立得更好。围绕怎么把这部法律制定得更好，我做了提案。

另一个是关于自然保护地立法的。国家公园体制改革作为生态文明制度改革的一个重点任务，正在迅速推进。十三届全国人大常委会已经把《国家公园法》列入二类立法计划。

党的十九大报告提出的任务是"建立以国家公园为主体的自然保护地体系"。现在，《国家公园法》已经列入立法计划，但自然保护地作为国家公园上位概念，是否需要立法以及如何立法，没有答案。更为重要的是，今年1月26日，习近平总书记主持召开的全面深化改革委员会会议，审议通过了《关于建立以国家公园为主体的自然保护地体系的指导意见》，在这个意见中明确提出了要制定《自然保护地法》的任务。这就把两部法律的关系十分现实地推到了我们面前。所以，我在提案中提出要统筹考虑两部法律的制定。最好能将《自然保护地法》列入立法计划，如若不能，至少在制定《国家公园法》时，为自然保护地立法留下空间并注意两部法律的有机衔接。

谈长江立法：已有不同研究团队提出草案建议稿

记者：去年12月，全国人大环资委专门组织了《长江保护法》立法座谈会。这项立法工作目前怎样了？它最快何时出台？

吕忠梅：《长江保护法》已列入一类立法计划。目前，立法已经启动，全国人大环资委正在积极推进相关工作。

据我所知，各方面高度关注《长江保护法》的制定，已有不同的研究团队提出了草案建议稿。如我带领的研究团队在完成国家社科基金重大项目的基础上，提出了一个专家建议稿。环境规划院王金南院士的研究团队，也在相关课题研究的基础上，提出了一个草案建议稿。另外，长江水利委员会也组织力量，完成了一个稿子。

这三个稿子各有侧重、各有特色，至少可以为立法提供一些基础，这也是立法民主化的体现，可以更好地集中大家的智慧。我不知道具体的立法安排，比较乐观的估计是，今年下半年或明年上半年应该能进入一审。

记者：除了立法机关，司法机关也有一些行动，比如"两高"曾出台专门解释，强调对污染长江要从重处罚。

吕忠梅：是的。2017 年，最高人民法院发布了保障长江经济带绿色发展的司法政策。日前，"两高三部"印发了《关于办理环境污染刑事案件有关问题座谈会纪要》，强调对发生在长江经济带 11 省（直辖市）的相关环境污染犯罪行为，可以从重处罚。

在司法实践层面，最高法推动了长江经济带 11 省市人民法院共同签署了环境资源审判协作框架协议，建立了司法联动机制，以加强长江流域的环境资源审判工作。生态环境部也开展了长江流域集中执法行动，推进驻点工作。这些行动，应该说，对于遏制长江经济带建设过程中的生态环境破坏和污染行为、有序推进长江经济带绿色发展非常有意义。

但是，这些行动并没有从根本上改变部门分立、条块分割的格局，原有法律形成的体制机制障碍和利益藩篱没有真正破除。为长江流域立法迫在眉睫，靠执法、司法是解决不了这些问题的。因此，需要破旧立新，通过立法解决这些根本性的问题。

谈环境数据造假：有人对"史上最严"环保执法还不敏感

记者：随着生态环境保护和问责力度加大，许多地方的环保指标呈向好转变趋势，但个别地方出现数据造假现象。对此，您怎么看待？

吕忠梅：出现数据造假的问题，我们要理性看待。目前发现的造假者既有执法机关也有被执法对象。一方面，的确是有一些地方对"史上最严"的环保执法不敏感，不把法律当回事，企图用各种方式蒙混过关。只是他们未曾料到，这回糊弄不过去了。

另一方面，我们也要反思政策的合理性或执法的正当性，是否有一些因素没有考虑到，比如是否提出了"不可能实现的目标"，还有是否有一些特殊行业、特别区域、特定时间的因素考虑不周，形成了"不可能完成的任务"。在这种情况下，还要进行"一刀切"的考核，会不会逼着他去做一些不该做的事情？因此，应该具体情况具体分析。

我们还要反向思考基层执法过程中出现的一些问题，应该综合判断、区别对待，既不要简单粗暴地责罚一线执法人员，又不能放纵故意违法。如若是政策存在不合适的地方，也应该及时作出调整。

聊环境污染违法成本：提高违法成本，也应建立内在激励机制

记者：以前大家说，环境污染违法成本低，大多时候罚点款了事。据您观察，在行政、民事、刑事等惩处手段上，是否仍需加大力度？

吕忠梅：我们过去讲，环境污染违法成本低，主要是说只有抓到了才处理，并且主要采取罚款方式、罚金很低。但是，守法者需要付出高昂的环保投入，却不能得到更多的收益。因此，我们在考虑加大打击违法者力度的同时，也需要建立多元治理机制，改进执法方式。可以更多采取市场化的方式，建立社会发动机制和市场发动机制。

现在主要用的是行政动员方式，主要是靠行政机关执法，很多人容易

有侥幸心理，只要抓不到就平安无事。事实上，那么多生产经营者，一个一个去盯也是做不到的。因此，就需要有社会动员机制，让社会公众参与监督，公众参与就是这样的机制。

还有，可以采取市场化机制，让产权人通过主动保护环境获得更多利益；在签订合同时，约定环境保护的义务，司法机关可以据此判决合同无效，让违法者不能得到预期利益。这就是我们要在《民法典》中写进"绿色原则"和各种"绿色制度"的原因。

我觉得，环境保护需要综合采取各种法律手段，不能"单打一"。在提高违法成本的同时，更应该考虑建立内在激励机制，让守法者可以获得更多利益。

记者：不能让违法者有一种"躲过去就赚到了"的念想。

吕忠梅：在这方面，法律还可以规定一些经济刺激措施。比如，对守法者给予税收优惠、产品价格优惠、市场份额优惠，等等，守法动力自然就大了，也有利于全社会形成守法意识，遏制违法行为。

谈政府提起生态环境损害赔偿诉讼：行政执法手段用尽才可起诉

记者："民告官"好理解，但省市政府当原告，打生态环境损害索赔官司，这与检察机关提起公益诉讼有何不同？

吕忠梅：从改革文件上看，生态环境损害赔偿诉讼是以所有权人身份对破坏国家所有的自然资源而提起的诉讼，行使的是自然资源所有者职能。它和法律授权检察机关和环境公益组织以公共利益代表者的身份提起公益诉讼是不同的。生态环境损害赔偿诉讼很难说是"官告民"，检察机关提起民事公益诉讼才是真正的"官告民"。

生态环境损害赔偿诉讼中，政府是基于国有自然资源所有权人和自然资源管理者的双重身份，宪法明确规定国务院有为全体公民保护生态环境的义务。

另外，生态环境损害赔偿诉讼与公益诉讼的范围也不一样，生态环境损害赔偿诉讼明确规定了应该赔偿的具体情形，对公益诉讼则没有限定。

从环境资源诉讼制度设计角度来讲，政府、检察机关、环保团体应该既各有分工又相互衔接。现在这方面还存在一些问题，需要通过完善立法加以解决。在立法滞后的情况下，可以先出台司法解释，解决司法实践中急需解决的一些问题。

记者：您曾提到过，政府做生态环境索赔必须有一个前提，即行政执法手段用尽。

吕忠梅：关于如何认定已经采取的行政执法措施，需要认真研究。在什么情形下可以提起诉讼，也至关重要。执法机关不能将行政职责推给司法机关，司法介入行政行为也需要有界限。因此，必须是行政手段穷尽后，再去求助司法手段。

谈生态修复赔偿金：需深入研究后进行专门的制度安排

记者：生态损害赔偿金该由谁来管？

吕忠梅：自从有公益诉讼开始，就不断曝出天价案。法院已判决若干生态修复资金过亿的案件。公益诉讼以及生态环境损害赔偿诉讼中，司法裁判的资金，其性质肯定是属于公共财政，用途也很清楚，用于生态修复或环境治理等公共利益。

但是，这些钱应该放在哪里？应该怎么管、怎么用、怎么监督，都没有明确的规定。实践中，有的放在地方财政，有的放在法院，有的放在环保组织，既不合法也不合理，还存在资金安全风险。但是，如果简单地将其纳入现在的财政预算管理，又不符合生态修复资金的使用需求，无法充分发挥资金效益。

如何对这笔资金进行有效监管，制定特殊规则？也是这几年我们一直关注的事情。我看到，财政部在机构改革中，专门成立了生态环境与资源司，希望能够专门研究生态环境资金管理的规律，尽快解决这个问题。

另外，也需要考虑法院判决的履行方式。生态修复需要一个过程，判决的生态修复资金是不是要一次全部履行到位？是否可以采取分期履行方式，给企业一些空间？还有，生态修复要有合理、科学的修复方案，这个方案谁来审？谁来监督执行？这一系列的问题，也需要在深入研究的基础上，专门进行制度安排。

谈泉州碳九泄漏案：泄漏是安全生产责任事故，污染环境是后果

记者： 去年，甘肃祁连山生态环境破坏系列案件引起广泛关注，其中大部分涉及矿业权纠纷。您在环境司法绿皮书中也提到，矿业纠纷的二审率、再审率较高，这凸显了什么问题？

吕忠梅： 矿业权纠纷，小到千万级，大到亿万级，涉及利益巨大。长期以来，矿业权纠纷都是普通的合同纠纷，不考虑生态环境保护的因素。最高法 2016 年出台了审理矿业权纠纷案件的司法解释，明确了矿业权合同可以因破坏生态环境而无效。这样一来，矿业权纠纷处理中，增加了生态环境保护的理念，原来有效的合同可能被认定无效，当事人的利益会受到巨大影响。所以，这类案件的上诉率高是正常现象。

记者： 去年发生的福建泉州碳九泄漏事故，也造成了环境污染，目前相关责任人是以涉嫌重大责任事故罪被批捕的。

吕忠梅： 对。目前公开的消息是，福建省泉州市泉港区人民检察院经审查，依法决定以涉嫌重大责任事故罪对 7 名相关责任人批准逮捕。有人可能疑惑，泄漏也造成了环境污染，为啥不以污染环境罪来处理？这要看在具体案件中嫌疑人的行为侵犯的是哪一类法律关系。

污染环境罪是指违反防治环境污染的法律规定，非法排放、倾倒、处置被环境法管控的物质，严重污染环境，依照刑法应受处罚的行为。污染环境罪的前身是原《刑法》第 338 条的重大环境污染事故罪。《刑法修正案（八）》对该条进行了修改，不再要求造成需要环保部门定级的环境污染事

故，只要有相关司法解释确定的 13 种"严重污染环境的"情形，且主观上对上述情形的发生持放任态度，即符合了该罪的构成要件。

而重大责任事故罪表现为在生产、作业中违反有关安全管理的规定，或者强令他人违章冒险作业，因而发生重大伤亡事故或者造成其他严重后果的行为。从目前通报的情况和官方认定来看，泄漏事件是一起安全生产责任事故，污染环境是事故产生的后果。

从目前已知情况看，以涉嫌重大责任事故罪批捕是合适的。最后以什么罪名或者哪些罪名起诉，有赖于公安、检察机关进一步的工作。

以整体性思维制定《长江保护法》*

全国"两会"时间一到，也是吕忠梅这一年忙碌的开始。

现任第十三届全国政协常委、全国政协社会和法制委员会驻会副主任的吕忠梅已在全国"两会"上建言长江立法十七载。

2018年，十三届全国人大常委会将《长江保护法》列入一类立法计划，并启动了立法工作。《长江保护法》将是我国首部国家层面的流域性法律。

作为《长江流域立法研究》国家社科基金重大课题的首席专家，吕忠梅和她的团队从20世纪90年代就启动了长江水资源保护立法的调研，为此他们走遍了沿江各省、各部门，了解长江流域面临的问题，也整理分析了十几个国家的流域立法资料并专门派人到欧洲进行流域立法研究。

他们发现，在现有法律授权下，长江流域管理体制上"九龙治水"、条块分割与各自为政是现实的存在。在中国，能否建立协同型管理体制是立法成功与否的关键。诸多国家的流域立法实践表明，流域管理体制并没有统一模式，但协同性是核心。长江保护立法必须在

---

* 本文原载于澎湃新闻2019年3月12日，记者刁凡超，原标题为《吕忠梅：长江立法并非"头疼医头，脚疼医脚"》。

把握长江流域特性的基础上，根据我国的经济社会发展需要，以建设高质量的长江经济带为目标进行体制设计。

"这恰恰是流域立法的复杂性。"吕忠梅在"两会"期间接受澎湃新闻专访时说，长江保护立法应摒弃就保护谈保护或者将《环境保护法》的相关制度"搬家"的简单思维，突破利益固化藩篱、破除体制机制障碍，以整体性思维制定综合性的《长江保护法》。

流域立法"没有统一的模式才是规律"

"两会"前，吕忠梅已向全国人大环资委提交了一份完整的《长江保护法草案（专家建议稿）》，这份建议稿以"生态修复优先、保障水安全、公平配置流域水资源、促进流域可持续发展"为立法原则，由"总则—流域监督管理体制—流域水安全保障—流域生态保护与修复—流域水污染防治—流域可持续开发与利用—流域执法保障—法律责任"8章150余个条文构成。

在建议稿中，吕忠梅及其团队专门针对长江流域特有问题，设计了只适用于长江流域的协调开发利用与生态保护的重点制度，这些制度以长江流域生态承载力为"红线"、以保障流域生态安全为"底线"，比如控制性水库群统一调度、河湖空间用途管制等专门制度。

"这些制度不能完全适用于黄河流域，也不适用于珠江流域。"吕忠梅说。

为了给长江立"良法"，吕忠梅的团队收集整理了世界上有大流域立法的十几个国家的相关立法并进行了比较研究。为更好了解不同国家流域立法产生的背景以及实施情况，团队成员专门赴欧洲开展对欧盟国家及荷兰的相关立法研究。

一开始，他们抱着寻找流域立法"普遍规律"、发现"通行模式"的希望去进行研究，抑或能够找到不同国家相似的立法模式。

可对十几个国家的流域立法研究的结果，他们并没有找到流域立法的多少"共性"，而是发现，越是成功实现立法目标的流域立法，越是与本国的国情、流域特性、法律传统结合紧密。"没有统一的立法模式才是规律，但所有的流域立法都以建立流域体制、流域制度，解决流域特殊问题为核心"。

法国的塞纳河流域、美国的田纳西河和五大湖、欧盟的莱茵河和多瑙河等是大流域立法中比较成功的代表，美国的密西西比流域立法以失败告终，这些成功与失败以及原因也为团队的深入研究提供了极好的借鉴……

吕忠梅觉得，于他们而言，更有意义的是他们了解到这些流域立法为什么成功、为什么失败，为什么不同国家在遭遇几乎相同的流域问题时却选择了不同的治理模式、不同的法律制度。"不同治理模式、制度体系都与这个国家的政治体制、国家治理方式、流域特性紧密结合，体现本国特色。这也告诉我们要研究长江流域立法，必须更加清楚地理解和了解中国国情、长江'水情'、社会'民情'，做中国特色的《长江保护法》，而不是简单地移植别国体制和法律制度。"

要理顺三种权力之间的关系

长江"病了"，目前，长江流域的整体性保护不足，生态系统退化趋势加剧，水污染物排放量大，资源开发和保护的矛盾突出，长江生态环境严重透支。

不仅如此，3月4日晚9时许，吕忠梅刚回到驻地便开始给记者细数长江流域管理权现状，长江流域面临的问题，吕忠梅全记在脑子里了：

根据现有法律授权，长江流域涉水管理权分属中央15个部委、76项职能，在地方分属19个省级政府、100多项职能。

在流域管理与区域管理方面，流域机构与区域水行政主管部门职责不明；地方省、市、县各级水行政主管部门也缺乏明确的事权划分。中央层面，长江流域涉水管理部门职责交叉重叠和职责不明现象并存，事权界定不清晰。导致规划编制无法协调，流域水资源利用与水污染防治的割裂与矛盾，水工程管理与水量调度困难，长江水道、航道交叉管理，长江流域管理重大事项存在空白。

在她看来，长江保护立法正是要解决这些问题——通过立法重新界定利益边界，建立协调各种利益关系的规则。

"简单说，就是要理顺政府权力和政府权利之间的关系、市场主体之间权利的关系、权力和权利之间的关系。"吕忠梅说。

要理顺这三种权力（利）之间的关系，必须对权力运行的现状进行大量实地访谈调研。

"调研过程中，每个部门站在自己的立场都有很强的说服力，如果部门色彩很浓时你会怎么办？"

"我就想办法走开了！"面对澎湃新闻记者的提问，吕忠梅笑了笑，但很认真地回答，"我真的就走开了。"

作为学者，吕忠梅认为研究者的立场必须中立，不能为了部门利益，也不能有个人私心，而是要站在公共利益的立场、为保护长江流域进行制度设计。

并非"头疼医头，脚疼医脚"

2003 年当选第十届全国人大代表时，吕忠梅就领衔 30 名全国人大代表提出了《关于制定长江法的议案》。2017 年，作为第十二届全国人大代表履职的最后一年，她再次领衔 30 多名人大代表向全国人大提交了《关于制定长江法的议案》并附上了《长江法立法框架专家建议稿》，明确建议将长江法的制定列入十三届全国人大常委会立法计划。

吕忠梅欣喜地看到，2018 年，十三届全国人大常委会将《长江保护法》列入一类立法计划，并启动了立法工作。由全国人大环资委、法工委和国务院各部门、最高法、最高检共同组成的《长江保护法》立法工作领导小组成立，制定并通过了《长江保护法》的立法工作方案，这意味着，为长江流域立法进入了"快车道"。

　　3月9日，全国人大环资委委员程立峰在答记者问时表示，将抓紧开展法律草案的起草工作，力争按期完成向全国人大常委会提请审议的工作任务。

　　吕忠梅认为，列入立法计划并不意味着已经解决了长江流域立法的法理问题。为保护长江应该立什么样的法以及如何为保护长江立法，各方存在着从立法指导思想到制度体系构建上的分歧。

　　"为长江立法绝非简单的赋予管理权问题，也不能'头疼医头，脚疼医脚'，立法要解决的根本问题是建立不同利益的协调平衡机制，通过法律调整尽可能地把各种有冲突的利益进行排序，形成协调稳定的社会秩序。"她解释说，《长江保护法》要摒弃就保护谈保护，就政府部门职责去谈立法，而是应充分考虑长江流域保护所涉及的各种利益诉求、统筹保护与发展的关系，采用综合立法模式。

　　在今年政协会上提交的有关长江保护立法的提案中，吕忠梅建议《长江保护法》应以"维护健康长江，促进人水和谐"为基本宗旨，优化流域水资源配置格局，强化水资源统一调度，提高区域水资源保障能力，促进长江经济带建设与水资源、水环境承载能力相协调，推动长江流域经济结构调整和发展方式转变。

　　她同时还提出，应统筹长江流域治理、开发、保护、管理需求，充分发挥综合利用效益，保障流域防洪安全、供水安全、能源安全、生态安全与航运安全。

给生态环境修复资金找个"家"*

"从当前的司法实践看，生态环境修复资金有四个'家'，可现实困境却是哪个家门都不好进，更不好出。"全国政协委员、全国政协社会和法制委员会副主任吕忠梅对记者说。

中央提出坚决打赢污染防治攻坚战，环境司法是一支不可小觑的力量。吕忠梅说："目前，环境公益诉讼案件每年都有几千件，在这些案件中，法院基本上都判决了被告承担生态修复责任并主要是以支付生态修复资金的方式履行，其中亿元以上的判决已有多起。据初步统计，已有几十亿元经司法判决的生态修复资金被放在不同的账户上。这笔资金应该如何管理、如何使用，是亟待解决的问题。如果不能管好用好这笔资金，可能会对作为生态文明体制改革重要内容的环境公益诉讼制度带来极大的负面影响，甚至导致改革失败。"目前，实践中对司法判决的生态修复资金管理有四种情形：一是进入地方财政专户；二是放在法院的执行账户；三是放在某个环境公益基金账户；四是放在环保组织设立的公益信托基金中。但是，吕忠梅强调，"根据我国财政管理法律政策，这四种形式都存在合法性和合目的性问题。"

首先，地方财政开设专户会违反财政部的规定。财政部公告 2013 年第

---

* 本文原载于《人民政协报》2019 年 3 月 12 日，记者徐艳红，原标题为《吕忠梅委员：请给生态修复资金找个"家"》。

46 号文和 2014 年第 175 号文明确规定不允许新开设财政专户，并且再三强调要清理已有专户。吕忠梅称，"既然不允许开设专户，那是否可以把这笔钱纳入统收统支管理呢？回答也是不行。"司法判决的生态修复资金具有预防性和赔偿性双重功能，但资金用途是明确的，必须用于生态环境修复。如果纳入统收统支，其合目的性使用会遭遇巨大的困难，极大的可能是要么这笔钱被用于了其他用途，要么是有修复需要却无法取出。

放在法院执行账户上的问题就更大了。吕忠梅说，"法院执行账户是临时账户，需要按照执行人的申请加以使用，既不应该让属于公共财政的资金长期放在临时账户上，也不可能由法院去审查、监督生态环境修复方案、进度、质量等过程。"

再说公益基金会，按照捐赠协议筹集资金，司法判决资金具有公共财政性质，法院无权进行捐赠。

环保组织设立的公益信托基金在一定意义上与公益基金类似，更重要的是，环保组织是民间团体，其设立的公益信托基金也不能接受司法裁判资金。吕忠梅表示。

"因此，现在司法判决的生态修复资金面临的第一个问题是合法性，在我国没有相关法律法规和财政政策支持的情况下，目前的做法都有明显缺陷。"

"第二个问题是使用的合目的性问题。正像前面所说，资金进入财政后，会有不能纳入一般预算管理使用的困难，需要建立适合于资金修复用途的专门制度去使用，不能纳入一般预算来加以支付。"吕忠梅说。这笔资金如果进入公益基金会应该怎么管理也不清楚，还有谁来决定使用这笔资金？环境修复后是否合格，谁来评价和验收？这又是一个问题。吕忠梅认为，法院的执行能力有限，绝对不可能对一个案件的执行跟踪几年甚至十几年，直到完成生态修复，并且进行专业性监管。因此，当前这笔资金的性质、管理、使用、监督都存在问题。

吕忠梅建议，"由于生态修复资金是通过法院裁判由当事人承担的一种金钱给付义务，而这笔钱又必须用于生态环境修复的公共目的，因此，有必要从财政法律和政策上明确界定其性质并制定专门的管理办法"。

从世界范围看，国外对于公益诉讼裁判资金大多采取设立公共信托方式进行管理和监督，有授权社会组织设定信托和政府设立公益信托等方式，既满足公共财政的属性要求，又满足公益目的。我国可以根据中国国情，适当借鉴国外有益经验，建立中国自己的生态修复资金管理模式。"值得欣慰的是，财政部在机构改革过程中，专门设立了生态环境与资源司，希望这个司能够专门研究生态修复资金的性质与管理问题，与最高人民法院及相关部门建立有效沟通机制，把这笔资金管好用好。"吕忠梅最后说。

为长江经济带绿色发展立"良法"[*]

"《长江保护法》已经纳入 2019 年全国人大常委会立法工作计划，希望今年能够进入一审阶段。""两会"期间，全国政协常委、全国政协社会和法制委员会驻会副主任吕忠梅一如既往地关注着长江立法问题。

早在 1996 年，吕忠梅和团队就致力于长江流域保护的法律研究，她本人也曾在"两会"期间以全国人大代表身份三次领衔提出议案，呼吁长江保护尽快立法。作为参与过《环境保护法》《水污染防治法》《大气污染防治法》等多部法律起草、调研和论证的环境法专家，吕忠梅表示，随着《长江保护法》驶入制定的"快车道"，"如何为长江真正立好一部良法"成为她当下思考研究的重点。

"长江立法不同于传统立法"

"长江流域多种利益交织，法律关系复杂。"吕忠梅向记者解释，"如果从'水'的角度看长江，涉及水生态、水岸、水路、水系、水质等一系列概念，还有通常讲的生活水、生产水、生态水；从流域角度看，涉及上下游、

---

* 本文原载于《中国水利报》2019 年 3 月 12 日，记者肖隆平，原标题为《全国政协委员吕忠梅：为长江立好一部良法》。

左右岸；若从经济社会发展的角度看，则涉及地区、行业、部门。"

吕忠梅认为，为长江专门立法可以梳理与平衡长江流域经济社会发展中的多种功能及依附在上面的多元利益关系，同时这种复杂性也为长江立法带来了不同以往的挑战。因此，首要任务就是理顺系统中的各种关系并进行理性化、制度化安排，为此必须处理好三方面关系：一是开发、利用与保护的关系，不能就保护谈保护；二是区域与流域之间的关系，不能将流域与区域简单割裂；三是新旧制度之间的关系，要把握好制度传承与创新的度。

更为重要的是，长江经济带建设依托于长江的水资源，长江立法是以长江"水"为核心的立法，"水"以及与"水"相关的人的行为是立法研究对象。在吕忠梅看来，这意味着在立法空间上，《长江保护法》要以流域法的形式出现；在立法思路上，法律要解决的是流域层次的问题。

"我们还从来没有过流域这个层次的立法，也没有任何一个国家的流域立法可以完整地为我们所借鉴。"吕忠梅表示，与传统立法相比，这正是长江立法的困难之一。

"立法不易，立'良法'更重要"

吕忠梅提出，让已经启动制定的《长江保护法》成为一部"良法"，必须首先解决流域法的基础理论问题，回答好流域法和传统法之间的关系。要把"事理"转换成"法理"，把"理论"转化为"实践"，把"保护优先"理念变成合理的制度安排，切实保障长江经济带的生态安全和可持续发展。

如何真正将绿色发展贯彻到《长江保护法》中？吕忠梅的观点是："长江流域要'大保护'，不要'小保护'，不能等到问题出现了再来谈保护。"

她解释道，所谓贯彻"大保护"概念，就是在长江保护中摒弃末端治理，实行源头治理，把开发利用活动所造成影响的内容纳入立法考虑，通过做好风险预防，将问题扼杀在源头。

除此之外，吕忠梅认为要为长江立良法，其中尤为困难的部分在于流域治理的事权划分。"'共抓大保护，不搞大开发'，长江的事，很多时候难就难在这个'共'字。"为此她建议，应当在立法中确定中央事权和地方事权的划分原则，对各部门事权的界定标准、社会组织事权的配置方法等提出明确的法律依据，并通过提案呼吁勇于突破利益固化藩篱，破除体制机制障碍，以整体性思维制定综合性的《长江保护法》。

"当前，各方面高度关注《长江保护法》的制定。"吕忠梅透露，她本人带领的研究团队、水利部长江水利委员会以及生态环境部环境规划院王金南院士的研究团队已经完成了草案建议稿。她也期待，立法过程能更好地吸纳集中大家的智慧，从而制定出一部良法，为长江经济带绿色发展筑牢坚实的法律根基。

为民法典注入"绿色基因"*

5 月 22 日，民法典（草案）提请十三届全国人大三次会议审议。

形成一部具有中国特色、体现时代特点、反映人民意愿的民法典，是我国民法典编纂工作追求的目标。

"民法典（草案）最具有时代特色的内容是什么？我认为，是对绿色发展理念的体现。"全国政协常委、全国政协社会和法制委员会驻会副主任吕忠梅在接受《法制日报》记者采访时说。

纵观世界各国民法典，我国的民法典（草案）中第一次确立"绿色原则"，第一次系统规定"绿色义务"，第一次专门衔接"绿色诉讼"，吕忠梅说，民法典（草案）具有"生态世纪"的鲜明烙印，彰显中国特色的生态文明建设。

"绿色原则"回应时代要求

民法典（草案）总则编第 1 章第 9 条规定，民事主体从事民事活动，应当有利于节约资源、保护生态环境。

---

* 本文原载于《法制日报》2020 年 5 月 25 日，记者蒲晓磊，原标题为《吕忠梅委员："绿色印迹"彰显民法典中国特色》。

这个已为人们所熟知的"绿色原则"，得来实属不易。

编纂民法总则时，为贯彻落实习近平生态文明思想，体现"绿水青山就是金山银山"等绿色发展理念，在民法典中注入"绿色基因"，担任中国法学会环境资源法学研究会会长的吕忠梅，邀请多所高校的环境法学者组建民法典绿色化研究课题组，对民法典编纂过程中如何回应环境保护问题进行研究。

2016年6月，初次提交全国人大常委会审议的民法总则（草案）中明确规定了"绿色原则"。

但这条规定却引起不小的争议。有观点认为，不应该将环境保护内容纳入民法典。也有观点认为，环境保护虽然很重要，但不是所有的民事行为都应该遵守，因此，不能成为基本原则。

在各方面分歧巨大的情况下，草案二审稿删掉了"绿色原则"。

这一改动，同样引起巨大争议。部分专家学者认为，"绿色原则"是中国民法典体现生态文明时代特色的最重要内容，删除此条会使整个法典"黯然失色"。

在各方面强烈呼吁下，民法总则（草案）三审稿中加入了环境保护的要求，但不再是"基本原则"。对于这一改动，时任十二届全国人大代表的吕忠梅并不赞成。

"中国是世界上首个将生态文明建设纳入执政兴国战略的国家，民法典理应对时代要求作出回应。我们和一些民法学者反复沟通，向全国人大提交议案，向民法典编纂工作组、全国人大常委会法工委提交多份论证报告，呼吁在民法总则中规定'绿色原则'。"吕忠梅说，最终，在十二届全国人大五次会议审议通过的民法总则中，"绿色原则"得以确立。

确立民事活动"绿色义务"

民法总则通过后，各分编的编纂工作紧锣密鼓地进行。

"如何在各分编中贯彻落实'绿色原则',在物权编、合同编、侵权责任编、人格权编中规定相应的义务规范,成为我们思考的问题。"吕忠梅说。

从 2017 年开始,吕忠梅带领课题组成员继续对"绿色原则"在民法典分编中的贯彻进行研究,三年多来,不断对各分编如何规定"绿色义务"提出建议。

吕忠梅说,此次提请审议的民法典(草案)中,总则编中的"绿色原则"作为普遍性的"绿色约束",加上相关分编 17 条有关"绿色义务"的明确规定,形成民法典(草案)中的"绿色条款体系"。

在物权编草案中,体现了对物权的"绿色限制",有利于财产利用活动与环境保护目标的协调。比如,草案第 325 条规定自然资源有偿使用制度,第 326 条明确了用益物权人合理开发利用资源的义务,第 346 条明确设立建设用地使用权应当符合节约资源、保护生态环境的要求,这些都是在明确自然资源权属制度基础上,对自然资源开发利用行为中生态环境保护义务的直接规定。

在合同编(草案)中,规定了合同履行的"绿色约束",有助于民事交易活动的绿色化转向,为防止以意思自治为由污染和破坏环境提供了民法依据。草案第 509 条第 3 款规定,当事人在履行合同过程中,应当避免浪费资源、污染环境和破坏生态。同时,在第 558 条中规定了旧物回收义务。

在侵权责任编(草案)中,完善了环境污染和生态破坏责任制度,有助于环境侵权和生态环境损害责任全面追究。侵权责任编(草案)第七章全面规定了环境污染和生态破坏责任,一方面,明确了污染环境和破坏生态都属于环境侵权的具体类型,扩大了环境侵权责任的范围;另一方面,明确了承担生态环境损害赔偿责任的方式和内容。

吕忠梅认为,民法典(草案)的这些规定与"绿色原则"相互配合,为民事活动确立了"绿色义务"规范,为社会生产和消费行为的绿色转型、建设生态文明提供了基本制度支撑。"其意义不仅在于扩大了绿色法律制度的领域、促进环境治理体系的健全和完善,也在于为民事活动提供了约束、为从源头上控制污染和破坏环境的活动提供了民法依据。"吕忠梅说。

首次系统衔接"绿色诉讼"

1979 年，我国颁布第一部《环境保护法》，1986 年颁布《民法通则》。

"这种先有环境立法，后有民事立法的现实，导致各种环境立法、资源立法中的民事法律规范缺乏协同性，一些制度明显与物权法、合同法、侵权责任法有矛盾甚至冲突，导致适用困难。尤其是生态利益保护，更缺乏法律依据。"吕忠梅说。

党的十八大以来，在推进生态文明体制改革过程中，我国先后修改了《环境保护法》《民事诉讼法》《行政诉讼法》《人民法院组织法》《人民检察院组织法》等法律，印发了《生态文明体制改革总体方案》，逐步建立了环境公益诉讼制度、生态环境损害赔偿诉讼制度。但在司法实践中，环境民事公益诉讼、生态环境损害赔偿诉讼的实体法依据相对缺乏，法律责任承担方式也没有明确。

对于这些问题，民法典（草案）都作出了回应。

民法典（草案）第 1232 条规定了污染和破坏环境的惩罚性赔偿制度，第 1234 条、第 1235 条规定了生态环境损害赔偿请求权和生态修复责任承担方式，为环境民事公益诉讼、生态环境损害赔偿诉讼提供了请求权基础，有效衔接了民法典与生态环境保护的相关法律制度。

吕忠梅指出，这些规定解决了因先有环境立法后有民事立法、有司法实践无法律依据所带来的三个问题，即扩大了环境侵权原因行为的范围，弥补了原侵权责任法只规定环境污染侵权责任没有规定生态破坏侵权责任的缺陷；明确了生态修复责任以及生态环境损害赔偿的范围，填补了生态环境破坏无具体法律责任承担方式的漏洞，让司法实践中判决生态环境修复不用再借道"恢复原状"；规定生态环境损害赔偿请求权，解决了环境公益诉讼和生态环境损害赔偿诉讼缺乏实体法依据的问题。

吕忠梅认为，民法典作为我国社会主义法律体系的支柱性法律，对于"绿色条款"的系统性规定，为贯彻落实《关于构建现代环境治理体系的指导意见》提出的，到 2025 年形成导向清晰、决策科学、执行有力、激励有效、多元参与、良性互动的环境治理体系，提供了良好的法律基础。

保障公共健康需"打包修法"[*]

突如其来的新冠肺炎疫情，给曾在湖北工作的她，留下怎样的特殊记忆？疫情期间出台禁食"野生动物"规定有何深意？

春节期间，工厂停工、工人返乡，为何再现重污染天气？去年全国 11 万人涉环境资源犯罪被判刑，惊人的数字背后，对哪些环境非法行为已敲响警钟？

围绕上述话题，红星新闻记者专访了全国政协常委、全国政协社会和法制委员会驻会副主任吕忠梅。

谈野保法：人与野生动物要保持合理生态区间

记者：疫情期间，全国人大常委会及时出台"决定"，宣布禁止"吃野味"。这个规定有何深意？

吕忠梅：禁食野生动物的"决定"，是在传递一个信号，从目前的数据研究来看，现代流行的一些大型传染病，如埃博拉病毒、中东呼吸综合征、SARS 病毒等，可能从科学上还没找到源头。但有一个基本判断，人必须与

---

* 本文原载于红星新闻网 2020 年 5 月 26 日，记者赵倩、高鑫，原标题为《专访全国政协委员吕忠梅：为保障公共健康，应该"打包修法"》，有删减。

野生动物保持距离，很多病毒的原始宿主都在动物身上。

我们目前对于一些病毒只能防范，缺乏有效的治疗手段。呼吁大家与野生动物保持适当距离，才能将人类感染病毒的风险降到最低。

野生动物跟人的密切接触无非两种：人们越来越多地开发利用自然资源，挤占了野生动物的生存空间，导致野生动物和人的距离越来越近；人们驯养野生动物，把野生动物作为食物。人类驯养野生动物已有上千年历史，今天的很多家禽、家畜都是从野生动物驯化而来。到现在为止，我们认为驯养一些已经非常成熟的动物还可能给人们带来防不胜防的风险，如禽流感、猪瘟等。

实际上，一些人畜共患的疾病，对人体健康仍是巨大的威胁。如若将那些完全生活在野外、对其所带病毒根本不了解的动物轻易拿来食用，风险真的非常大。

现在大家知道，疫情来了要彼此保持安全的社交距离。实际上，人和野生动物也要各自保持在一个合理的生态区间。

谈立法：为保障公共健康，需要"打包修法"

记者：除上述"决定"，相关的立法、修法工作也在紧锣密鼓地推进，如《生物安全法》《野生动物保护法》。对于这两项立法修法工作，您有什么建议？

吕忠梅：生物安全法是一个新制定的法律，现在人大常委会已经进行了二审。我关注的重点是，从生物安全的角度来看野生动物保护，或者说，从野生动物保护的角度加强生物安全立法。

我们一般说，生物安全主要有三个层次：生物的个体安全；物种的种群安全；生态的安全。这三个层次的安全实际上是联系在一起的。物种要在一定的生态环境中生存，如果将其栖息地、生存环境破坏了，这个物种就面临灭绝危险。生物安全法要保护的是整个物种、基因的安全。

《野生动物保护法》颁布已经很长时间了，虽然经历了两次较大修改，但仍然存在一些问题。首先，保护的范围过窄，立法保护的是特定动物，而不是所有野生动物。

其次，这部法律更多地强调利用野生动物资源，有人甚至诟病这是一部为利用野生动物而制定的法律，保护色彩不足，利用倾向明显。

再次，管理体制多元，多头管理严重。对陆生保护动物的管理在林业和农业部门；对水生保护动物的管理，淡水动物在农业部门，海洋动物在海洋管理部门。多头管理导致各自颁布的野生动物保护目录、管理措施等存在冲突。

最后，法律责任比较轻，违法的成本比较低。

针对上述问题，我们专门组成了一个研究团队。在《生物安全法》《野生动物保护法》的立法修法研究中，我们发现，还涉及《动物检疫法》《卫生防疫法》等一系列法律的修改问题。为保障公共健康，应该系统地修订相关法律，进行"打包修法"。

讲环保：环保执法和监督须常态化

记者：今年全国"两会"，您比较关注哪些话题？

吕忠梅：我关注的话题永远围绕环保。今年的一个提案是有关绿色GDP核算体系的。要改变过去的GDP只算经济投入，不算资源消耗、环保支出的做法。生态文明体制改革方案中，既提出了机构改革任务即成立自然资源部、生态环境部，也包括建立绿色GDP核算体系。但目前，对于如何建立这样一种新的核算体系，各方面还有不同意见，我们经过研究后提出了建议，希望能够把绿色GDP核算体系真正落地，让生态环境审计制度、生态环境损害追责制度能够运行起来。

另一个是关于持续推进大气污染防治方面的。今年春节期间，北京出现了几次污染天气，大家都在问，为什么工厂没开工、居民因疫情隔离也没有出门，污染还是这么严重？其实，今年春节期间的大气污染，成因依然是自然和人为因素交织而形成，这里面暴露出环境治理的短板。需要我们认真研究如何实现环保执法、环保监督工作常态化，研究从单纯管企业到帮企业，实现绿色生产、清洁生产，才能真正从源头上解决大气污染防治问题。

记者：去年"两会"您接受我们专访时说到，有人对"史上最严"环保执法还不敏感。果不其然，最高法日前通报，2019 年全国 11 万多人因涉环境资源犯罪被判刑。这个数字背后，有哪些突出的环境违法问题值得关注和推动解决？

吕忠梅：这个数据是最高法今年发布的《中国环境资源审判》白皮书中披露的，我们做的《中国环境资源发展报告》绿皮书也发现有同样的问题。根据我们的观察，环境资源犯罪的数量增加与几个方面的因素有关：一是法律规定的入罪门槛进一步降低；二是司法力度在加大。去年一个突出的现象是检察公益诉讼全面推开，法律授权检察机关对在履行职务中发现的污染和破坏环境公众利益的行为，可以提起公益诉讼。检察机关提起了大量的刑事附带民事公益诉讼，这也反映出检察机关办理环境刑事案件力度在加大。另外，环保组织、公民个人对环境犯罪行为的举报也大幅增加。

此外，国家第二轮环保督察非常严格，也督促地方加大了生态环境执法力度，使得一些案件进入了刑事程序。从另一面看，刑事案件的数量较大，也说明即便面对如此严厉的《环境保护法》，依然有人敢于铤而走险，也的确说明了环境保护法律意识不足、法治观念淡薄的现实。

谈环境犯罪：更多采取恢复性、补救性责任方式

记者：一些企业污染环境，面临高额修复费用。在创新环境修复、践行恢复性司法理念方面，去年以来，有什么举措值得关注？

吕忠梅：我们看到，一些法院按照恢复性司法理念，对环境保护案件的执行进行了一些探索。比如，增殖放流、异地补种的方式，就是你因砍伐树

木而犯罪，法院可以判决你去种树；你因非法捕捞了水产品或鱼类而获罪，法院判你用养殖鱼苗并放归河流的方法让其逐渐恢复。如果你没有这方面的能力，也可以用劳务来进行代偿，去做护林员。

这是环境犯罪的刑罚配置与传统刑法不一样的地方，我们知道，传统刑法的处罚手段主要是对人身自由的限制，让你坐牢，或者是剥夺你的财产；但在环境刑事案件中，更多的是采取恢复性、补救性方式。

在民事案件方面，环境公益诉讼和生态环境损害赔偿诉讼案件，也主要是采取生态修复、环境治理等责任承担方式。只要生态环境能够修复或者治理，法院一般会判决生态修复或环境治理方式。责任人可以用修复生态环境或者治理环境污染的方式承担法律责任；如果你没有修复或治理能力，那就支付修复或治理资金，由专业机构、专业人员来进行修复或治理。修复或治理方案要经过法院和环保部门共同审定。

记者：长江白鲟 2020 年被宣布灭绝了，这条消息您有关注吗？它给了我们怎样的启示？

吕忠梅：我在长江边长大，对于白鲟有着童年的记忆。白鲟宣布灭绝，我很痛心，这是物种消失的一个缩影。现在，由于人类活动导致物种消失的速度越来越快。对于长江白鲟，我们也采取了一些救助措施，但最终还是没有留住。这说明，我们对动物保护、对地球生态系统的保护，能力非常有限。我们必须对自然保持敬畏之心，知道我们对自己生存的自然界还有太多未知，保护野生动物就是在保护我们自己，只有这样，才能真正实现人与自然和谐共处。

同时，我们也需要加强科学研究，加强对人类行为与环境关系的研究，更多认识自然规律。通过建立尊重自然规律的人的行为规则，为子孙后代留下清洁的空气、清洁的河流，保护生物多样性。因为人类的生存，需要成千上万个物种来支撑，生态系统是一个整体，哪个环节出了问题都会失去平衡。人处在生物金字塔的顶端，一旦食物链断裂，也会掉下来，万劫不复。

下好流域立法"先手棋"*

"《长江保护法》按照立法程序已经提请十三届全国人大常委会第十五次会议初次审议,并面向全社会公开征求意见,很期待下半年能够进入二审并尽快正式出台。"全国政协常委、全国政协社会和法制委员会驻会副主任吕忠梅近日接受采访时告诉记者,"《长江保护法》将是一部全面保护长江流域生态环境的法律。"

作为《长江流域立法研究》国家重大项目课题组首席专家,吕忠梅从1996年起就带领团队着手开展长江流域保护的法律研究。为保护长江立法,一直是她的心愿。

"《长江保护法》一个非常突出的亮点是充分考虑了流域开发利用与保护的关系。"吕忠梅说,长江经济带"生态优先、绿色发展""共抓大保护、不搞大开发"的理念在《长江保护法》中得到了较好的体现。

同时,《长江保护法》作为一部综合法、流域法,突破了传统的立法模式,突出了保护流域生态系统完整性的特征。对此,吕忠梅强调:"在法律草案的完善中,还应更加注意避免与已有通用性法律的重复,将长江流域所特有的一些生态环境保护问题,如长江干支流控制性水库联合调度、省

---

* 本文原载于《中国水利报》2020 年 5 月 27 日,记者蒋雨彤、张佳鑫,原标题为《全国政协常委吕忠梅:下好流域立法"先手棋"》。

界断面水质监测、长江河口生态保护与整治开发、长江源的生态保护等具有长江流域特征的问题充分反映出来，并建立行之有效的长江流域统筹协调体制机制。"

吕忠梅建议，应进一步凝练立法的价值取向，明确立法目的，明晰基本原则，在中央层面建立长江流域特别机构，厘清流域事权、部门事权和区域事权，完善相关制度，建立多元共治的流域保护体制机制。

"要让《长江保护法》成为一部真正落实'生态优先、绿色发展'理念的特别法，推动长江流域治理体系和治理能力现代化，让长江经济带建设形成高质量、可持续的良性循环。"吕忠梅说。

目前，水利部正在着力推进"黄河法"的立法研究论证，吕忠梅表示："《长江保护法》作为我国首部流域法具有开创性意义，希望通过立法实践的探索总结，为今后其他流域立法工作积累经验，下好流域立法'先手棋'。"

"绿色民法典"护航美丽中国 *

2020 年 5 月 21 日，全国政协十三届三次会议在京开幕，来自 34 个界别的 2000 多名全国政协委员齐聚北京，建诤言、献良策。

"作为一名委员，很重要的履职方式是提出提案，今年'两会'上，我主要提了两个提案。"日前，全国政协常委、全国政协社会和法制委员会驻会副主任、中国法学会副会长吕忠梅接受人民网专访，谈履职、聊提案、解读民法典的"绿色条款体系"，并回应了一系列备受关注的环境立法热点问题。

今年的提案关心"自然资源资产价值核算体系"怎么建

代表各界群众参与国是、履行职责，是政协委员的荣誉，也是责任。谈及过去一年的履职工作，吕忠梅用"收获满满"四个字来形容。"作为委员个人履职，我出席了全国政协十三届二次会议以来的各种形式协商会议共 17 次，提交了《关于制定综合性〈长江保护法〉的建议》等两份提案，同时，还提交了 20 多篇社情民意的信息。"

---

* 本文原载于人民网 2020 年 5 月 27 日，记者薄晨棣，原标题为《专访全国政协常委吕忠梅："绿色"民法典为美丽中国保驾护航》。

在环境法领域深耕了 30 余年的吕忠梅，今年"两会"仍然关注生态环境保护问题。"今年'两会'我主要提了两个提案，其中一个是关于自然资源资产价值核算体系怎么建的问题。"吕忠梅表示，2015 年印发的《生态文明体制改革总体方案》中提出，要完善生态文明绩效评价考核和责任追究制度，对领导干部实行自然资源资产离任审计，探索编制自然资源资产负债表。"追责制度、离任审计制度的前提，都是要建立完善的自然资源核算制度，其中最重要的是编制自然资源资产负债表。这项制度怎么建、怎么用、怎么落到实处，其实还有很多问题。因此，今年政协大会我提出的这项提案，建议将自然资源资产价值的核算结果与干部的选拔任用、地方考核有效结合，让这项具有中国特色的生态环境保护制度能够真正落地生效。"

此外，吕忠梅表示，一些与疫情防控相关的建议，均已送至有关部门办理。"例如，我此前就疫情防控期间如何防止医疗废弃物、固体垃圾等带来环境污染，甚至可能造成二次灾害等问题，连续提出四项建议，并被及时采纳。"她认为，疫情防控期间，我国没有出现大的环境污染问题，也没有发现会对未来产生严重环境污染等后期持续性影响的状况，"说明疫情防控期间的环境保护工作、相关法律法规的执行情况非常不错"。

"绿色民法典"的三大亮点

审议民法典（草案），是十三届全国人大三次会议的一项重要议程，也是此次"两会"备受关注的热点之一。吕忠梅介绍，民法典编纂的过程中，对如何回应生态环境保护问题，讨论热度高、难度大。"民法典是一部规定公民个人权利的法律，但环境保护在很大程度上是要对公民的个人自由进行限制。"吕忠梅评价，我国的民法典可以称为一部真正的"绿色"民法典："我国民法典（草案）共 1260 条，目前有 18 条直接与生态环境保护有关，这在世界上是独一无二的。"

吕忠梅认为，民法典（草案）的"绿色"亮点可以从三方面体现。

一是民法总则第9条规定了"绿色原则",即民事主体从事民事活动,应当有利于节约资源、保护生态环境。"民法总则从总体上对所有民事活动要遵守的环保义务作了一个总括性的规定,为后面各分编围绕绿色原则加以贯彻提供了基础。"

二是民法典(草案)三个分编分别对于"绿色"制度作出了规定。"例如物权编中,对于用益物权、建设用地使用权,都明确规定了保护生态环境的义务。合同编中,有专门的条款规定合同的履行不得破坏和污染环境。"

三是侵权责任编中,用专门章节对污染环境和破坏生态的侵权责任作出规定。同时,对环境公益诉讼制度和生态环境损害赔偿制度,规定了实体法上的请求权。吕忠梅介绍,《环境保护法》《民事诉讼法》《行政诉讼法》对公益诉讼制度作了一些程序性的规定,但在实体法上,生态环境损害赔偿一直缺乏依据。"民法典(草案)中,关于生态修复请求权的相关规定,为民法典和《环境保护法》制度间的相互衔接留下了接口,让二者能够有机配合,进行环境共治。"

用法治思维平衡"发展"与"保护"

保护生态环境必须依靠制度、依靠法治。如何在法治理念下,平衡好经济发展与生态环境保护之间的关系?吕忠梅认为,处理好二者的关系,需要建立一系列规则。"要明白发展是权利,保护环境或在良好环境中生存也是权利,我们要在这两种权利之间达到一种平衡,而不能以牺牲一种权利的方式去维护另一种权利。"

"过去我们认为,只要发展经济,就一定要牺牲环境,发展好了、有钱了再治理,这是一种错误的认识。"吕忠梅表示,发展的目的是让生活更美好,如果发展是以破坏环境为代价,这种发展是没有意义的。"生态环境保护好,可以给我们带来更好的发展机会。"

吕忠梅介绍,《环境保护法》第4条规定,保护环境是国家的基本国策。国家采取有利于节约和循环利用资源、保护和改善环境、促进人与自然和谐的经济、技术政策和措施，使经济社会发展与环境保护相协调。"要辩证地看待环境保护与经济发展的关系。我们要环保督察、环境执法，但不能'一刀切'；我们要发展经济，但不要'带毒'的 GDP。贯彻绿色发展的理念，才是正确的发展方向。"

为生态环境保护定规则，环境立法体系建设是关键。我国环境保护立法现状如何？"中国的环境立法，一方面是与世界同步，另外一方面，也与改革开放同步。"吕忠梅介绍了我国环境立法体系的中国特色："《环境保护法》中的一些制度，例如'三同时制度''环保督察制度'等，在世界上都是独一无二的。"吕忠梅说，"从某种程度上看，中国在高速发展的过程中，能够做到环境污染不会对经济社会的整体发展带来颠覆性的影响，这个法律体系发挥了巨大作用。"

长江流域统筹协调机制仍需完善 *

在刚刚闭幕的十三届全国人大三次会议上，栗战书委员长在常委会工作报告中关于今后一个阶段的主要任务部分说，将加强重要领域立法。围绕推动高质量发展，制定《长江保护法》。

2018 年，十三届全国人大常委会将《长江保护法》列入一类立法计划，并启动了立法工作。按照立法程序，《长江保护法（草案）》（以下简称"草案"）已提请十三届全国人大常委会第十五次会议初次审议，并面向全社会公开征求意见。吕忠梅作为中国法学会副会长、中国法学会环境资源法学研究会会长，主持召开草案立法专家咨询会，向全国人大常委会法工委提交了相关意见建议。

"在一定意义上，长江保护法能否成功的重要标志是在流域管理体制机制上是否有重大突破。"5 月 28 日，吕忠梅在接受澎湃新闻专访时指出，流域机构设置和流域统筹协调机制，是各国流域立法中必不可少、最为重要的核心制度，也是公认的解决"长江病"的关键钥匙。目前"草案"规定的"长江流域统筹协调机制"，不仅内涵模糊、法律性质不清，而且流域和区域、部门管理的职能边界不明，事权划

---

* 本文原载于澎湃新闻 2020 年 5 月 29 日，记者刁凡超，原标题为《专访吕忠梅：确立流域统筹协调机制是解决"长江病"关键钥匙》，有删减。

分不清，可行性堪忧。

对此，她建议"草案"在下一步修改过程中应聚焦长江流域的特殊性问题，对"长江流域统筹协调机制"等重大关键制度给予有针对性的制度供给和方案设计，并将管理体制的设计落实到各章节的具体制度中去。

《长江保护法》跳出了单一水事立法的窠臼

《长江保护法》是我国首次以国家法律的形式为特定的流域立法。公开征求意见的草案共设9章，涉及污染防治、资源保护、生态修复、绿色发展等多个领域。

吕忠梅在接受澎湃新闻采访时指出，草案在篇章安排上较好地体现了其综合法、流域法、特别法的基本定位，考虑到长江流域资源保护与开发利用的关键环节控制，并在制度设计上体现了"山水林田湖草系统治理"的生态系统观，跳出了单一水事立法的窠臼，这为制定出一部让党中央放心、让人民群众满意的《长江保护法》，打下了良好的基础。

但面临"保护长江全流域生态系统，推进长江经济带绿色发展、高质量发展"这一极为艰巨的立法目标，吕忠梅认为，草案的篇章结构也还存在缺乏明确的立法主线、综合法的逻辑支撑不足、调整对象过于泛化、流域法和特别法的特征还不明显等问题，需要进一步完善。

"流域机构设置和流域统筹协调机制，是各国流域立法中必不可少、最为重要的核心制度，也是公认的解决'长江病'的关键钥匙。"吕忠梅说，草案规定的"长江流域统筹协调机制"，不仅内涵模糊、法律性质不清，而且流域和区域、部门管理的职能边界不明，事权划分不清，可行性堪忧。而出现这些问题的根本原因在于立法定位不明、调整对象不清。

对此，她建议草案在下一步修改过程中应聚焦长江流域的特殊性问题，对"长江流域统筹协调机制"等重大关键制度给予有针对性的制度供给和方案设计，并将管理体制的设计落实到各章节的具体制度中去。

长江立法应着力于调整长江流域的特殊性问题而非"面面俱到"

吕忠梅向澎湃新闻表示，在立法定位上，《长江保护法》应该是实现长江流域绿色发展的"永续法"而非"临时法"，调整对象应着力于解决长江流域的特殊性问题而非"面面俱到"。

"长江全流域所涉及的问题复杂且繁多，如果将全部的问题均集中于本法解决，既不可能又不必要。作为流域法和特别法，本法应有所为有所不为，将调整对象定位于长江的流域性问题——长江流域的特殊性问题。"吕忠梅说。

为此，吕忠梅建议：首先，应梳理长江的流域性问题，即在较长时空范围内可能对长江流域造成重大影响的行为，予以类型化，明确何为流域性问题，它与长江流域的全国性问题和地区性问题区别何在？长江的流域性问题有哪些类型，突出问题是什么？

其次，对于长江流域内的特殊区域和特殊事项，法律要有所安排，至少作出原则性规定，确立代表性地区和代表性问题的选择标准。进而明晰《长江保护法》在法律体系中的地位，处理好该法作为中观层面流域立法，与宏观层面的国家立法以及微观层面的地方立法之间的关系。

另外，吕忠梅认为，《长江保护法》应该是流域管理法而非政策法，管理法应当重点关注管理的主体、原则和行为方式三大要素，对于"长江流域统筹协调机制"等重大关键制度，予以有针对性的制度供给和方案设计。

认真研究设置专门流域机构相关问题

长江生态系统的安全和人民生命健康的安全，是实现长江流域绿色发展的前提。

谈到对草案的具体修改意见，吕忠梅建议，将立法目的修改为："为保护长江流域生态系统，保障流域水安全和公众健康，合理开发利用长江流域资源，推进长江经济带绿色发展、高质量发展，制定本法。"

将基本原则修改为："在长江流域从事各类活动，应当坚持生态优先、保护为主、综合决策、系统治理、多元共治的原则。"通过确立"生态优先"等原则，倒逼产业转型升级，实现高质量发展；以法律的形式为长江的开发、利用活动设限，最终实现长江保护的目标。

建立科学的流域管理体制，是《长江保护法》制定中无法回避的重点、难点问题。在一定意义上，《长江保护法》能否成功的重要标志是在流域管理体制机制上是否有重大突破。

吕忠梅建议，草案在进一步修改过程中应认真研究设置专门流域机构及由法律特别授权问题。一是在法律上明确流域机构的性质定位，按照事权性质和内容配置中央事权，依法赋予流域事务管理具体职责；同时，明确流域机构的"协调"内涵，强调协调的对象是国务院有关部门、长江流域省级人民政府，内容是研究解决长江保护与发展的重大问题、重大事项，且流域机构拥有一定的决策权。二是明确相关部门管理和区域管理权限，区分"流域事权""部门事权""区域事权"并理顺相互关系。三是将管理体制的设计落实到各章节的具体制度中去。

"绿色原则" 走进了人民生活 *

　　66 年的等待，四度搁浅，《中华人民共和国民法典》（以下简称"民法典"）曲折的编纂历史又增加了新的一笔。2020 年初，一场突如其来的新冠肺炎疫情，推迟了全国"两会"的召开，也推迟了民法典的审议。5 月 28 日下午 3 时许，激动人心的时刻到来了。十三届全国人大三次会议表决通过了民法典，将于 2021 年 1 月 1 日起施行。这是新中国历史上第一部以"法典"命名的法律，民法典在哪些方面体现了绿色原则的理念？《中国环境报》第一时间专访了全国政协常委、社会和法制委员会驻会副主任吕忠梅。

"今天，民法典得以通过，我是既骄傲又欣慰"

　　记者：如果从 1954 年新中国第一次起草民法典算起，到今天通过，民法学者已经等待了 66 年。而作为后起的环境法学者，您现在是什么心情？

　　吕忠梅：编纂中国民法典，不仅仅是民法学者的期待，也是所有法律人的梦想。我上大学的时候，正好赶上第三次民法典制定，主持这项工作的时

---

* 本文原载于《中国环境》2020 年 6 月，记者王玮，原标题为《吕忠梅："半个"民法人的民法典"绿色化"情怀》。

任全国人大法制委陶希晋副主任，专门到北京大学法律系为我们作了"中国为什么要制定民法典"的讲座，让我对中国制定自己的民法典充满期待。读书期间，北大的民法老师也参与了民法典的制定工作，我们作为助手，帮助老师誊写稿子，对老师们为民法典而努力的精神印象深刻。

大家都知道我研究的领域是环境法，但很少有人知道我的博士学位是民商法专业，也可以说是半个民法人。我的导师余能斌教授，1962年刚到中国社科院法学所工作，就参与了民法典的制定工作。后来的历次民法典制定，余老师也都有参与。我的博士论文题目是《公民环境权的民法保护》，也是在此期间，我在余老师指导下，开始研究民法的"绿色化"问题。这才有了后来的"绿色原则"的提出以及对贯彻"绿色原则"的系列构想。

21世纪初，中国启动第四次民法典制定工作时，我工作的中南政法学院也是民法典制定的参加单位，我作为课题组成员参与了部分工作。我记得，当时我们拿出的稿子就叫"绿色民法典"。

其实，像我这样虽然没有直接从事民法研究但参与民法典编纂相关工作，或者关心民法典编纂的法律人还有很多。这次的民法典编纂工作启动后，中国法学会组织过多次讨论，邀请过法学所有学科的学者参与研讨，不同学科的学者都在为编纂一部体现时代特征、具有中国特色的民法典贡献智慧和力量。

今天，民法典得以通过，我是既骄傲又欣慰。骄傲的是一代又一代的民法人不懈努力，为世界贡献了一部有中国特色、中国气派的民法典；欣慰的是自己作为法律人，对民法典编纂所提出的一些意见和建议得到了采纳。

记者：2017年3月，在您和一些学者的共同努力下，绿色原则被历史性地写入民法典总则，请问民法典在哪些条款中体现了这一理念？

吕忠梅：2015年，民法典编纂工作启动之初，我邀请全国多所高校的环境法学者组建了"民法典绿色化研究"课题组，开始专门研究民法典编纂过程中如何回应环境保护问题。

在民法典总则编纂阶段，我们向全国人大常委会法工委提出在民法典总则中规定"绿色原则"的建议，并在各种有关民法典总则的征求意见会上积极呼吁。经过努力，民法典总则第9条规定"民事主体从事民事活动，应当有利于节约资源、保护生态环境"，也就是今天大家都熟知的"绿色原则"。

民法典总则通过后，课题组成员继续对"绿色原则"在民法典分编中的贯彻进行研究并形成《关于在民法典分编中贯彻"绿色原则"的建议》的专题报告，报送全国人大常委会。民法典各分编在面向全国征求意见过程中，课题组成员多次参加全国人大常委会法工委和中国法学会共同召开的征求意见会，提供专业意见。

刚刚通过的民法典，直接涉及环境资源保护的条款达18条之多，对于"绿色原则"的贯彻，主要体现在三个方面：

一是在物权编中体现了对物权进行绿色限制的思路，有利于财产利用活动与环境保护目标的协调。比如，第325条规定自然资源有偿使用制度，第326条明确了用益物权人合理开发利用资源的义务，第346条明确设立建设用地使用权应当符合绿色原则即节约资源、保护生态环境的要求，这些都是在明确自然资源权属制度基础上，对自然资源开发利用行为的生态环境保护义务的直接规定。

与此同时，第274条有关小区绿地共有的规定，第286条对"任意弃置垃圾、排放污染物或者噪声、违反规定饲养动物"的物权救济，以及相邻关系条款，对环境权益的确认和保障方面作出了安排。

二是在合同编中，规定了对合同履行的绿色约束，有助于民事交易活动的绿色化转向，对于防止以"意思自治"为由污染环境和破坏生态提供了民法依据。比如，第509条第3款规定"当事人在履行合同过程中，应当避免浪费资源、污染环境和破坏生态"。

三是在侵权责任编中完善了环境污染和生态破坏责任制度规定，有助于环境侵权和生态环境损害责任全面追究。侵权责任编第七章以7个条文全面规定了环境污染和生态破坏责任，一方面，明确将污染环境和破坏生态都作为环境侵权的具体类型，扩大了环境侵权责任的范围；另一方面，明确了承担生态环境损害赔偿责任的方式和内容。

物权、合同和侵权责任是民法中体现环境保护要求的主要制度；此外，在人格权编中，有关一般人格权益、生命权、健康权的相关规定，也为公民个人因环境污染和破坏所可能导致的生命健康损害提供了民法保护依据。

民法典的这些规定与第9条的原则规定相互配合，让"绿色原则"走进了人民生活，为民事活动确立了"绿色"规范，为社会生产和消费行为的绿色转型、建设生态文明提供了基本制度支撑，其意义不仅在于扩大了绿色法律制度的领域、促进环境治理体系的健全和完善，也在于为民事活动提供内在的约束，为直接从源头上控制污染等活动提供了民法依据。

要从源头控制污染和破坏，就必须对不动产权利人进行"绿色约束"

记者：有一种说法，民法典的"绿色化"最主要的体现可能就在物权编。为什么？

吕忠梅：我们常说"没有对所有权的限制，就没有环境保护"，就是这个意思。环境污染和生态破坏主要产生在对自然资源的开发利用过程中，要从源头上控制环境污染和生态破坏，就必须对不动产权利人对自然资源的开发利用行为予以"绿色约束"。

在中国，环境资源问题已经成为制约经济社会发展的瓶颈问题。突出表现为自然资源所有权、使用权制度不完善，以土地为核心的资源的归属关系、利用关系、流转关系和管理关系不清，生态环境保护的理念没有贯彻到资源开发利用过程之中。

因此，中共中央通过的《生态文明体制改革总体方案》明确提出以自然资源权属和监管体制改革为突破口，推进生态文明体制改革。与此同时，党的十九大报告作出的全面部署，需要民法典为自然资源权属和监管体制改革奠定基础；也需要民法典为"推进绿色发展，加快建立绿色生产和消费的法律制度和政策导向，建立健全绿色低碳循环发展的经济体系"作出相应安排。

这些安排，主要体现在物权编中。民法典确认并扩展宪法有关国有资源的范围，把重要环境要素纳入国有资源范畴，为从全民利益、公众需要角度分配、管理和保护这些重要资源奠定权属根基。

第325条规定自然资源"有偿使用"原则，为体现资源价值、保证利用效率、实现惠益共享提供机制保障，对于避免自然资源开发利用的浪费、内化环境保护的成本具有根本性作用。第326条和第346条把遵守环保要求和用途管制作为合法行使益物权、设立建设用地使用权的边界范围和前提条件，反映了对物权使用施加环境保护限制的要求，确立了土地利用中的环境保护导向。

避免"浪费资源、污染环境和破坏生态"是合同正当履行的基本义务

记者：您曾在不同场合谈到法院在审理矿业权等合同纠纷案件中，要注意有没有污染环境、破坏生态的行为。民法典中规定了合同履行必须承担"绿色义务"，您怎么评价这一规定的现实意义？

吕忠梅：在传统民法中，"契约自由"是基本原则。在这个原则下，合同的本质是"意思自治"，签订什么样的合同、如何履行合同，都是当事人的"自由"，任何人不得干涉。从环境法的角度看，这种"意思自治"是可能会带来环境污染和生态破坏问题的。

你刚才提到的矿业权合同纠纷所涉及的相关问题就非常典型，根据我国法律规定，矿业权本身是财产权、用益物权，同时也具有行政许可特性，兼具公权和私权双重属性，是公法和私法共同规范的领域。矿业权人在行使权利的过程中也负有安全生产、水土保持、土地复垦、环境保护等公法上的义务，不同于一般民事物权，矿业权的设立、流转、行使、消灭等方面均具有一定的特殊性。

因此，矿业权合同双方当事人如果只考虑交易是否能够获得经济利益，或者能够获得多大的经济利益，不将开采矿产资源可能导致的生态破坏纳入考量范围，这种"意思自治"就可能成为污染和破坏环境的"保护伞"。

为此，最高人民法院出台的《关于审理矿业权纠纷案件适用法律若干问题的解释》第18条规定："当事人约定在自然保护区、风景名胜区、重点生态功能区、生态环境敏感区和脆弱区等区域内勘查开采矿产资源，违反法律、行政法规的强制性规定或者损害环境公共利益的，人民法院应依法认定合同无效。"

民法典第509条第3款把"避免浪费资源、污染环境和破坏生态"作为合同正当履行所需承担的基本义务，抓住合同履行这个交易活动的关键环节，要求所有合同的履行都必须承担"绿色义务"，不仅体现了对交易制度的绿色导向，也可以在一定程度上"倒逼"在合同订立过程中将"绿色义务"纳入要约和承诺的考虑，有助于"加快形成节约资源和保护环境的"生产方式和生活方式。

惩罚性赔偿制度等极大加重了恶意违法者应承担的民事责任

记者：您怎么评价侵权责任法在维护民事主体合法环境权益方面起到的历史性作用？对比侵权责任法，民法典侵权责任编不仅增加了损害生态环境的惩罚性赔偿制度，还明确了生态环境损害的修复和赔偿制度。您怎么看这两条被写入民法典？

吕忠梅：2010年施行的侵权责任法首次专章规定"环境污染责任"，明确了无过错责任原则、共同侵权等特殊侵权责任构成及其责任追究方式，对于遏制环境污染、救济受害人发挥了巨大作用，对于中国的环境法律责任制度具有标志性意义。但是，对于环境侵权而言，侵权责任法存在三个方面的问题：

一是只规定环境污染行为的侵权责任，没有将因生态破坏造成的侵权纳入无过错责任范畴；二是责任承担方式中没有生态修复，司法实践中不得不借道"恢复原状"；三是环境侵权行为可能造成大规模人群健康受害或不可逆转的生态破坏等严重后果，一般侵权法意义上的"填补责任"不足以对污染环境和破坏生态的行为给予威慑。

为此，在民法典编纂过程中，我们提出将生态破坏行为纳入环境侵权责任范围、建立惩罚性赔偿制度和建立公共利益保护的"公法性质、私法操作"的请求权机制的建议。

对比侵权责任法，民法典侵权责任编第 1232 条规定了污染环境和破坏生态的惩罚性赔偿制度，第 1234 条、第 1235 条规定了生态修复责任和赔偿请求权。这些规定是民法典与环境法的有效"接口"，解决了三个问题：

一是规定环境侵权责任既包括环境污染行为也包括生态破坏行为，弥补了原《侵权责任法》只规定"环境污染侵权责任"，没有规定生态破坏的侵权责任的缺陷；二是规定生态修复责任以及生态环境损害赔偿的范围，填补了生态环境破坏无法律规定具体法律责任承担方式的漏洞，让司法实践中判决生态环境修复不用再借道"恢复原状"；三是规定生态环境损害修复请求权，有效衔接环境公益诉讼和生态环境损害赔偿诉讼，解决了生态环境损害赔偿诉讼无法律依据的问题。这也是法律上首次对我国的"绿色诉讼"进行系统性规定，为正在进行的生态环境损害赔偿制度改革提供了法律依据。

民法典第 1232 条规定的惩罚性赔偿主要是针对故意污染环境和破坏生态的行为，是恶意违法者应承担的更加不利的法律后果。加上第 1235 条规定的生态环境损害赔偿责任人应承担的多项费用，极大加重了恶意违法者应承担的民事责任，具有提高违法成本的明显导向。

追问：民法典来了，环境法典还远吗？

记者：之前您一直在呼吁编纂环境法典，现在还是这个观点吗？民法典的成功对编纂环境法典有何借鉴意义？

吕忠梅：编纂环境法典是我多年的愿望，相关基础工作也一直在做。2017年，中国法学会环境资源法学研究会启动了"中国环境立法法典化研究"项目，并成立了"外国环境法典翻译出版""中国环境法典基础研究""中国环境法典草案编纂"三个课题组，各课题组的工作都在积极推进。

在外国环境法典翻译方面，我们已经找到了世界上十来个国家的环境法典并按语种组建了翻译小组，现已完成瑞典、法国、意大利、德国、菲律宾、哥伦比亚、白俄罗斯、爱沙尼亚等国环境法典的翻译工作，其中瑞典、法国、意大利的环境法典已经由法律出版社出版；在基础理论研究方面，15个课题按计划于今年完成；在草案编纂方面，正在进行人工智能辅助立法工作，已经完成草案编纂框架结构等工作。

环境法典的研究工作一直以民法典编纂为楷模，我们根据环境法的特征，结合中国环境立法现状，提出了"适度法典化"的环境法典编纂方案。民法典的成功实施，为环境法典编纂提供了良好契机；尤其是民法典"绿色条款系列"要求有体系化、类型化的环境法制度与之衔接，这将在一定程度上形成对环境法典的"倒逼"。

从立法技术上看，民法典至少可以在三个方面为环境法典编纂提供借鉴：一是基础理论研究必须先行；二是可以采取分步骤方式进行；三是将借鉴国外先进经验与弘扬中国法律文化传统有机结合。

习近平总书记高度重视生态文明建设，提出了一系列新理念新思想新战略，为建设中国人民心向往之的美丽中国指明了方向。"美丽中国"作为建成社会主义现代化强国的目标入宪，为环境法典编纂提供了最佳机遇。我相信，只要各方面共同努力，具有中国特色和时代烙印的环境法典一定能够展现于世界。

为长江立法 *

2021 年 3 月 1 日,《中华人民共和国长江保护法》正式实施。3 月 7 日, 作为长江保护法立法的重要推动者, 全国政协社会和法制委员会驻会副主任吕忠梅接受央视《面对面》栏目采访, 与广大观众畅谈这部法律的立法过程。

2021 年 3 月 1 日,《中华人民共和国长江保护法》正式实施。这是我国首部流域法律, 意味着我国进入了依法开展流域治理的新阶段。全国政协常委、社会和法制委员会驻会副主任吕忠梅说,《长江保护法》的正式实施, 让她有三重惊喜:作为一个法律研究者, 自己的学术理想变成了一部法律;作为曾经的全国人大代表, 这部法律的议案人, 履职的过程有了一个结果;作为一个在长江边上长大的孩子, 这部法律也慰藉了她的乡愁。

---

* 本文原载于央视新闻客户端, 为吕忠梅 2021 年 3 月 7 日接受央视《面对面》主持人董倩采访的文字实录。

研究环境法曾被误认为将来要做环卫，长江边长大的孩子要用专业关注母亲河

旁白：1980 年，来自湖北荆州的吕忠梅考入北京大学法律系。受中国环境法学创始人金瑞林教授的影响，从大学三年级开始，环境法成了吕忠梅的研究方向。

当时的社会环境，很多人对环境法并不了解，吕忠梅去图书馆查资料时曾被问道："学环境法，你以后要当环卫工人扫大街吗？"每当这时，吕忠梅都要跟别人解释："我们的任务不是扫大街搞环境卫生，而是要做整个的环境保护。"大学毕业后，吕忠梅被分配到武汉的中南政法学院任教，讲授并研究经济法、环境法。20 世纪末，在和长江水资源保护局领导一起开会时，吕忠梅了解到长江的纳污量已经相当于大半个黄河的径流量，中国三分之一的废水全部排放到了长江。这让她感受到了保护长江母亲河的紧迫性。这个在长江边上长大的孩子，开始运用自己的专业关注这条母亲河。

吕忠梅：光有技术是不够的，必须有一种能协调各种利益关系的规则，大家都按照这样一种规则来做事，才能使我们的环境真正得到保护。这个也是国际环境保护一个非常重要的经验，叫作科技加法律是环保的两只轮子。

尽管早在 1979 年，中国就制定了《环境保护法（试行）》相关法律，但在改革开放、经济快速发展的时代背景下，原有的法律体系并不足以实现一边保护环境、一边发展经济的良好愿望。1998 年，吕忠梅申报了一个长江流域水资源保护研究的课题，开始为这条母亲河的立法做调研工作，从巴山蜀水到荆楚大地，再到江南水乡，都留下了吕忠梅和团队的足迹。

吕忠梅：我们去跟水利部谈，特别希望通过水利部把这部法律推出来。当时水利部的同志就讲，现在为长江流域专门来制定一个条例时机不是太成熟，但是我们正好启动了水法的修改，你们能不能把研究成果放到水法修改里面来。后来我们就把研究成果中的几个非常重要的内容放到了水法里，确立了流域管理和区域管理相结合的体制。

首次当选为全国人大代表，提出制定长江法的议案，被认为"条件尚不成熟"

旁白：2003 年，吕忠梅第一次当选为全国人大代表，制定长江法成为她的议案。因为需要有 30 名代表联合签名吕忠梅的议案才能够成立，吕忠梅跟代表们阐述制定长江法的重要性，最终，她征集到 32 名代表的签名，提交了制定长江法的议案。但是，经全国人大专门委员会审查，吕忠梅为长江立法的议案被认为条件尚不成熟。

吕忠梅：虽然我做了这样的心理准备，但听到条件尚不成熟，我还是非常失望。我就想能不能另辟蹊径，所以我又申报了一个最高人民法院长江流域管辖的课题，想通过诉讼的方式做一些保护的事情。

四提为长江立法建议，"长江没有了，还有长江经济带吗？"

旁白：在对长江的治理中，有一个例子充分说明了全流域视角的重要性。早在 2004 年，江苏省人大常委会就制定了《江苏省长江水污染防治条例》。其中规定，江苏段长江中泓水质不得低于二类。10 年后的 2014 年，江苏省人大常委会在执法检查中发现，江苏段长江水质普遍降为三类。原因之一，是上游来水水质的下降。从某种程度上说，长江成了沿江城市的"下水道"。越来越多的信息表明，长江保护只能是一个全流域的系统工程，制定一部专门的法律是搭建这一工程的出路之一。

从 2003 年开始，吕忠梅连续担任第十届、十一届、十二届全国人大代表，在 15 年履职过程中，她先后四次向全国人大提交了为长江立法的建议，这是一个缓慢而坚持的推动过程。

记者：既然人大的工作人员都已经说了您这个议案可能提得有点早，您为什么不想着放一放？

吕忠梅：长江流域是我们民族生存的根，她不仅仅为我们提供水，实际上她还是我们社会、经济、文化包括政治的依托，如果没有了这样的大流域，我们所有的发展都要归零了。所以我觉得这件事不能停下来，一方面去争取立法条件成熟，另一方面还是要把我们的工作继续往前做。

记者：有没有觉得困难的时候？

吕忠梅：最激烈的一次碰撞就是我代表专家学者去参加人大的立法会议。在那次会议上很多部门都说，以后全中国就剩你们一家了，我们其他部门都可以不要了，你们可以去管这个管那个了。还有认识我的同志和我开玩笑说，以后你进我这个门我就不给你板凳坐，让你站着，让你尝尝一门心思去做这件事是什么样的滋味。你把我们的饭碗都拿掉了，把我们的工作都做没了，你们就好了吗？就是在这样的情况下，我在各种立法会上据理力争，把我们的观点、想法与各方进行充分沟通，希望说服大家。

旁白：2015 年，国家提出了建设长江经济带的重大战略。也是在这一年，吕忠梅申请到了一个重大项目——"长江流域立法研究"，成为长江流域立法国家重大项目课题组首席专家。

吕忠梅：当时长江经济带战略刚刚确立，各个地方是大干快上，都表示要在长江边上建设一个国际性的大城市，或者要布置多少工业园区，要上多少个项目。当时我听到这些消息的时候，心里是崩溃的。当时我就说，我们的长江现在的污水年排放总量已经相当于一条黄河的年径流量，我们四分之一的化工产业都聚合在长江流域，如果我们再上几万个项目，我们的长江还有吗？如果长江没有了，还有长江经济带吗？

《长江保护法》推出"不算慢" 法律要为长江"除病根"

旁白：2016 年 1 月 5 日，习近平总书记在重庆主持召开推动长江经济带发展座谈会并发表重要讲话，深刻论述了推动长江经济带发展的重大意义，强调推动长江经济带发展必须从中华民族长远利益考虑，走生态优先、绿色发展之路，把修复长江生态环境摆在压倒性位置，共抓大保护、不搞大开发。当年"两会"上，吕忠梅再次提交了制定《长江保护法》的议案。

吕忠梅：2016 年提出这个议案的时候就非常顺利，大家非常支持我提出这个议案，年末要作议案审查的报告，审查的结果就是，制定这部法律很有必要，我们要加快研究。

旁白：2018 年，十三届全国人大常委会将《长江保护法》列入一类立法计划，让长江流域立法进入"快车道"。作为长江流域立法国家重大项目课题首席专家，吕忠梅提出了《长江保护法》的立法框架和立法草案。2019年 12 月 23 日，中国第一部流域法律——《长江保护法（草案）》提请全国人大常委会会议审议。2020 年 12 月 26 日，中华人民共和国第十三届全国人民代表大会常务委员会第二十四次会议通过《中华人民共和国长江保护法》，自 2021 年 3 月 1 日起施行。这是我国首次以国家法律的形式为特定的河流流域立法，《长江保护法》是一部全面保护长江流域生态环境和保障高质量发展的法律，标志着长江大保护进入依法保护的新阶段。

记者：我们用了 20 年的时间推出了这部法律，您觉得这个速度是快还是慢？

吕忠梅：我觉得也不算太慢，我们知道西方那些国家是经过了差不多200 年的时间才意识到这样一些问题，我们改革开放也就 40 多年，在 40 多年的时间里我们经历了别人 200 年经历的一些事情。从立法的角度讲，法律总是有一些滞后性的，总是要等到社会生活发展到一定程度，很多问题都呈现出来以后可能我们才觉得需要正式立为一种法律。

记者：我看到很多评论说长江病了，《长江保护法》是一剂药，您觉得《长江保护法》能不能有效地治疗长江得的病？

吕忠梅：治好长江的病应该说是《长江保护法》的目标，我们也要找到长江的病因在哪里，消除病因，除掉病根，长江才能够变成健康的河流，经济社会发展才能够可持续。

正确理解《长江保护法》*

从 1996 年直到《长江保护法》审议通过的 24 年里，吕忠梅一直呼吁为长江立法并深度参与了《长江保护法》的立法过程。这期间，她有种坐过山车似的感觉，一开始提出为长江立法设想时自己都不太相信，中国会为一条大江制定一部法律吗？直到如今《长江保护法》正式通过，她终于看到这部法律一路从不可能变成可能，并且成为一部相对成熟的法律。

"国家能专门为一个流域立法正是赶上了好时代。"吕忠梅说。

3 月 1 日起，《长江保护法》将正式实施，这部法律将如何促使长江流域这一巨大复杂的系统良性运转？如何协调好流域内上中下游、左右岸不同利益之间的关系？澎湃新闻独家专访了全国政协常委、全国政协社会和法制委员会驻会副主任、中国法学会副会长吕忠梅。

建立长江流域协调机制让多部门管水有了"龙头"

记者：长江是一个非常复杂的超大系统，长江流域的发展需要协调哪些

---

* 本文原载于澎湃新闻 2021 年 2 月 28 日，记者刁凡超，原标题为《长江保护法如何协调流域各方利益？》，有删减。

层面的利益关系?

吕忠梅：长江流域几乎占据了中国的"半壁江山"，流域内的利益关系特别复杂，所以这部法律的定位就是要解决流域层面的问题。《长江保护法》是中国的第一部流域立法，也意味着它要解决的是全流域的问题，从根本上讲就是要解决生产用水、生活用水和生态用水这三种水之间的关系，如果三种水的关系处理不好，长江流域的保护、利用和发展都会受到影响。

第一个需要协调的是块与块之间的关系，也就是协调长江流域上、中、下游不同区域之间的利益关系。长江流域横跨中国的东、中、西部，三个区域的经济发展水平差异很大，其发展阶段、生产方式、生活方式的差异也很大。长江流域中既有中国经济最发达的长三角地区，也有生态脆弱且发展相对不足的西部地区，不同的生产方式和发展水平会带来不同的用水需求。

第二个要协调的关系是条与条之间的关系。从管理的角度而言，这三种水的管理权分属于不同的部门，是真正的"九龙治水"的状态。虽然这些部门在自己的职责范围内管水似乎没有问题，但从生态的角度来看，这种管理方式一定会产生利益冲突，比如农业部门要用水保证灌溉，保证水产养殖产量；水利部门要建水电站，蓄水满足发电……这就需要协调不同行业、不同领域的用水，平衡好各部门、各行业的利益关系。

第三个要协调的关系是一定区域内处在不同发展阶段的市域之间的发展权问题，不仅发展比较好的城市乡村还要发展，刚起步的城市乡村也要发展，它们都有继续发展的权利。这不仅仅是东、中、西部之间的问题，在同一个省份、同一个城市甚至更小区域内部都存在发展的不平衡。

所以大到上下游区域之间的关系、部门之间的关系、区域内部的关系，小到个人的生存权和集体发展权之间的关系，都需要在一部法律中来进行协调，这其实挺难的。

记者：《长江保护法》是如何协调这些关系的?

吕忠梅：《长江保护法》抓住了几个核心的问题：第一，《长江保护法》第2条对长江流域的概念进行了界定："本法所称长江流域，是指由长江干流、支流和湖泊形成的集水区域所涉及的青海省、四川省、西藏自治区、云南省、重庆市、湖北省、湖南省、江西省、安徽省、江苏省、上海市，以及甘肃省、陕西省、河南省、贵州省、广西壮族自治区、广东省、浙江省、福建省的相关县级行政区域。"这个界定首先是肯定了长江流域全流域的自然属性；然后是将自然流域内的与水有关的经济社会活动纳入了内涵，在长江流域的自然属性基础上增加了社会属性；最后是确定了长江流域的空间范围，为构建空间管理制度奠定了基础。这一条规定，非常好地解决了《长江保护法》的定位，抓住了一个基础性的问题。

第二，《长江保护法》确立了长江经济带建设的基本原则——生态优先、绿色发展，这也是《长江保护法》中非常有意义的一条。基本原则就是为长江流域内的所有的社会经济活动确立行为的价值取向。把"共抓大保护、不搞大开发"的理念用法律的基本原则形式规定下来，意味着不管哪个部门管水、哪种形式的用水都要以生态优先、绿色发展作为判断标准，凡不符合生态优先、绿色发展原则的行为，不管有什么理由，都会得到否定性评价，是违法行为。

第三，明确国家建立长江流域协调机制，并且对这个机制作了非常明确的规定。

记者：在此前河长制提出的时候就有声音说是不是应该给长江设一个总河长，《长江保护法》在制定过程中大家也关注是不是会设置一个长江流域统一协调机构，现在条文中提到的是国家建立"长江流域协调机制"，这个协调机制的设立能解决长江"九龙治水"的问题吗？

吕忠梅：理想化的设计是在法律上设立一个特别行政机构，对长江流域进行统一管理。但实际的情况是，国家机构改革刚刚完成，再设立新的机构可能会造成新的混乱。2018年的机构改革，对生态环境领域作了比较多的调整，按照自然资源所有权和生态环境监督管理权分立的原则，组建了自然资源部和生态环境部。《长江保护法》在生态文明体制改革已经取得成果的基础上来解决长江的"九龙治水"的问题，所以就建立了一个协调机制。

大家可能都有疑惑，建立一个机制而不是一个机构，怎么能够行使决策者的职责呢？《长江保护法》采取了一种新的方式，就是在法律上直接明确了机制的设立及其职责。明确规定协调机制由国务院建立，负责统一指导、统筹协调长江保护工作，审议长江保护重大政策、重大规划，协调跨地区跨部门重大事项，督促检查长江保护重要工作的落实情况。这种规定可以理解为国务院的一种特殊管理方式。

与此同时，《长江保护法》又尽可能地明确了协调机制所涉及的各个部门的具体职责。其做法是，在法律已经规定的相关部门生态环境保护职责的基础上，将涉及长江流域生态环境保护的职责作了明确而具体的规定。这种方式，既不破坏机构改革刚刚取得的成果，又有了"龙头"来解决"九龙治水"的问题。我相信，《长江保护法》实施后，国务院协调机制还会有相应的配套制度。

"保护法＋开发法"立法模式，既符合世界趋势，又体现中国特色

记者：这部法律有 65 条都在界定各级各类行政主体的职责，与国外的流域立法相比，这是否具有中国特色？

吕忠梅：以流域管理代替过去的水管理是全球水管理体制改革的趋势。流域管理模式的特点就是将流域作为水管理的基本单元，打破了过去单纯管理水资源，只管水权或者水的利用方式，建立了水质水量统一管理、水资源与水生态统筹管理的新模式。

我们在进行立法研究时，梳理了十几个国家的流域立法，发现一些共同的特点：一是以建立流域治理模式为核心；二是设立专门的流域机构并对流域机构广泛授权；三是对流域的开发利用和保护进行整体性、系统性制度安排。

从立法模式上讲，大体上划分为两类：一类是整体性立法，就是对传统

的《水法》进行改革，在《水法》中确定以流域管理为主体的治理模式，这个模式适用于一个国家的所有水体，这种立法以澳大利亚为典型，在《水法》一般规定的基础上，各州通过签订协议约定权属的方式来解决不同利益冲突的问题。另一类是专门的流域立法，比较典型的有美国的田纳西河、欧洲的莱茵河、法国的塞纳河流域等，这些立法都有一个共同点，就是专门为这个流域设立了管理体制。一般来讲，流域立法的最主要目的就是为这个流域专门"定制"监管体制，以设立一种特殊的行政机构的方式进行完整授权，有的流域机构既有行政决策权，还有开发利用权。

《长江保护法》借鉴了国外流域立法综合立法的先进经验，但也更加立足于中国实际。从几个方面体现了中国的特点：一是过去我们在制定《环境保护法》时，更多强调污染防治和保护生态，一般不会规定开发利用问题。但《长江保护法》采取了一种"保护法＋开发法"的综合立法方式，专门规定了"绿色发展"一章，为处理好保护与发展的关系提供了法律依据。长江经济带建设是国家重大战略，不搞大开发不是不开发，而是在生态承载能力范围内开发，在开发过程中保护好生态环境，也就是要协调好保护和开发的关系。《长江保护法》定位于保障长江流域生态优先、绿色发展，不是传统意义上的保护法，实际上是体现"绿水青山就是金山银山"辩证关系的一种正式制度安排。这种立法模式充分体现了中国的特色。

二是相比国外的立法，我们的法律体系和社会关系都要复杂得多。中国地大物博，并且是单一制国家，需要在一部法律中把复杂的利益关系和多个行政管理层级都考虑进去，这也是其他国家立法所不具有的难度。《长江保护法》除附则外一共94条，其中有65条涉及对各级各类行政主体的职责规定。这些规定按照中国的行政体制设计了长江流域协调机制，并将需要协调的事项以具体到部门、地方政府的方式加以明确，让管理部门行使权力时有法可依，违法时依法追责。这也是中国国家治理体系的特色。

三是在利益关系的协调处理过程中体现了中国的传统文化精髓，比如规定长江"十年禁渔"、河长制等，继承和弘扬了中华传统文化中"天人合一""取用有度""德法共治"的优良传统，非常好地体现了中国人的生态智慧。

应尽快完善长江流域协调机制的组织架构

记者：《长江保护法》3 月 1 日将正式实施，您认为还需要做哪些准备工作?

吕忠梅：第一是对标《长江保护法》，尽快对现行法律或正在制定的法律进行评估；对一些相关行政法规和地方性法规进行清理；对司法解释也要进行梳理和评估。

第二是大家都关心的长江流域协调机制问题，为了保证协调机制能够实现立法预期，至少有两个方面的工作要准备：一方面要尽快明确长江流域协调机制的组织架构，让这个机制能够真正地承担起相应的职责；二是对协调机制在运行过程中可能与原有机制或体制之间发生矛盾和冲突进行预判，做好妥善处理的先期预案。

第三是以问题为导向，进行深入研究。任何一部新的法律，在实施过程中不可避免地会出现新问题，更何况是《长江保护法》这样一部具有创新性的法律。我们要去跟踪研究，不断发现在执法、司法实践过程中出现的问题，并提出妥善解决这些问题的方案。

记者：此后您会从哪些方面继续关注这部法律的实施?

吕忠梅：作为法律研究者，我将以理论的视角对《长江保护法》的实施情况进行跟踪研究，一方面是检验过去所做的立法研究中提出的一些方案，比如流域立法定位、流域管理模式、流域空间化制度安排等，观察其在实施过程中好不好用、管不管用，进而提炼理论命题、提出理论观点；另一方面是更多地关注长江经济带建设过程中出现的新问题，从法律理论的角度加以研究，提出新的立法、执法、司法方案，为解决实践问题提供理论支撑。总之我们的研究还会一直坚持下去，不会停下来。

长江要禁渔也要保障好渔民生活 *

　　《中华人民共和国长江保护法》于 2020 年 12 月 26 日由十三届全国人民代表大会常务委员会第二十四次会议通过，自 2021 年 3 月 1 日起施行。《长江保护法》作为中国第一部流域立法，一经出台就备受关注，特别是该法规定的"生态流量""禁止天然渔业资源的生产性捕捞"等制度不仅是保护长江资源的有力举措，更直接影响着沿岸居民的生产生活。应当如何准确理解和把握这些新制度，保证《长江保护法》有效实施，人民网全国"两会"特别节目"高谈客论"专访了全国政协常委、全国政协社会和法制委员会驻会副主任吕忠梅，由她进行权威解答。

继续关注生态保护

　　主持人：吕委员，2021 年注定不平凡，既是"十四五"开局之年，也是建党 100 周年。今年您的"两会"提案是什么，关注的领域有哪些？

　　吕忠梅：我的专业领域是生态环境保护。在"十四五"规划《建议》

---

* 本文原载于人民网强国论坛 2021 年 3 月 7 日，主持人吴婧，原标题为《及时推进立法　加强生态环境保护》，有删减。

中，非常重要的一点就是要加强生态文明建设，要建设人与自然和谐共生的现代化。"十三五"期间，生态环境保护的立法、执法和司法有了非常大的进步，但是也有一些短板。

我今年提交的三个提案都与生态保护相关。第一个是关于加快自然保护地立法的建议。第二个提案是建议在修订《野生动物保护法》时增加解决人和动物的冲突的相关制度。第三个是建议关于建立一种体系化的、促进碳达峰和碳中和的法制安排。

环境资源类犯罪特点

主持人：谢谢吕委员的分享。最高人民法院发布的《中国环境资源审判》（白皮书）中披露，2019 年全国有 11 万多人因环境资源类犯罪被判刑，请吕委员解读一下环境资源类犯罪。

吕忠梅：环境资源类犯罪有两种分类。一种是按照犯罪主体分为两类，一类就是公民或者是企业污染和破坏环境行为构成的犯罪，法律上称为行为犯；另一类是职务犯罪。指环保部门、自然资源管理部门、野生动物保护部门等负有监管职责的部门或者其工作人员，不履行职责构成的犯罪，这个罪名叫环境监管失职罪。另一种是按照行为犯中的犯罪客体分，也是两类，一类叫污染环境罪，另一类叫破坏环境资源保护罪。

最高人民法院白皮书里所公布的涉环境资源犯罪人数应该是总人数，这在整个刑事案件里的占比不算很高。尤其是与 2019 年相比较，2020 年的数字有所下降，说明治理环境违法行为取得了一定的成效。从案件数量上看也是如此，我记得 2019 年是 3 万多件，到 2020 年是 2 万多件，下降的幅度比较大。

从我们的观察来看，这几年的环境资源类犯罪案件有以下几个特点：

第一是案件整体数量下降。从原因上看：一是受疫情的影响，大家的活动范围和时间减少了。二是生态环境执法力度不断加大，犯罪的机会也在减少。三是过去像破坏森林、草原这样一些资源类的犯罪主要发生在贫困地区，这几年脱贫攻坚中的生态扶贫政策带来了非常大的变化，比如三江源、大兴安岭一些地区，过去以砍伐森林、放牧等作为生活和发展方式，现在转变为以保护生态为主，这在客观上也会减少犯罪行为的发生。

第二是污染犯罪案件开始从东部向中西部转移。过去是经济发达的地方，污染比较严重，污染环境的犯罪也相对较多。但最近连续三年的观察发现，污染犯罪案件开始往中部和西部转移。说明东部地区的环境治理力度越来越大，反倒是中西部地区污染问题凸显，犯罪案件数量开始上升。

第三是自然资源犯罪涉及面越来越窄。现在各个地方对于自然资源的保护力度、生态环境损害赔偿制度都在加大，所有的手段都用上以后，自然资源类犯罪越来越集中于破坏土地资源、森林资源、野生动植物资源等几类案件。这也说明生态文明建设，尤其是生态文明法治建设取得了明显成效。

治理农村污染迫在眉睫

主持人：一位来自基层的农民，想就乡村生态环境话题向您提问。过去他们村用水都是直接去旁边的河里取水，现在用上自来水了。过去河水是清澈透明的，现在反而变得浑浊了，他很焦急。想请问一下，现在法律上是否有关于农村河流治理的相关规定？他想帮助家乡的河流再次清澈起来。

吕忠梅：我是在长江边上长大的，对农村水质的变化有切身感受。过去有一段时间，我们觉得城市污染问题更严重，只要把城市的污染控制住了，农村就会好起来。但是事实证明这种想法是不对的。因为城市的点源污染与农村的面源污染有很大的不同，并且农村污染是会反过来给城市带来更多问题的。

党的十八大以来，国家已经把农村宜居环境作为新农村建设和乡村振兴的一个主要指标进行考核。环境法要为宜居乡村建设提供法律依据，这个在修订《环境保护法》《水污染防治法》等法律时也都做到了。但是，农村的生态环境整治是一个系统工程，涉及一系列的问题，并不是法律写上了就可以解决。

2021年中央一号文件中，在"乡村振兴"部分特别提到了两个措施：一个是推进农业绿色发展，就是要改变农村的生产方式。另一个是要分类有序推进农村厕所革命，进行旱厕的改造。另外，还对农村的黑臭水体的综合治理进行了部署，比如推广小型污水处理设施，把农村的生活污水进行收集后及时集中处理。这些部署就是要通过改变农业农村的生产生活方式，从源头上加以治理，同时对已经被污染的黑臭水体采取技术性措施进行治理，多管齐下。与此同时，也强调要加大执法力度，更严格地执行法律。当然，也需要每个人积极参与，落实旱厕改造、污水集中排放等措施，共同努力，我们身边的河流就会变得越来越清澈。

建立生态流量保障制度很有必要

主持人：谢谢吕委员对这位网友的解答。《长江保护法》在我国法律中首次建立了生态流量保障制度。"生态流量"怎么理解，请吕委员给大家作一个解释。

吕忠梅：总体上来讲，水分为三大用途。第一是生活用水，第二是生产用水，第三是生态用水。这里的生态用水就是保持一个河流、一个湖泊的生态系统的功能所必需的用水。"生态流量"用通俗的话来讲，就是在一定的时间内，某个水体应该拥有的能够满足这个系统的所有水生生物生存的总的水量。

为什么要建立这个制度呢？通常情况下，三种水之间是有矛盾的。比如在干旱的时候，生活用水第一，把水都抽完了，鱼就渴死了。生产用水也是，为了提高农作物产量，要大规模地种植，灌溉用水用多了，生态用水就少了，也会导致水生生物枯死。建立生态流量指标的目的就是保障水体的生态系统不被破坏，各种生物都能正常生存。

10 年禁渔期让长江生态更好恢复

主持人：《长江保护法》明确禁止天然渔业资源的生产性捕捞，叫禁渔期。为什么禁渔期要 10 年？禁渔期里，渔民们的生活、生产应该怎么办呢？

吕忠梅：长江是我们的母亲河，为全国三分之一的人口、三分之一的经济总量做出无私贡献，但经过多年的开发利用，长江流域的生态环境形势已非常严峻，有些江段甚至达到了"无鱼"的级别。长江流域的鱼类品种有 430 种左右，非常丰富，但近年来消失的速度很快，很多鱼类已经见不到了。这就需要考虑，已有禁渔期制度是否够用？《渔业法》规定的禁渔期是每年三个月，是为了鱼类的繁殖，禁止在春季捕捞。但现在看来，仅有禁渔期并没有让鱼类品种和数量很好地恢复。

后来有科学家提出，长江流域比较常见的 180 多种鱼类中，青鱼、草鱼、鲢鱼、鳙鱼是长江全流域都有的鱼种，可以作为观察鱼类恢复情况的指标性品种。这四大鱼类三到四年开始繁殖后代，就是一代三到四年。从科学角度讲，需要三代左右的时间才能让鱼类的品种、数量、种群能够有序地繁殖下去，这是规定 10 年禁止生产性捕捞，也就是大家常说的 10 年禁渔期的原因。

据初步统计，长江流域大概有 28 万名以捕捞为生的渔民。禁渔期 10 年，一定会对这 28 万人的生计带来影响。因此，需要财政给予一定的补贴，同时把他们纳入城乡低保范围，保证他们的基本生活，不因为禁渔使得他们的生活质量急剧下降。

《长江保护法》为黄河保护立法提供借鉴

主持人：谢谢吕委员。长江保护很重要，黄河保护也同样重要。《长江保护法》对黄河保护立法会起到什么样的作用呢？

吕忠梅：我从 1996 年开始作长江法研究的时候，了解到黄河法启动过课题研究，只是现在长江立法走在了前头。在《长江保护法》的制定过程中，最重要的就是怎样把"生态优先""绿色发展"的长江经济带建设定位转化为法律制度，为此，做了一些比较有意思的尝试，我觉得至少有三个方面可以为黄河保护立法提供借鉴：

第一个是立法的定位与结构。生态优先、绿色发展，意味着是在保护中发展，因此必须是绿色发展，所以这部法律的定位非常重要。这部法律的名字叫《长江保护法》，突出了"保护"；但内容却是"保护法＋开发法"，以体现促进发展，因此，这个定位是综合性的。我们看到，《长江保护法》除了资源保护、生态修复以外，还专门设置了"绿色发展"一章，这种结构就是为了更好体现"生态优先、绿色发展"理念。这种立法定位和结构对于黄河立法是非常有价值的，虽然黄河流域的生态环境问题有与长江流域不同的特殊性，但黄河流域也要实现生态保护和高质量发展，因此，如何在立法中处理两者的关系，《长江保护法》可以提供借鉴。

第二个是流域协调机制。《长江保护法》明确规定国家建立长江流域协调机制、地方协作机制。长江流域涉及中国 19 个省区市，各地区经济发展水平不一样，对于长江的需求不一样，发展方式也有很大的差异性。《长江保护法》在规定长江流域协调机制和协作机制的同时，还对每一个地方、每一个部门的职责规定得特别详细，一直点到县级人民政府，为什么？就是为了保证协调机制和协作机制的运行，保证从中央到地方的最基层都能够统一行动方向和目标，由过去的"九龙治水"变成"一龙管江"。这是一个非常好的制度设计，对黄河流域立法非常有价值。这是我国立法中首次出现"国家协调机制"的表述，黄河流域立法还可以根据长江流域协调机制运行的情况，进行调整和完善。

第三个是根据流域立法特点，直接针对长江流域的生态问题加以规定。比如列明了丹江口水库等水利工程，列举了具体的保护植物、动物名称，列举了重点产业、重点整治行业等，非常详细。这些都是长江流域生态保护过程中的重点、难点，或者短板和弱项，进行有针对性的列举，便于执行。从这些列举中也可以看到，长江流域上、中、下游面临着不同的生态环境问题，上游的问题是生态破坏，中游的问题是面源污染，下游的问题是工业和城市污染。所以，通过列举可以更好从流域保护角度出发，统筹考虑上下游、左右岸的关系，针对短板、弱项、空白点采取明确的措施，使得这部法律能够"好用""管用"。这种立法技术，对黄河流域立法有非常好的启示作用。

黄河保护法的制定本身，也是一个大课题。中国法学会环境资源法学研究会 2021 年年会将以"黄河保护立法"为主题展开学术研讨，希望能够从法学研究的角度，为黄河立法提供专家方案。

实现"双碳"目标需要法治保障 *

3 月 4 日，全国政协十三届四次会议开幕。中电传媒舆情监测室数据显示，"碳达峰"成为今年"两会"的高频词，来自政府、企业和学界的代表委员均有提交与碳达峰相关的建议、提案。

气候变化是当今全球面临的重大挑战之一。2020 年，我国宣布二氧化碳排放力争于 2030 年前达到峰值，努力争取在 2060 年前实现碳中和。这一承诺彰显了我国对建设全球生态文明、构建人类命运共同体的责任担当，也对我国加快能源革命，推动经济与产业结构转型、经济增长方式转型提出了更高的要求。

如何保证碳达峰、碳中和目标的实现成了一些代表委员思索的问题。近日，全国政协常委、全国政协社会和法制委员会驻会副主任吕忠梅即提交了《关于碳达峰碳中和目标实现立法"三步走"的建议》。新京智库就此采访了吕忠梅。

---

* 本文原载于《新京报》2021 年 3 月 8 日，记者肖隆平，原标题为《专访全国政协常委吕忠梅：用法律保障实现碳达峰、碳中和》，有删减。

实现"双碳"目标离不开法律手段

记者：3 月 5 日，李克强总理在政府工作报告中提出，制定 2030 年前碳排放达峰行动方案。碳达峰目标和碳中和愿景刚提出不到一年时间，"行动方案"尚未出台，为何现在要完善法律手段？

吕忠梅：碳达峰目标和碳中和愿景的实现触及多领域多行业主体的利益，利益的冲突与协调需要法治手段。能源、工业、交通、建筑等重点领域和钢铁、建材、有色、化工、石化、电力、煤炭等重点行业是碳达峰目标和碳中和愿景实现的关键，会成为碳排放的规制重点，其碳排放规制过程必然涉及管控企业、主管部门、相关部门、地方政府、社会公众、核查机构、碳交易机构等多元主体的利益，而利益的分配、纠纷的化解、权利的行使、义务的履行、责任的承担等离不开健全的法律制度、严格的执法、公正的司法和有效的社会监督。

记者：我国在碳减排领域的法律规制处于一个什么水平？

吕忠梅：目前，中国没有保障碳达峰目标和碳中和愿景实现的专门立法，但有一定的碳中和法治实践基础。在国家层面，有三部与之密切相关的法律，即《大气污染防治法》第 2 条第 2 款规定了"大气污染物和温室气体实施协同控制"，《森林法》第 1 条将"调节气候"作为立法目的之一，《促进科技成果转化法》第 12 条第 3 款支持"提高应对气候变化能力"的科技成果转化。此外，2020 年 12 月，生态环境部出台《碳排放权交易管理办法（试行）》，为全国碳市场建设、运行提供了遵循。

在地方立法层面，《贵州省义务植树条例》《北京市绿化条例》都明确规定"倡导……实现碳中和的绿色环保理念"，《西藏自治区国家生态文明高地建设条例》规定探索建立碳排放权交易制度，"促进实现国家碳达峰、碳中和目标"。

在环境司法方面，最高人民法院发布的《关于充分发挥审判职能作用为推进生态文明建设与绿色发展提供司法服务和保障的意见》，将碳排放等应对气候变化案件作为四大类环境资源案件之一，"两省五市"中的试点所在地法院开始审理这一类案件。

记者：国际社会如何运用法治手段保障碳达峰、碳中和目标的实现？

吕忠梅：其实，运用法治手段推进碳达峰碳中和是国际社会的普遍做法。目前，全球已有120余个国家提出2050年实现碳中和的目标。一些国家和区域通过气候变化（相关）立法或修法的形式来为实现碳中和提供法律保障。

比如，英国新修订的《气候变化法案》（2019年6月修订）是世界上最早将2050年净零碳排放目标纳入本国法律的国家；随后德国的《气候保护法》（2019年11月通过）、欧洲委员会发布的《欧洲气候法（草案）》（2020年3月通过）、加拿大的《加拿大净零排放问责法案》（2020年11月通过）均以国内或区域立法形式明确本国的中长期温室气体减排目标。

此外，法国、瑞典、丹麦、匈牙利、新西兰等国也把到2050年实现"碳中和""气候中性"或"净零排放"的目标纳入本国有关法律调整，斐济、西班牙、智利等国家和地区发布了有关立法草案。

缺乏保障碳达峰和碳中和实现的配套制度

记者：我国现有碳减排相关法律规定能否保障"双碳"目标的实现？

吕忠梅：客观地说，我国现有立法不能满足碳达峰目标和碳中和愿景实现的实际需求。

首先，专门制度尚未建立。目前已有的法律法规，立法目的是防治大气污染、森林资源利用和保护、科技成果转化等，虽然可能涉及碳达峰、碳中和的内容，但并不是其直接立法内容。因此，碳达峰、碳中和实现所需要的进展报告制度、评估制度、咨询制度、信息发布制度、年度报告制度、责任追究制度等专门法律制度在我国并未建立。

其次，各相关法律缺乏统筹，立法目的难以协调。现有碳减排相关立法涉及污染防治法、资源法、能源法、税法、科技法等多个领域，这些立法都涉及温室气体控制，但囿于其自身的立法目的和立法时机，缺乏对碳达峰目标和碳中和愿景统筹考虑，立法目的无法有效衔接。

最后，保障碳达峰和碳中和实现的监管体制机制不明。碳达峰和碳中和实现过程涉及哪些监管主体，监管主体的法律地位如何，监管主体间的事权如何划分，又该如何开展本行政区域或跨行政区域的联合性或综合性执法活动，监管主体不履行或怠于履行监管职责时需要承担哪些法律责任？这些问题尚无法律加以规定。

记者：这是否意味着，如果某个地方或行业的碳达峰、碳中和目标未能如期实现，追究法律责任将面临于法无据的尴尬？

吕忠梅：是的，这将带来一系列问题。比如，当某地方、某行业不履行、怠于履行或违法履行碳达峰和碳中和义务时，是否可以提起诉讼？谁来提起诉讼？提起什么样的诉讼？还有，如果因气候变化影响导致生态环境损害或者人身财产损失时，应该向谁主张权利？主张什么权利？是否能够获得赔偿？

换句话说，相关诉讼如何定性、权利如何保障，有关碳达峰和碳中和的纠纷能否纳入现行环境公益诉讼、生态环境损害赔偿诉讼、民事侵权诉讼的受案范围，都不清楚。一旦在碳达峰和碳中和目标实现过程中出现纠纷，没有相应的解决机制和法律依据。违法者得不到追究，受害者得不到保护，势必影响社会秩序的稳定，对碳达峰和碳中和目标实现形成负面激励。

碳达峰、碳中和立法不能"冒进"

记者：目前情况下，我们该如何考虑实现"双碳"目标的立法问题？

吕忠梅：我国对应对气候变化的法治建设高度重视，早在 2009 年，十一届全国人大第十次常委会通过的《关于积极应对气候变化的决议》就要求"把加强应对气候变化的相关立法纳入立法工作议程"，近年来，也不断有人大代表、政协委员提出制定《气候变化法》《碳中和促进法》的议案、提案，所提出的意见建议非常有见地。

但是，碳达峰、碳中和相关立法与我国气候外交谈判和国家发展利益的维护直接相关，也与中国在全球生态环境治理中的作用发挥密切相连，必须认真贯彻落实习近平法治思想，统筹推进国内法治与涉外法治，按照"协调推进国内治理与国际治理，更好维护国家主权、安全、发展利益"的要求，在《联合国气候变化框架公约》《京都议定书》《巴黎协定》等国际公约或协定确立的国际准则、原则前提下审慎推进国内立法，不能冒进。具体来说，可以分三步走：

第一个阶段我称之为稳步推进阶段。从现在开始到2025年，需要做好三项工作：首先，在修订生态环境保护、资源能源利用、国土空间开发、城乡规划建设等领域法律法规时，将实现碳达峰、碳中和目标纳入立法内容。可以对《环境保护法》《大气污染防治法》《清洁生产法》《循环经济促进法》进行修订，纳入实现碳达峰、碳中和的相关内容。其次，以《大气污染防治法》第二条"大气污染物和温室气体协同控制"为依据，制定相关配套办法，回应两类物质协同控制的需求，建立协同控制的具体制度、管控标准、纠纷处理程序。最后，鼓励有条件的省、自治区、直辖市在修改或制定有关植树、绿化、生态文明建设高地、碳排放权交易管理等方面的条例或规章时，设置促进碳达峰、碳中和实现的倡导性条款。

第二个阶段是大力推进阶段。从2026年到2035年，根据"十四五"规划和2035年远景目标纲要的要求，在总结法治实践的基础上，正式启动《气候法》或《气候变化法》的立法工作。这部法律应被定位为气候变化领域的基本法、基础法，对气候变化相关问题进行原则性、统领性规定。

第三个阶段是保障实现阶段。从2036年到2060年，启动制定《碳中和促进法》或《碳中和问责法》。主要考虑是，从我国承担共同但有区别的国际减排责任和国家发展权维护的角度看，第一、二阶段的法律不宜过早、过严限制碳排放单位的排放行为，但这也意味着后续的减排要求要渐进提高，这一过程必然会遇到越来越大的阻力，有必要制定专门的《碳中和促进法》或《碳中和问责法》，以更严格的制度保障碳中和承诺如期兑现。

建立综合执法监管体制机制

记者：有法可依问题解决后，更重要的是执法，我们在这方面该如何做？

吕忠梅：目前，我们的执法能力还很薄弱。迫切需要改革传统的"一元监管""分而治之"环境执法体制，解决应对气候变化问题上长期以来存在的监管领域单一、监管程度松散、监管效果不佳的问题，改变监管"不足、不能、不力"的现状。

推进碳达峰、碳中和实现，应该根据《关于构建现代环境治理体系的指导意见》《关于深化生态环境保护综合行政执法改革的指导意见》和"十四五"规划的要求，加快构建包括发展改革、生态环境、自然资源、城乡建设、科技、金融监管部门等多部门组成的综合行政执法体制机制，形成职权边界明晰、责任承担明确、信息共享、协调联动的综合执法格局。建立由排放环境标准、碳监测计划、碳排放规划、碳核算制度等共同构成的相关监管机制。

与此同时，还应在认真研究碳达峰、碳中和纠纷形成规律和特点的基础上，从维护生态安全、保障公共利益的角度，寻找将相关纠纷纳入环境公益诉讼、生态环境损害赔偿诉讼的途径和方法。如，当碳排放者不履行、怠于履行或违法履行碳减排义务且又不通过碳市场购买配额或一定数量的CCER（中国核证自愿减排量），致使生态环境或公众健康处于或者持续处于受碳排放影响的状态时，可以依据《民法典》《环境保护法》《民事诉讼法》的相关规定，对碳排放者提起环境民事公益诉讼。

编纂环境法典应该从实际出发 *

3月8日下午，十三届全国人大四次会议召开第二次全体会议，听取和审议全国人大常委会工作报告。报告指出，适应立法新形势新要求，必须丰富立法形式，坚持既要搞"大块头"，又要搞"小快灵"，适时启动条件成熟领域法典的编纂工作，针对实际需要以"小切口"形式推进立法，增强立法的针对性、适用性、可操作性。

全国政协常委、全国政协社会和法制委员会驻会副主任吕忠梅脑海中闪现的第一个词就是"环境法典"。她认为，将环境法典编纂列入国家立法计划的时机已经成熟，建议分阶段启动环境法典编纂工作。

吕忠梅告诉《法治日报》记者，编纂环境法典是中国进入生态文明时代、满足人民群众对美好生活向往的必然要求，是实现党和国家建设"美丽中国"庄严承诺的必然要求。编纂环境法典不仅可以宣示加强生态环境保护的坚定决心和信心，消除现行环境立法的弊端，为立足新发展阶段、贯彻新发展理念、构建新发展格局、实现高质量发展提供强有力的法律保障，还将助推生态文明理念更加深入人心，进一步增强公众环境意识，促进环境治理水平和治理能力的提高。

---

* 本文原载于《法治日报》2021年3月10日，记者蒲晓磊，原标题为《建议环境法典采用适度法典化模式》。

担任中国法学会环境资源法学研究会会长的吕忠梅，已经带领研究会完成 9 个国家的环境法典翻译工作，目前正在陆续出版。研究会还设立了中国环境立法法典化专项课题，组织全国环境资源法学研究者开展相关基础研究并提出中国环境法典专家建议稿。目前已完成 15 个专题研究报告，专家建议稿及立法说明也已在 2020 年底前完成。

"还有一些研究机构也在进行环境法典编纂的相关工作并取得了成果。可以说，近年来，中国环境法学研究日趋成熟，已有一批以环境法典编纂为课题的理论研究成果。这些工作，给环境法典编纂提供了理论支撑。"吕忠梅说。

吕忠梅组织的系列研究中，大多数学者主张环境法典编纂应从实际出发，将务实性、适应性和灵活性相结合，采用法典与单行法并行的适度法典化模式。

"具体来讲就是以编纂实质性适度实现立法内容创新，保持环境法律体系的相对稳定性。保留相关环境单行法，对于复杂的环境事务，以及时出台或更新单行法的方式进行适应性增删、修正，减少法典可能存在的僵化弊端，实现环境法典内容的开放性。"吕忠梅说。

吕忠梅介绍说，关于环境法典的总体构架，学界建议采取"总则＋分则"模式。

总则部分，应包含我国环境立法的目的、基本原则、基本制度、环境法律关系的主体及其权利义务、环境标准等普遍适用的规范。具体而言，以现行《环境保护法》为蓝本，整合环境影响评价法等综合性专门立法，在承继现有基本规定的基础上进行整合改造，使之成为法典的总则。主要设置立法目的、基本原则、监管体制、各方主体的权利义务、环境信息公开与公众参与、基本制度、环境机构、环境标准和环境资金等，建立环境法律规范与治理工具的统一体系。

分则部分，应包括污染防治、生态保护、自然资源保护、能源与资源的综合利用、法律责任等内容。值得注意的是，在立法时要考虑到整体性和协同性。例如，在选取《大气污染防治法》《水污染防治法》等环境污染防治法律时，要对现有的规范大气、水、海洋、固体废物、环境噪声、放射性物质、土壤等要素污染防治法进行整体审视，整合其共性的原则、制度和措施予以集中规定。同时，对其个性的制度内容按照一定顺序分别作出规定，减少、消除相互之间的矛盾、冲突条款。此外，特别要注意不同要素污染防治法之间的密切联系，实现一体化规制。

在应对气候变化大格局中修订好《气象法》*

立法可以固化本国或本区域采取应对气候变化减缓、适应、保障方面的措施，也为开展监督管理、宣传教育、国际合作、纠纷解决等活动提供法律依据。全国政协常委、社会和法制委员会驻会副主任吕忠梅表示：气候变化立法是推动碳中和目标实现的必要条件，应加大基础性问题研究力度，为加快立法进程创造条件。

2020年9月，我国首次向全球宣布碳达峰和碳中和目标。今年的政府工作报告对扎实做好碳达峰、碳中和各项工作提出明确要求。

全国政协常委、全国政协社会和法制委员会驻会副主任吕忠梅提出，气候变化立法是推动碳中和目标实现的必要条件，应加大基础性问题研究力度，为加快立法进程创造条件。气象部门可为气候变化相关立法提供技术和数据资料支持，并推进《中华人民共和国气象法》（以下简称《气象法》）及相关行政法规、部门规章的修订。

---

* 本文原载于《中国气象报》2021年3月11日，记者崔国辉，原标题为《全国政协常委吕忠梅：气候变化顶层立法势在必行》。

气候变化立法是碳中和目标实现的必经之路

近年来，部分国家与区域已经出台或者正在积极推动气候变化立法。

"立法可以固化本国或本区域采取应对气候变化减缓、适应、保障方面的措施，也为开展监督管理、宣传教育、国际合作、纠纷解决等活动提供法律依据。"吕忠梅说，通过对已有立法案例的梳理发现，较为普遍的做法是把实现"碳中和""气候中性"或"净零排放"作为立法或者修法的重要目标。

吕忠梅表示，法律法规能否为实现这一目标提供有力保障，取决于多方面的综合因素，立法只是其中之一。

一般来说，至少要考查以下几个方面：

一是法律本身，"碳中和""气候中和"目标是否被明确为"硬约束"；相应的配套保障制度是"柔性"制度还是"刚性"制度，是零星制度还是系统性制度。二是法律是否设定了合理的监管体制并且赋予合理权限，比如明确监管主体的职责并对监管碳排放行为科学、合理地赋权，明确监管职责、监管责任等方面的内容；与此同时，法律设立的监管体制是否在行政体系中得到落实，在组织、机构、队伍、执法条件等方面是否有实际的人、财、物保障，让法律设定的各项机制能够有效运行。三是科技支撑，要想实现碳中和目标必须借助科技力量，法律的作用在于将一些科技标准法律化，使其具有法律强制性；但本国现行科学技术水平是否足够精确、先进且经济可行地"摸清家底"并能做好安全处理，如碳监测、碳统计与核算、碳捕获与封存等方面的科学技术条件，需要有科研基础与科技运用转化能力。此外，法律与国家碳中和政策支持力度的有效衔接、碳市场培育以及中国在国际气候治理方面的立场、态度和国际合作程度等也是不可忽视的因素。"没有相关立法是不行的，但只有立法也是不行的。"吕忠梅表示。

立法工作需综合考虑国内国际两个大局

我国对应对气候变化的法治建设高度重视。早在 2009 年，十一届全国人大第十次常委会通过的《关于积极应对气候变化的决议》就要求"把加强应对气候变化的相关立法纳入立法工作议程"。

近年来，我国开展了应对气候变化相关立法的实践探索。例如，2015 年修订的《大气污染防治法》专门提出了协同管控"温室气体与大气污染物"等相关制度安排；生态环境部等部门制定碳市场管理方面的部门规章，一些地方也出台了相关地方性法规和政府规章，规范"高能耗、高排放、高污染"单位的碳排放行为，个别地方还在立法中确立了碳中和目标；最高人民法院也出台了有关气候变化案件审理的司法解释。这些实践探索，为应对气候变化专门立法积累了宝贵的本土经验。

国家立法部门、司法部门、法学界等都在积极推进这一工作，但进展并不顺利。

"立法必须综合考虑国际、国内两个大局，在维护国家发展利益和实现碳达峰、碳中和目标之间找到平衡点。"吕忠梅表示，一方面，我国仍属于发展中国家，如何在《联合国气候变化框架公约》《京都议定书》《巴黎协定》等国际公约或协定确立的原则、准则下管控排放，维护好国家发展利益，需要从整体性、系统性、全局性角度考虑，审慎进行立法决策；另一方面，应对气候变化专门立法需要坚实的基础性准备工作。气候变化相关立法与过去的环境保护立法不同，既不能简单沿用污染防治或资源保护立法的立法模式，也不能只考虑国内问题而忽视国际因素。目前，这方面的法学研究成果非常薄弱，从事理向法理的转化研究刚刚起步。

"在这样的基础条件下，如果仓促立法，或者只做'促进法'之类的难以实际施行的宣示性立法，可能会出现无益于树立法律权威甚至'自捆手脚'的尴尬。"吕忠梅表示，应加大基础性问题研究力度，尽快解决立法的理论支撑问题，深入进行立法合理性论证工作，为加快立法进程创造条件。

气象部门应提供科技支撑并推进法律修订

应对气候变化相关立法涉及生态环境保护、资源能源利用、国土空间开发、城乡规划建设等诸多领域。这些领域大多是气象部门的服务对象，《气象法》也将相关领域纳入调整范围。

根据《气象法》和国务院关于气象局职责范围规定，吕忠梅建议气象部门准确把握应对气候变化的宏观大局，从两个方面积极推动气候变化相关立法工作：

一是为气候变化相关立法提供气候变化方面的技术和数据资料支持，助力在立法中建立规划制度、科技支持制度、标准体系制度。比如国家气候中心、国家气象信息中心、中国气象局气象探测中心，可以在《森林法》《草原法》《节约能源法》《可再生能源法》《城乡规划法》等相关法律修订时，将提供气象灾害风险、气候变化影响、生态系统安全方面的权威监测评估数据资料支持与服务等内容纳入"碳中和目标"相关条款中。同时，也要为制定专门的气候变化和碳达峰碳中和法律法规，积极开展相关科学研究，为立法做好准备。

二是推进《气象法》及相关行政法规、部门规章的修订。比如，现行《气象法》第1条规定的"合理开发利用和保护气候资源"立法目的与"应对气候变化"是不适应的。气象部门可以根据应对气候变化的要求，推动修订《气象法》，明确将"应对气候变化，促进国家实现碳中和目标"写入立法目的。再比如，可以将第六章的"气候资源开发利用和保护"改为"气候变化应对和碳中和实现"，做好有关制度条款设计及其与其他相关立法的制度衔接。同时，推动《气象设施和气象探测环境保护条例》《气象灾害防御条例》《人工影响天气管理条例》等行政法规、部门规章的修改完善。

环境保护必须从"战时"到"平时"*

　　大家对雾霾天的讨论为什么变少了？政府工作报告中提到，"巩固蓝天、碧水、净土保卫战成果"，这在传递什么信号？为何要对大江大河进行专门立法保护？生活垃圾分类怎样有序推进？

　　今年全国"两会"期间，生态环境保护话题仍广受关注和讨论，政府工作报告对此也有所回应和部署。近日，红星新闻专访全国政协常委、全国政协社会和法制委员会驻会副主任、中国法学会环境资源法学研究会会长吕忠梅，围绕这一话题进行深度解读。

从长远看，应通过制定法律为野生动物留足生存空间

记者：吕会长，今年"两会"您带来的哪些提案和环境领域有关？

吕忠梅：我今年提交了三个提案。第一个是关于妥善处理人兽冲突的提案。近几年，在一些地方，尤其是保护地周边区域，发生了多起野生动物造成人员伤亡或财产损失的事件。野生动物跑到农民家找吃的造成伤人毁物，或是把庄稼给毁坏了。这一方面会给农民带来财产损失甚至人身损害，另一

---

* 本文原载于红星新闻2021年3月11日，记者高鑫，原标题为《蓝天碧水净土保卫战成果如何巩固？专访全国政协常委吕忠梅：要把"战时"变成常态》。

方面也引发个别人报复性杀害野生动物。

虽然野生动物保护法修订时明确规定了人受到野生动物损害的，可以获得政府补偿。建立补偿制度当然比没有好，但补偿是一种事后救济措施，并且目前的补偿机制还存在一些问题，如对于不同性质的保护区域，中央财政与地方财政应该如何合理分担、共担、独立承担，机制尚未建立。更重要的是，如果仅有事后救济，没有防止发生人兽冲突的预防性措施，就不能实现"人与自然和谐相处"的目标。因此，需要从长计议。

从长远来看，应该通过制定《自然保护地法》《国家公园法》，统筹考虑通过建立生态空间规划、调整自然保护地区划、调整产业结构等措施，为野生动物的迁徙、栖息留下足够空间，减少人和野生动物之间的直接冲突。当前，也要妥善处理好受害人的及时充分救济问题，进一步细化补偿制度。出现野兽伤人事件时，政府应无条件救治。

第二个是关于加快启动自然保护地立法的提案。这个主题不是第一次提出，但今年我提出了具体的立法框架和制度体系的建议。希望能够推动落实中央深改委审议通过的《关于建立以国家公园为主体的自然保护地体系的指导意见》里明确提出的立法任务。

记者：对于今年的热词"碳中和"您怎么看，如何如期兑现二氧化碳排放力争于2030年前达到峰值的承诺呢？

吕忠梅：我的第三个提案就是关于碳达峰、碳中和的立法提案。我国去年已作出承诺，二氧化碳排放力争于2030年前达到峰值，努力争取于2060年前实现碳中和。这个目标的实现需要以法律手段来加以保障。目前，我国在这方面还没有专门立法，但有一定的法治实践基础。比如，《大气污染防治法》中有规定，对大气污染物和温室气体实施协同控制；新修订的《森林法》也把"调节气候"作为立法目的之一。

运用法治手段推进碳达峰、碳中和是国际社会的普遍做法。中国推进这方面的立法，需要统筹考虑国际国内的因素，协调好环境保护和经济发展之间的关系。

我在提案中建议，中国相关立法分三步走：第一步，到 2025 年之前，主要是修订生态环保领域的法律法规，把实现碳达峰、碳中和目标纳入立法内容。2026 年至 2035 年，制定我国《气候变化法》，对气候变化相关问题进行原则性、统领性规定。从 2036 年到 2060 年，启动制定《碳中和促进法》或《碳中和问责法》，以更严格的制度保障碳中和承诺的兑现。

蓝天碧水净土保卫战成果显著，但绝不能松懈

记者：近两年，大家对雾霾等恶劣天气的讨论似乎变少了。这反映出什么现象？跟大家环保意识和认知提高有关吗？

吕忠梅：我觉得既跟大家的认知提高有关系，更与这几年的治理成效有关系。国家提出的"三大保卫战"中，第一个就是蓝天保卫战。经过严格管控和大力治污，我们都能感受到蓝天的天数确实变多了。尤其是在北京，虽然还有雾霾，但重度污染尤其是极重度污染的天气已经很少出现了。

另外，大家对污染过程以及治理方法等有了认知，也更加理性。重要的是，人们看到治理成效后，有了心理预期，安全感比过去强了很多。以往，人们不知道恶劣天气会到什么程度；如今，大家都知道是可以治理的，并且能实实在在地感受到情况的好转，心里踏实多了。

记者：大气、水、土壤，这些年，国家在此方面从积极立法修法到严格执法司法。今年政府工作报告中提到"巩固蓝天、碧水、净土保卫战成果"，这在传递什么信号？

吕忠梅：作为研究者，我们不仅仅是观察感悟，而且有客观的监测数据反映出大气、水、土壤的治理取得了显著成效。我们在调研中去过很多地方，比如长江流域的一些岸边码头、煤场、排污口等得到了整治，大江、大河及一些城市湖泊也都发生了很大变化。

今年的全国人大常委会工作报告中，委员长也专门报告了加大对环保相关法律的执法检查、询问力度的情况。中央环保督察组已经开始了全国第

二轮督察。司法机关也在加大力度，法院、检察院、公安也都在为污染治理出力，公益诉讼、生态环境损害赔偿诉讼发挥了很好的作用。正是因为各方面都在发力，各种治理措施协同配合，才使得污染严重的局面开始发生扭转，生态环境有了很大改善。

政府工作报告提出要巩固其成果，既可见成果的来之不易，也表明它还有一定的脆弱性。"保卫战""攻坚战"都意味着一种非常状态，以人民战争的方式去治理。但污染防治不是一时一事，不能打完就撤，必须把"战时"变成"平时"，在我们正常的生产、生活中，既还旧账，也不欠新账，这才叫"巩固"了。

我相信，没有人愿意回到天天有雾霾、到处是臭水的环境中生活。我们已经投入了巨大的人力、物力、财力，治理也取得了成效，但一旦松懈，污染还可能反弹。更何况，还有一些顽疾没有彻底解决。所以，"十四五"期间，要继续把那些最难啃的"骨头"给啃下。另外，也需要我们每个人都承担起环境保护的义务，自觉改变生产、生活方式，把难得的成果保留和巩固下去。

为什么要对大江大河专门立法保护？

记者：《长江保护法》3 月 1 日已正式实施，《黄河保护法》是否提上了日程？为什么要对大江大河专门立法保护？

吕忠梅：黄河立法现在已提上议程，进入了立法研究阶段。今年的环境法学研究课题中，《黄河保护法》非常热，有不少学者在研究。立法机关也委托有关部门进行立法研究。为什么要对大江大河专门立法保护？是因为大江大河大流域对我们民族生存和发展的重要性，要保护我们的根脉。长江、黄河都是中华民族的母亲河，是华夏文明的发源地。经过人类千百年开发利用，这些流域的生态系统已经岌岌可危。如果再不去保护，不仅是流域没有了，而且文明也不复存在了。历史上的两河流域，是古代巴比伦文化的发源地，今天已经成了一片荒漠。

有法谚说：一个河川一部法律。就是指每个流域所在的自然地理环境不同，所承载的经济社会功能也不完全一样。要保护好对一个国家、一个民族生存和发展至关重要的流域，需要根据不同流域的自然地理状况和社会经济特性，进行专门立法。

记者：对于过去的《动物保护法》，有人提出，是从动物利用角度出发立法，而非从保护动物的角度。那么，给大江大河立法，会不会也陷入这类争议？

吕忠梅：这是一个误解。我国的《动物保护法》并不是从动物利用角度的立法，但因为它只保护"三有"野生动物，把非"三有"野生动物排除在外，导致在客观上刺激了对其他动物的不合理利用，这样的立法既不利于对野生动物进行全面保护，也不利于保护生物多样性。正在修订的《动物保护法》，将从生物多样性保护、可持续发展的角度进行矫正。

现在，我们给大江大河立法一开始就定位为保护性立法，为此专门在法律名称中加入了"保护"二字，就是为了突出"保护优先"的立法目的。实际上，《长江保护法》采取了"保护法＋开发法"的综合立法模式，明显的体现是专门规定了"绿色发展"一章，为处理好保护与发展的关系提供了法律依据。不像过去的立法将保护与利用分别立法。

记者：保护和适度合理开发利用不矛盾？

吕忠梅：对，我们讲绿色发展，就是"经济要环保，环保要经济"。经济发展必须控制在生态空间、自然环境的承载能力范围内；同时，环境保护并不是不要发展，而是要高质量地发展，改变过去的高资金投入、高资源消耗、高环境污染发展方式。

记者：长江、黄河都是自西向东流经多个省市，一部立法能否解决"九龙治水"之困？

吕忠梅：《长江保护法》的定位是流域法，立法目标就是解决流域性问题。这部法律就是通过建立一些流域调整的法律机制，解决"九龙治水"之困。首先，它对"长江流域"的法律概念作了明确界定。法律上的长江流域既是自然汇水区域、从源头到入海口的地理空间，又是以自然地理空间为依托的社会经济活动的场所。这个自然流域和社会流域相统一的概念，为协调流域社会关系奠定了基础。

这部法律的所有的制度都是针对流域作出的，以流域空间规划为统领，实行多规合一，强调全流域"一盘棋"。流域各省都必须在服从流域规划的基础上编制本区域的规划。与此同时，《长江保护法》专门建立了国家流域协调机制，并赋予该协调机制审议流域的重大事项的权力，这个机制由中央各有关部门组成；同时也要求各省建立信息共享机制、合作联动机制等。

另外，《长江保护法》还设置了一些非常有意思的考核指标，比如生物完整性指数，这是一个要对各地方进行考核的指标。法律要求生物完整性指数与水环境质量标准相协调。这些都是为了解决"九龙治水"的问题。

长江流域在块块上涉及 19 个省份，条条上涉及许多部门，《长江保护法》只有 96 条，只靠一部法律就能把长江管好吗？这是不可能的。从立法层面说，《长江保护法》只是作了顶层设计或原则性规定，下面还需要有若干个配套法规，比如生态补偿机制、长江流域协调机制等都需要配套立法加以细化，以保障制度能够落地。

此外，法律的生命在于实施，仅有立法是不够的。有了好的立法，还必须有完善的执法和司法跟进。比如，现在需要解决的问题是，是否可以赋予流域机构以执法权？否则，流域事项谁来执法就不清楚；有代表委员建议，成立长江流域法院审理相关流域案件。

垃圾分类的推进还有许多问号

记者：垃圾分类在一些城市试点，目前效果理想吗？总理在政府工作报告中指出，"有序推进城镇生活垃圾分类"，这里的"有序"作何理解？

吕忠梅：我们去看过一些城市的试点情况，应该说有效果，但是否能称得上"理想"，还不好说。垃圾分类是一个系统工程，目前能看到的是分类的垃圾箱都设了，市民也有很高的参与积极性，在家里做好了分类。但是，分类后期处理是否跟上了，还是一个大问号。有的地方存在这种现象，将市民分类好的垃圾，又扔进一辆垃圾车里拉走了。

我们做环保的，相信"这个世界上没有绝对的垃圾，只有放错了位置的资源"。这是推行垃圾分类的基本理念，垃圾经过分类后，能够得到妥善处置。可以重复利用的，回收后进行综合利用，将废弃物重新变成资源；有毒有害的，可以进行无害化处理，不至于对环境带来新的危害。所以，垃圾分类对保护环境、保护我们的健康意义重大。可是，如果前端分，后端合，这个目的就达不到了。

推行垃圾分类，市民参与非常重要，后期的处置同样重要。前端需要人人参与，否则后端分类很困难；但如果没有形成分类投放、分类运输、分类处置、分类再利用的循环系统，只注重前端，垃圾分类就不可能达到理想效果。

我理解，总理在政府工作报告中讲，有序推进城镇生活垃圾分类，就是要总结试点大城市垃圾分类的经验教训，开始在基础设施相对完备的城镇推行垃圾分类；而基础设施相对薄弱的地方，要先加强基础建设。如果不顾现实条件，"一刀切"地搞"前端分，后端合"的所谓分类，不仅效果差，还会挫伤老百姓的积极性。

所以，强调"有序"非常必要。我们也要吸取在城镇建设污水处理厂的教训，许多城镇建了厂后基本没有运行，主要原因是这些城镇没有建污水收集的管网，建了污水处理厂却没有污水，有何用？

"十四五"时期更加注重生态安全

记者："十四五"规划中，对环境保护还有哪些大的部署？大家未来的生产生活会怎样变化？

吕忠梅："十四五"规划纲要更注重对自然生态的保护。如果说，"十三五"期间的重点是打赢污染防治攻坚战，"十四五"则更加强调提升生态安全水平，守住自然安全的边界。

建立人与自然和谐共生的关系，是环保要考虑的重点，也将会对我们的生产生活带来一些变化。比如，上面提到的人兽冲突问题就是一个例子，人要给野生动物留下生存空间和食物，就会对我们的产业结构、生活方式有所影响。

前面说到，环境污染治理已见成效。"十四五"期间，需要更加关注环境污染可能带来的重大环境风险问题。比如高度危险物质或者引进外来物种，还有人类大规模开发利用活动可能造成的生态系统崩溃；大气污染物、放射性物质、危险化学品，还有人与动物不合理接触导致的病毒大流行，可能造成的人群健康风险等，这些都需要通过调整人的生产生活方式，加以预防。

还有一个是气候变化问题。气候变化对于人类的影响，在科学上还有一些争论，但是我们必须采取审慎的态度。目前的主要措施是在发展中减少碳排放，而碳排放减量不仅涉及生产方式的转变，更涉及人们生活习惯的改变。只有每个人都自觉选择低碳生活方式，节约用水、用电、用纸，才能通过降低能源消耗，实现碳减排目标。真正把我们生命周期里的碳足迹降下来，将给生活带来非常大的改变。

长江保护法实施中的问题须高度重视 *

一年多来，《长江保护法》实施取得明显成效的同时，一些立法和法律衔接配套等方面的不足也逐渐暴露。

概念界定不清，落实力度不一

干支流岸线、重要支流等概念的界定，是《长江保护法》实施过程中争议较多的地方。中国法学会副会长吕忠梅说，《长江保护法》对"长江支流"的界定不够清晰，实践中对"二级以下支流"是否属于岸线管控范围争议较大，导致"禁止在长江干支流岸线一公里范围内新建、扩建化工园区和化工项目"的规定难以实施。

受访执法人员表示，各地宣传落实长江保护法力度不一，存在干流省份强于支流省份、长江经济带省份强于其他省份、市县层层衰减的现象。水利部、司法部联合开展的长江流域水行政执法监督检查发现，对于非法采砂的行政处罚，除长江干流按《长江保护法》处罚外，流域内不少其他区域执行其他法律法规。

---

* 本文原载于《半月谈》2022 年第 8 期，记者王贤，原标题为《保护长江靠法，有的法却"打架"》。

《长江保护法》对船舶污染物处理有明确要求，但干支流落实力度不统一。"大量支流船舶进出长江干线，这些船舶防污染设备配备、管理、船员环保意识相对较差，偷排直排时有发生。"长江海事局局长阮瑞文说，"支流部分港口码头污染物接收设施建设不完善，部分实施'零排放'船舶进入支流无法及时交付污染物，影响船舶'零排放'积极性。"

法律衔接不畅出现"倒挂"

《半月谈》记者调研发现，由于相应的法律衔接、配套性立法和法规清理工作未能及时跟进，《长江保护法》在实施中存在痛点。

1. 法律衔接不畅，行政处罚与刑事处罚"倒挂"

长江保护法关于非法采砂行政处罚货值的规定与《最高人民法院、最高人民检察院关于办理非法采矿、破坏性采矿刑事案件适用法律若干问题的解释》中关于非法采砂入刑货值标准存在交叉，导致行刑衔接不畅。

"长江保护法以货值 10 万元为界，分处两种高额罚款；'两高'司法解释对长江干流非法采砂入刑起点大多是 5 万元，货值 5 万元以上就要移送司法机关。"业内人士表示，刑事处罚通常重于行政处罚，但在这个问题上存在行刑"倒挂"的可能。

以湖北某江段非法采砂案为例，如不法分子采砂时长不足 1 小时或采砂总量不足 1000 吨、货值不足 5 万元，可能被处没收违法所采砂石、采砂船并处罚款 20 万元至 200 万元的行政处罚；若采砂 1100 吨、货值 5.5 万元，可能被处没收违法所采砂石，判处有期徒刑 6 个月（缓刑），并处罚金 2 万元的刑事处罚。从经济角度看，不法分子可能会多次、疯狂盗采而选择刑事处罚，以规避行政处罚带来的经济风险。

2. 配套性立法和技术标准等未及时跟上，影响法律实施效果

为破解"九龙治水"困局，长江保护法创造性地建立多层次流域统筹协调机制，但由于缺乏配套立法，长江流域专门、统一联动协调机制尚未建立，地区、部门间协作机制虚多实少。

"联合执法、合作协议搞了很多，但还没有建立多部门多地区协作的平台和长效机制，谁来牵头、谁当'群主'没有确定，合作多流于形式。"多位流域管理机构负责人说。

3. 法律标准尺度不统一，类案不同判

在罪与非罪这个问题上，长江干流省份间标准不一。《半月谈》记者从长江委了解到，非法采砂的货值入刑标准，四川省是禁采区（期）7万元以上，干流沿线重庆、湖北、湖南、江西、安徽、江苏、上海七省市都取下限，即5万元。

2019年，长江江苏段被划入新成立的南京海事法院管辖，长江海事审判被"切香肠"。"案子被分割到不同的海事法院审理，同一部法律，判决结果可能是截然不同的，这显然不及专门法院'统一司法权'的固有优势。"人保财险宜昌市分公司高级业务主管赵定惠说。

查漏补缺助良法善治

针对长江保护法实施过程中暴露的问题，吕忠梅等人建议，尽快对《长江保护法》涉及的立法问题进行梳理，对相关县级行政区、干支流岸线、主要支流等概念予以立法解释、明确。

加快配套法规制度建设，加强行政执法与刑事司法的衔接。长江航务管理局局长付绪银认为，要突出"统""共"二字，在政府的统一领导下，统筹各方力量，建立全方位、多层次的执法联动和行政执法与刑事司法衔接机制。尽快建立长江流域协调机制，统一指导、统筹协调长江保护工作。

多位专家建议，立法机关及有关部门平衡长江保护法与"两高"司法解释的关系，加大对非法采砂的刑事处罚力度，使行政处罚与刑事处罚协调统一。同时，出台更多可操作性的配套法规和实施细则，将原则性较强的《长江保护法》变为具体举措。

此外，可研究制定《长江保护法》行政处罚自由裁量权基准，结合违法行为发生地的具体实际，细化行政处罚裁量权、统一执法标准和尺度。还可考虑设立长江生态法院，构建起与《长江保护法》相配套相适应的全流域、一体化的司法保护机制。

《长江保护法》实施一周年：回顾与展望 *

《长江保护法》是习近平总书记亲自部署和推动的重大立法，该法作为首部以国家法律的形式为特定的河流流域立法，在我国立法体系中具有开创性。《长江保护法》自 2021 年 3 月 1 日实施以来，在促进长江流域高质量发展、实现长江大保护上取得了良好效果。但在实施过程中也出现了一些新问题，需要尽快采取针对性措施，促进《长江保护法》效能的进一步释放。

《长江保护法》实施效果良好

《长江保护法》颁布以来，国务院及其相关部门、长江沿线各地方政府坚决贯彻习近平生态文明思想，按照党中央、国务院决策部署，认真推进制度落实，全力打好长江保护修复攻坚战，取得了显著成效。

1. 生态优先，绿色发展的立法理念深入人心

国务院及其相关职能部门和长江流域各省、市、自治区高度重视《长江保护法》的贯彻实施。各级党委和政府成立了贯彻实施《长江保护法》工作领导小组，迅速行动，将长江保护法纳入各地各相关单位业务学习的重要

---

* 本文是作者为纪念《长江保护法》实施一周年而作，发表于《中国环境报》2022 年 3 月 1 日。

内容，强调把学习好、宣传好、贯彻好《长江保护法》作为重要的工作任务。如国家发改委连续举办四期《长江保护法》培训班，国务院有关部门同志在主会场，分会场一直设到长江流域各县，邀请参与《长江保护法》制定的专家学者授课，每场在线参训人数达2万多人。通过高频度、高质量的宣讲和执法行动，《长江保护法》生态优先、绿色发展，保护母亲河的立法理念深入人心。各相关部门切实担负起行业监管指导职责，各地方切实担负起属地监管职责，共同形成推动《长江保护法》有效贯彻实施的工作合力，营造全民尊法、学法、守法、用法的浓厚氛围。

2. 强化对接沟通，聚焦解决突出问题

各级地方政府按照《长江保护法》的要求，持续推动"打好碧水保卫战"行动，突出规划管控、重点产业升级改造、化工企业关改搬转、"三磷"综合整治、流域污染治理和生态修复等任务，加强沿江危化品运输监管、抓好散货船污染治理工作，强化沿江城市生活污水管网建设和雨污分流改造，建立任务清单、问题清单、责任清单、时限清单，强调重点问题及时整改，重点工作及时推进，加强统筹协调，对准目标系统推进。如上海市根据《长江保护法》第20条规定，结合地区实际，制定《上海市关于〈长江经济带发展负面清单指南（试行）的实施细则〉》，规定长江沿线一切经济活动都要以不破坏生态环境为前提，配合国家制定产业准入负面清单，明确空间准入和环境准入的清单式管理要求；提出长江沿线限制开发和禁止开发的岸线、河段、区域、产业以及相关管理措施，并探索建立信息共享系统。

3. 稳步推进流域协同立法，探索新型立法模式

长江流域各地方立法机构积极作为，主动探索，以《长江保护法》为指引，贯彻山水林田湖草系统治理的理念，强化长江流域综合治理、依法治理。打破行政区划界限、摒弃"头痛医头、脚痛医脚"窠臼，按照系统性思维、着眼流域治理，积极探索流域层面以地方立法方式促进协调配合、联防

联控机制形成，推动形成上下游联动、干支流统筹、左右岸合力的法治格局。如云、贵、川三省探索了赤水河流域保护"条例＋共同决定"的联合立法模式，由全国人大常委会分别审议并通过《关于加强赤水河流域共同保护的决定》，同时审议通过各自的《赤水河流域保护条例》。这种合作立法突出流域系统治理理念，以促进上下游联动、共享共治为目标，结合区域特色进行针对性设计，重视点面结合，为赤水河流域保护提供法治保障。这种协同立法的经验和实践值得持续观察和追踪。

4.落实流域治理协调机制，使联合执法成为常态

《长江保护法》明确规定建立长江流域协调机制。各相关部门切实担负起行业监管指导职责，各地方切实承担起属地监管职责，推动形成流域治理协调机制，加强联合执法。如江苏省在长三角一体化发展的国家战略基础上，贯彻落实《长江保护法》的要求，积极助推长三角流域治理协调机制的建立。《江苏省人民代表大会常务委员会关于促进和保障长江流域禁捕工作若干问题的决定》规定，探索推进长江流域禁捕跨省联动监督、协同立法、联合执法等行动。湖北、安徽、江西、湖南、重庆五省（市）共同签署了《长江流域重点水域"十年禁渔"联合执法合作协议》，明确了联席会商制度、执法联络员制度、联合巡查机制、协作共治机制、应急协同机制和信息共享机制等内容，为开展"十年禁渔"专项行动制定了切实可行的联合执法行动方案，推动跨部门、跨区域的联合执法和行动统筹成为长江流域保护工作的常态。

5.完善长江流域环境司法机制，助推绿色高质量发展

最高人民法院发布《关于贯彻〈中华人民共和国长江保护法〉的实施意见》及长江流域生态环境司法保护典型案例，明确要求长江流域环境资源审判树立正确审判理念，贯彻最严格制度最严密法治；准确适用民法典绿色原则和绿色条款；坚持保护优先、预防为主；坚持系统保护。江西省高级人民法院在上饶市设立信江流域环境资源法庭和饶河流域环境资源法庭，分别集中管辖涉信江流域、饶河流域环境资源刑事、民事、行政一审案件。最高人民检察院发布长江流域生物多样性保护公益诉讼等案例，创新流域生态环境保护公益诉讼检察工作。重庆市五届人大常委会第十六次会议批准设立重庆市两江地区人民检察院，作为重庆市检察院的派出机构，主管长江干流和嘉陵江流域重庆境内的跨区域生态环境和资源保护行政公益诉讼案件。通过不断完善流域司法机制，依法严惩非法捕捞行为，保护长江流域水生态环境和生物多样性；积极探索建立流域型公益诉讼机制，坚持恢复性司法理念，探索多元化生态修复方式，保障长江流域的可持续发展。

6. 有序推进农业面源污染防治，改善农村人居环境

相关部门以实施《长江保护法》为契机，出台《农用薄膜管理办法》，推进建立和完善农业面源污染防治法律机制，改善农村人居环境。推动农村人居环境整治，开展农村生活垃圾收运处理；推进农村财政奖补政策，实施农村"厕所革命"，加快农村宜居环境建设。提高农药化肥的使用效率，通过在长江经济带推广测土配方技术，逐步减少化肥施用量，探索农药化肥的减量增效措施。重视农业面源污染综合治理试点建设，加大对农业面源污染的财政补贴和转移支付；建设了一批秸秆综合利用重点县，鼓励多方主体参与，开展多种形式的秸秆利用。

《长江保护法》实施尚存难点痛点

《长江保护法》实施过程中，也暴露出一些困难和问题。既有立法瑕疵造成的实施困惑，也有相应配套立法滞后带来的实施困难，还有相关改革与支持不到位形成的实施困境。

1. 立法不够严谨、不够准确带来实施困难

《长江保护法》作为我国第一部流域性立法，制度建设尚处于探索过程

中，一些立法瑕疵在实践检验中开始暴露。如由于《长江保护法》第95条第二款对"长江支流"界定不清晰，实践中对"二级以下支流"是否属于岸线管控范围争议巨大，导致第26条规定的"禁止在长江干支流岸线一公里范围内新建、扩建化工园区和化工项目"陷入实施困境。再如《长江保护法》第91条规定，对违法采砂活动或者在禁止采砂区和禁止采砂期从事采砂活动的，主管部门"责令停止违法行为，没收违法所得以及用于违法活动的船舶、设备、工具，并处货值金额二倍以上二十倍以下罚款"等。实际执行中，由于既没收违法所得以及相关船舶、设备、工具，又并处罚款，基层普遍反映法律责任过重，并处的罚款难以到位。

2. 配套立法未及时跟进影响实施效能

《长江保护法》立足中国国情，为推进长江流域保护和高质量发展，进行了体制机制创新，但这些规定都还比较原则。由于相应的配套性立法未能及时跟进，导致新的体制机制难以运行。如《长江保护法》创造性地建立了国家长江流域协调机制、长江流域地方协作机制等多层次流域统筹协调机制，但由于缺乏配套立法，国家长江流域协调机制尚未落地实施、地方协作机制还处于各地自己行动状态，既没有充分发挥长江流域的国家协调功能，还可能因地方各行其是影响《长江保护法》的统一实施。再如，《长江保护法》第80条规定了"依法开展联合执法"，目前虽然在流域各地区各部门加强跨区域、跨部门联合执法方面，在长江采砂、长江禁捕等方面取得了不错的执法效果，但由于联合执法涉及分属不同部门、执法职能不同的多支队伍，因缺乏相应的配套性规定，联合执法的管辖协调、职责协同、协作规模、协作方式等尚未形成体系，影响法律实施的稳定性。

3. 支持与支撑不足形成制度空转

《长江保护法》的实施，需要有资金、技术等物化制度加以支持，目前，由于资金支持不足、相关技术标准支撑不够，一些制度有明显的空转趋势。

如中央生态环境资金支持的范围和额度不能完全满足市、县级生态环境工作需要，各地各级财政状况差异大、配套资金难以到位，多数农村污染治理工程面临推动难、落实难的境地。再如，国家尚未出台长江入河排污口溯源整治的技术指南或规范，给基层开展深度溯源和综合整治工作带来很大的困扰。

进一步提升《长江保护法》实施效果

认真总结《长江保护法》实施的经验，梳理已经呈现的问题并在深入研究的基础上采取针对性措施加以改进，不仅对于《长江保护法》的有效实施意义重大，而且可以为正在制定的《黄河保护法》提供有益借鉴，还可以为完善生态环境立法乃至中国特色社会主义法律体系贡献智慧。为此，提出如下建议：

1. 加快制定长江流域综合管理配套立法步伐

国家长江流域协调机制、长江流域地方协作机制是《长江保护法》在流域综合管理体制上的重大创新。根据《长江保护法》，大量流域综合管理事项由国家和地方长江流域协调机制组织实施，亟须通过配套立法，解决长江流域协调机制的组织形式、启动方式、协调方式、协调程序等问题，明确不服从协调、怠于协调或协调不当的法律后果。切实解决长江保护中的部门分割、地区分割等体制机制问题。确保按照系统观念，加强规划、政策和重大事项的统筹协调，增强长江保护的系统性、整体性、协同性，有效推进长江上中下游、江河湖库、左右岸、干支流协同治理。

2. 建立完善的长江流域综合执法体系

由于历史原因，长江流域存在多个流域性执法机构，除了《水法》规定的水利部长江水利委员会以外，还有 6 个担任流域性执法任务的机构。《长江保护法》实施后，这些机构自发联合起来开展执法协作。但这种协作机制不是一种制度安排，权威性不足，无法形成稳定的长效机制，需要在对建立长江流域性综合执法体系的必要性与可行性进行充分论证的基础上，出台专门规定，为进一步提升《长江保护法》的实施效能提供良好的执法体系支撑。

3. 探索多元化投入和统筹利用资金途径

《长江保护法》实施所需要的资金投入巨大，不可能完全由国家财政承担，必须一方面探索多元化投入机制，鼓励社会资本、公益基金进入；另一方面，应统筹利用好各级、各类财政资金。需要研究出台相关政策，积极探索在中央和地方层面建立长江生态保护和绿色发展投融资渠道、吸纳公益基金等市场化、社会化资金投入机制，探索生态产品的价值转化与价值实现形式；与此同时，认真梳理现有财政政策，切实解决公益诉讼赔偿金、生态环境损害赔偿资金的"闲置"问题，以及由于资金来源、使用范围和使用限制等导致的财政资金难以统筹使用的问题，为《长江保护法》的实施提供可持续的资金支持，依法推动长江流域走出一条生态优先、绿色发展之路。

4. 研究制定相关的技术标准和立法解释

针对技术标准缺乏影响《长江保护法》精准实施的问题，加大环境技术规范和标准研究力度，尽快制定入河排污口整治技术标准、出台磷石膏库建设环境管理技术标准等系列技术标准，以加强对入河排污口整治、磷石膏库管理等关系《长江保护法》实施的重要工作的指导。同时，尽快对《长江保护法》涉及的立法问题进行梳理，对类似"支流"的概念问题予以立法解释，进一步明确相关法律概念，明晰《长江保护法》实施依据。

5. 适时启动具体制度评估并加以完善

《长江保护法》对法律责任幅度有较大的提升，基层实际执法中遇到了一些具体困难，需要在认真听取一线执法人员意见的基础上，针对采砂、禁捕等执法难点，适时启动相关制度的合理性评估并研究综合性解决方案：一方面，完善生态补偿相关政策措施并督促生态补偿及时到位，切实解决禁渔后的群众生产生活与社会保障等问题，避免群众因生计替代困难而导致的违法捕捞屡禁不止；另一方面，研究制定《长江保护法》行政处罚自由裁量权基准，结合违法行为发生地的区域、地域实际，细化行政处罚裁量权，统一执法标准和尺度。同时，适时公布《长江保护法》实施后的执法、司法指导性案例，为基层执法人员提供指导，也对群众进行知法守法教育。

《长江保护法》实施一年的显著成效，让我们有理由相信：在习近平生态文明思想指引下，经过对《长江保护法》执法、司法实践的不断总结与完善，"加强长江流域生态环境保护和修复，促进资源合理高效利用，保障生态安全，实现人与自然和谐共生、中华民族永续发展"的立法目标，一定能实现！

中国一定会有自己的环境法典*

近日，全国政协常委吕忠梅对新京智库表示，正在研究论证的环境法典工作已经进入攻坚期。一部 800 多条的《生态环境法典专家建议稿（草案）》已经形成，进一步的论证工作全面展开。吕忠梅也是中国法学会副会长、中国法学会环境资源法学研究会会长。

2021 年 4 月，全国人大常委会公布 2021 年度立法工作计划，宣布启动环境法典、教育法典、行政基本法典等条件成熟的行政立法领域的法典编纂研究工作。

中国法学会环境法学研究会组织的环境法典的研究项目始于 2017 年。2018 年 3 月，吕忠梅向全国政协十三届一次会议提交了《将环境法典编纂纳入十三届全国人大立法计划》的提案。

今年"两会"期间，吕忠梅表示，我国编纂环境法典的条件已经成熟，建议尽快启动编纂工作。那么，为什么我国也要编一部环境法典，现在的研究有何进展？环境法典又可能会是一部什么样的法典？新京智库为此专访了吕忠梅。

---

*本文原载于《新京报》2022 年 4 月 24 日，记者肖隆平，原标题为《专访吕忠梅：编纂一部体现时代特色、中国特色的生态环境法典》。

中国已进入"法典时代"

记者：2021 年 1 月 1 日，民法典正式实施。为什么要提出编纂环境法典？

吕忠梅：法典是大陆法系最高立法形式，是国家法治现代化的显著标志。中国现行立法继承了大陆法系传统，也会以法典形式推进国家治理体系变革，提升法律实施效率。民法典是新中国成立以来第一部以"法典"命名的法律，标志着中国进入了法典时代。

是否启动法典编纂，首先是一个政治决策，或者说意味着一个国家的社会经济发展是否需要以法典形式加以规范。我们知道，中国在 20 世纪 90 年代就确立了环境保护的"国策"地位，党的十六大提出了生态文明建设的概念，党的十八大将生态文明建设提升至"五位一体"总体布局，以习近平同志为核心的党中央把生态文明建设摆在党和国家工作的突出位置，开展了一系列根本性、开创性、长远性工作，决心之大、力度之大、成效之大前所未有，推动我国生态环境保护发生了历史性、转折性、全局性变化。2018 年，宪法修正案将"生态文明"写入宪法，并确立了建设"美丽中国"目标，表明生态文明建设已经成为宪法确定的国家目标，需要以立法方式将国家目标加以实现。

2020 年 11 月，习近平总书记在中央全面依法治国工作会议上强调，要总结编纂民法典的经验，适时推动条件成熟的立法领域法典编纂工作。2021 年 4 月，全国人大常委会公布立法计划，宣布启动环境法典、教育法典、行政基本法典等条件成熟的行政立法领域的法典编纂研究工作，这是对环境法典编纂的政治决断。

是否需要编纂法典，还需要看立法的基础条件。一般而言，只有对一个国家最基础的经济社会关系进行调整，并且有良好立法基础的领域，才会进行法典编纂。从生态环境保护领域看，一方面，生态文明建设已经成为中国"五位一体"总体布局的组成部分，所涉及的经济社会关系具有基础性；另一方面，我国从 1979 年颁布第一部环境保护法律到现在，在环境立法领域已经有了 30 多部法律，这些法律基本涵盖了生态环境保护的各个方面，初步形成了法律体系；但也还存在碎片化、相互掣肘等现象，这在客观上也有通过法典编纂将相关法律统一理念、统一规范、统一尺度的需求。

记者：对很多人来说，法典是因为有了民法典才知道的一个法律概念。作为学者，您怎么理解法典？

吕忠梅：对每一个法律学习者而言，法典是入门的概念；对于法律研究者来说，编纂法典是最高的学术理想。法典并不是西方才有，也不是现代才有。法典最简单的解释就是系统化的成文法律，在这个意义上，中国的法典编纂已有 2000 多年的历史，最早是战国时期由李悝编纂的《法经》，唐朝的《唐律疏议》代表着我国古代法典的最高成就。在世界范围内，古巴比伦国王汉谟拉比（约公元前 1792—公元前 1750 年在位）也颁布了《汉谟拉比法典》。当然，近现代以来的法典编纂达到了更高水平，尤其是拿破仑主持编纂的《法国民法典》，对后世影响很大，正如他自己说的，不是战争而是法典征服了全世界。大家从民法典来了解"法典"这个概念也很正常。

在环境立法领域，1992 年前后有多个国家颁布了以"法典"命名的法律，还有一些国家的环境基本法虽然没有命名为"法典"，实际上也具有法典的内容。目前，我们已经组织翻译了 9 个国家的环境法典，比如瑞典、法国、德国、意大利、菲律宾、爱沙尼亚和哥伦比亚等。

在我国，学者们开始研究环境法典始于 1979 年《中华人民共和国环境保护法（试行）》的颁布。当初，立法机关提出要先制定《环境保护法》这个基础性法律，然后逐步制定相关单行法，这实际上是一个系统化的立法设想，学者们根据这个设想提出了在中国制定环境法典的主张。

自此以后，学者们对环境法典的研究从未停过。法典编纂是"政治决策＋法律体系化"，需要以体系化的法律知识作为基础才能实现，因此，法学家是法典编纂的重要力量。对环境法典而言，要把已有的 30 多部法律编纂成为一部法典，并不是简单地把这些法律编成一个册子，而是要形成一部完整的法律，其中有许多理论问题，需要学者长期积累研究成果。

最大挑战是无成熟经验可借鉴

记者：民法典是一个普遍的法律现象，环境法典与民法典有哪些不一样？

吕忠梅：是的。民法典是一个世界普遍的法律现象。自《法国民法典》开始，已经有上百个国家编纂了民法典。并且这些民法典都有非常好的传承性，自法国民法典开始，经过法学家的不断继承和发展，形成了非常成熟的民法知识体系和法典编纂技术。我们知道，《法国民法典》《德国民法典》《瑞士民法典》虽然在不同时代由不同国家编纂，但相互之间是继承关系，后面的法典都是在继承前面法典基础上结合时代发展、国情进行的法学理论创新和编纂技术创新，从每部民法典中都可以看到许多共同性的内容和方法。比如，《中国民法典》就是在借鉴《德国民法典》的编纂体例基础上，结合中国实际，将人格权、侵权责任独立成编，形成了具有中国特色的民法典体例。

环境法典与民法典有很大的不同。民法是私法，调整的是平等主体之间的财产和人身关系，关系到我们每个人的衣食住行。比如，我们从买商品房到买白菜，都是民法上的合同关系，因此，民法典也被称为人民生活的百科全书。环境法是跨越公法和私法的新型法律，比如，企业污染了环境，首先由环境行政机关加以监督检查，对违法者处以行政制裁；对于环境污染造成人的健康损害或财产损失，个人也可以到法院提起诉讼，请求法院判决企业予以赔偿。环境法典本质上是国家承担为人民提供良好生态环境责任的法律体系，既要规定环境保护的行政措施，也要规定人民的环境权利；既要对违法者进行行政、刑事制裁，也要对违法者科以民事法律责任。

记者：与民法典比较，环境法典编纂最大的挑战是什么？

吕忠梅：与民法典编纂最大的不同就是没有先例可循。我们通过各种途径寻找国外已有的以法典命名的环境立法文本，结果发现只有十来个国家制定或编纂了环境法典，数量非常少。

从文本上看，发现没有一个国家的环境法典体例、内容是相同的，"没有规律"是最大的特点。比如，有的叫环境法典，有的叫生态法典；更有意思的是意大利虽然以"法典"命名，但参与编纂工作的教授告诉我们，这不是一部真正意义上的法典。还有，法典的形式也有很大的不同，《法国环境法典》已经有了 7 卷，并且授权环境行政部门不断增加内容，厚厚一摞；《瑞典环境法典》有 33 章几百条；《菲律宾环境法典》只有 64 条，但菲律宾同时还有《环境政策》《水法典》《卫生法典》等多部相关法典。

在环境法典编纂没有先例可循的情况下，就得靠环境法学者通过理论研究去构建知识体系和法典逻辑。可以说，中国的环境法典能不能编纂出来，关键在于是否能够完成这个理论建构。这是一个全新的、创造性的工作，具有非常大的挑战性。

目前，我们正在朝着这个目标努力。

环境法典专家建议稿草案已经形成

记者：2021 年 4 月，全国人大已经提出启动环境法典编纂研究工作，是否意味着编纂条件已经成熟？

吕忠梅：启动法典编纂研究与启动法典编纂是两个概念。启动环境法典编纂研究意味着需要论证条件是否成熟，只有经过深入论证，得出条件已经成熟的结论，才能开始法典编纂工作。因此，当前的重要工作是围绕法典编纂的条件是否成熟展开研究。

法典编纂从来都是国家政治决策与法学家提供的法律知识体系紧密结合的结果。因此，我们说，法典编纂条件是否成熟，一般有四条标准：一是国家新的重大发展战略是否已经形成；二是社会发展是否有新要求；三是法治实践是否有客观需要；四是是否具有坚实的学术研究基础。

按照这些标准，环境法典编纂的基本条件是成熟的。首先是习近平生态文明思想和习近平法治思想对生态文明法治建设的指引，我国 2018 年的宪法修正案不仅将生态文明写入，而且明确了"美丽中国"建设的国家目标。中国经过改革开放，取得了巨大的历史成就，人民群众从过去的"盼温饱"到今天的"盼环保",从过去的"求生存"到今天的"求生态",向往更加美好的生活环境。这些是环境法典编纂的政治基础和民意基础。

从环境立法的现实情况看,我国虽然已经制定了 30 多部生态环境法律,但制定的时间从 20 世纪 70 年代到现在,时间跨度很大,有的法律经过反复修订,内部也存在一些矛盾。而且这些法律分别由不同职能部门牵头起草,按照各自职权设定管理制度,法律之间既有重复,又有空白,矛盾、冲突不少,导致法律执行比较困难。尤其是过去很长时间内把环境保护等同于污染防治,环境保护立法也主要集中于污染防治领域,这与生态文明体制改革所要求的"大环保"格局、与"人与自然和谐共生"的现代化还有很大距离,迫切需要补短板、强弱项、填漏洞,形成统一的法律制度体系。这是环境法典编纂的客观需求。

记者: 现在环境法典的研究工作取得了什么进展?

吕忠梅: 2017 年,中国法学会环境资源法学研究会启动"环境法典编纂研究"项目,到目前,已有 200 多名学者参与相关研究,主要是环境法学者,也有宪法、民法、刑法、经济法和能源法等不同学科的学者。

我们的项目包括"外国环境法典翻译出版""环境法典编纂基础理论""环境法典专家建议稿及其说明"3 个子课题。目前,已经翻译了 9 个国家的环境法典并陆续出版,6 月底前可全部完成;完成了 15 个基础理论研究课题,成果汇编为《中国环境法典研究文丛》5 本专著,去年已正式出版;也提出了一个 800 多条的《生态环境法典专家建议稿草案》及其说明。这些都是第一阶段的成果。

环境法典研究工作进入攻坚期

记者: 第一阶段后,又做了些什么?

吕忠梅: 去年下半年,环境法典编纂研究项目进入第二阶段,重点是对已经形成的专家建议稿草案进行深入论证,这是一个攻坚期。按照已经提出的"总则、污染控制编、自然生态保护编、绿色低碳发展编、生态环境责任编"的体例，逐编组织研讨和交流。目前，已经发表了近50篇论证文章，召开了数十场不同形式的研讨会，听取各方面意见建议。这些研讨对于完善专家建议稿草案非常有帮助。但是，来自各方面的意见建议很多，提出意见建议的角度也各不相同，如何既合理吸纳意见，又能与不同意见达成共识，非常难。

记者：翻译国外环境法典，从中收获了什么？

吕忠梅：我们组织力量对已经翻译的外国环境法典，以及一些国家没有法典名称但具有法典内容的环境基本法进行了研究，得到了三个启示。

首先，不管以什么方式命名，内容多少，都是以联合国提出并得到国际社会广泛认可的"可持续发展"作为逻辑主线。

其次，虽然各国法典化模式有形式编纂和实质编纂之分，但都有所取舍，保持一定的开放性。相对而言，《瑞典环境法典》采取了适度法典化模式，是我国学者一致认可的模式，就是在环境法典之外，还保留一定的单行法。

最后，各国环境法典都采取了与民法典一样的结构，也就是"总则+分编"结构。外国环境法典的这些共性，值得我们深入研究后加以借鉴。

记者：学者们提出的环境法典是什么样的？

吕忠梅：研究学者们对环境法典编纂达成了一些基本共识，这也是我们提出专家建议稿的基础。归纳起来，有几个方面：一是以"生态环境法典"命名，所以，我们提出的是《生态环境法典专家建议稿草案》；二是采取"总则+分编"，即由总则和分编体例来构建我国的环境法典；三是以可持续发展作为逻辑主线展开各编，就是根据可持续发展包含的"经济可持续、环境可持续和社会可持续"三大支柱，按照以人为本的社会可持续、构建地球生命共同体的生态可持续、实现人与自然和谐共生的现代化的经济可持续的顺序，形成污染控制编、自然生态保护编、绿色低碳发展编，前面有总则，最后有生态环境责任，是一个"总则—污染控制编—自然生态保护编—绿色低碳发展编—生态环境责任编"的体例。

为世界环境治理提供中国方案

记者：编纂一部法典牵涉面非常广，编纂"环境法典"是否也需要处理好与民法典、刑法等法律的关系？

吕忠梅：环境法典编纂必然涉及与民法典、刑法还有几大诉讼法关系的处理问题。按照我国立法模式，与刑法的关系处理相对简单，环境法典不能规定罪名，可以对罪状进行规范然后"转介"给刑法。

与民法典的关系处理相对复杂。中国民法典有"绿色民法典"的美誉，就是在民法典编纂时设置了一系列"绿色条款"，这些条款为环境法典编纂的衔接留下了空间。我们需要做的就是根据民法典"绿色条款"、结合环境法的属性，在"让民法的归民法，让环境法的归环境法"基础上，建立相应的沟通协调机制。

记者：环境法典编纂需要体现哪些特色？

吕忠梅：编纂环境法典必须解决好时代性、中国性、国际性三个问题，体现环境法典的时代特色、中国特色、国际贡献。

首先，人类进入生态文明时代，环境法典编纂必须回应时代问题。比如，如何满足人民对于更高环境权利的需求，如何保障生态安全，等等，这些都是我们今天所处的风险社会所面临的新问题。在环境法典编纂中，就要通过论证现代社会中人与自然的关系，为保障生态安全、保障人民的环境权作出制度安排。

其次，中国的环境法典必须具有中国特色。中国共产党自成立以来，就以为人民谋幸福、为民族谋复兴、为世界谋大同作为初心和使命，良好的环境是人民幸福、民族复兴的题中之义，贯彻落实习近平生态文明思想是环境法典编纂最大的特色。中国的环境法典必须长在中国的土壤里。自古以来，中国就有"道法自然""天人合一"的自然观，有"取之有时、节用有度"的法制观，有《法经》《唐律疏议》等"寓道于术"的法典编纂传统，这些都是我们进行环境法典编纂时应该继承和弘扬的优秀传统文化，也是中国特色的鲜明体现。

最后，只有一个地球，环境法典编纂必须回答如何为共建人类生命共同体提供中国方案的问题。自 1972 年以来，中国一直积极参与全球环境治理，走过了从发达国家的"跟跑者"，到"并跑者"，再到今天一些领域的"领跑者"的过程。中国的生态文明实践令世人瞩目，在气候变化应对、生物多样性保护、环境司法专门化等方面的经验被联合国高度认可并加以推广，中国生态文明建设的理念和制度也不断被国际环境保护文件所采纳。

在这种背景下，环境法典编纂采用"可持续发展"这个全球环境立法最大的共识作为逻辑主线，就是希望运用世界通行的生态环境法治语言，为全球环境治理提供完整系统的中国方案，形成可为他国所效仿、所借鉴的法典编纂中国模式。

附录：历届环境类议案、建议、提案、社情民意信息

领衔提出的环境类议案

2003—2007 年

十届一次会议　　关于制定长江法的议案

十届一次会议　　关于制定专门法律实现依法调水的议案

十届一次会议　　关于修改电力法的议案

十届二次会议　　关于修改环境保护法的议案

十届二次会议　　关于修改行政诉讼法的议案

十届三次会议　　关于修改民事诉讼法的议案

十届四次会议　　关于建立环境公益诉讼制度的议案

十届五次会议　　关于制定清算法的议案

2008—2012 年

十一届一次会议　　关于修改刑法的议案

十一届一次会议　　关于修改合同法的议案

十一届一次会议　　关于修改行政诉讼法的议案

十一届二次会议　　关于尽快制定自然保护区法的议案

十一届二次会议　　关于修改环境保护法的议案

十一届二次会议　　关于修改刑法　完善环境犯罪制度的议案

十一届三次会议　　关于制定环境损害赔偿法的议案

2013—2017 年

十二届一次会议　　关于制定自然保护地法的议案

十二届一次会议　　关于修改环境保护法的议案

十二届一次会议　　关于制定环境与健康法的议案

十二届二次会议　　关于修改环境保护法的议案

十二届二次会议　　关于制定土壤污染防治法的议案

十二届三次会议　　关于修改大气污染防治法的议案

十二届四次会议　　关于修改水污染防治法的议案

十二届四次会议　　关于制定长江法的议案

十二届四次会议　　关于制定土壤污染防治法的议案

十二届五次会议　　关于制定长江法的议案

十二届五次会议　　关于制定环境法典的议案

领衔提出的环境类建议

2003—2007 年

十届五次会议　　关于完善我国渔业权立法的建议

十届五次会议　　关于建立综合性的农产品安全监管体系的建议

十届五次会议　　关于进一步改进农民培训工作　全面提高农民综合素质的建议

2008—2012 年

十一届一次会议　　关于建立环境公益诉讼制度　促进人与自然和谐发展的建议

十一届一次会议　　关于设立环境审判庭的建议

十一届一次会议　　关于加强追究污染肇事企业负责人刑事责任的建议

十一届一次会议　　关于强化地方政府环保行政问责制的建议

十一届二次会议　　关于建立以健康保障为中心的环境标准制度的建议

十一届二次会议　　关于加强环境司法保护的建议

十一届三次会议　　关于进一步加强环境资源司法保护的建议

十一届三次会议　　关于加强环境健康风险评价体系建设的建议

十一届四次会议　　关于完善民事诉讼审判监督程序法律规定的建议

十一届四次会议　　关于推进能动司法，大力促进环境司法保护的建议

十一届四次会议　　关于解决农村垃圾问题的建议

十一届五次会议　　关于修改水电工程"三通一平"有关规定的建议

十一届五次会议　　关于修改《环境保护法》的建议

2013—2017 年

十二届二次会议　　关于加快对页岩气勘探开发环境管理的建议

十二届二次会议　　关于制定全国煤炭消费总量控制目标的建议

十二届二次会议　　关于吸纳地方立法经验　修改《水污染防治法》的建议

十二届三次会议　　关于保障环境公益诉讼制度有效实施的建议

十二届三次会议　　关于进一步完善环境审判专门化体制机制的建议

十二届三次会议　　关于高度重视湿地生态功能，加强潮间带滩涂和候鸟保护的建议

十二届三次会议　　关于实施新环保法规定的环境与健康保护制度的建议

十二届三次会议　　关于完善中国特色社会主义法律体系，加强生态环境法治的建议

十二届四次会议　　关于加快建立环境与健康工作管理制度的建议

十二届四次会议　　关于建立环境诉讼资金管理制度的建议

十二届四次会议　　关于进一步推进环境司法专门化的建议

十二届五次会议　　关于加快推进全国碳市场信息公开的建议

十二届五次会议　　关于生态文明入宪的建议

环境类提案

2015—2017 年

十二届四次会议　关于将东台市条子泥滨海滩涂湿地列为海洋湿地水鸟自然保护区的提案

十二届四次会议　关于建立健全国家环境与健康制度的提案

十二届五次会议　关于完善国家环境与健康管理体制机制的提案

十二届五次会议　关于进一步落实大气法信息公开要求　推动重点排污单位自动监测数据公开的提案

2018—2022 年

十三届一次会议　关于编纂环境法典的提案

十三届一次会议　关于将《自然保护地法》纳入全国人大立法计划的提案

十三届一次会议　关于完善城市雨水收集系统 建设"活水城市"的提案

十三届一次会议　关于在《土壤污染防治法》中首先建立生态环境损害赔偿制度的提案

十三届一次会议　关于在新一轮机构改革中完善环境与健康管理体制的提案

十三届一次会议　关于支持和保障社会组织开展环境公益诉讼的提案

十三届二次会议　关于制定综合性长江保护法的提案

十三届二次会议　　关于统筹推进国家公园与自然保护地立法的提案

十三届三次会议　　关于在党中央、国务院重大决策部署中重新定位自然资源资产负债表的提案

十三届四次会议　　关于制定《自然保护地法》的提案

十三届四次会议　　关于有效破解人兽冲突问题的提案

十三届四次会议　　关于碳达峰碳中和目标实现立法"三步走"的提案

十三届五次会议　　关于加强海洋生态环境保护立法工作的提案

十三届五次会议　　关于完善生态环境保护综合行政执法机制的提案

环境类社情民意信息

2014 年 12 月　　确定优先领域　出台相关政策　为《环境保护法》实施积累经验

2014 年 12 月　　完善相关制度　推进《环境保护法》实施

2016 年 7 月　　关于制定《长江法》建立长江经济带管理新体制的建议

2018 年 8 月　　基层环保执法一线人员关于"打好污染防治攻坚战"的建议

2020 年 2 月　　关于健全新冠肺炎疫情期间生态环境执法体制机制的建议

2020 年 11 月　　关于将环境法典编纂纳入"十四五"立法规划的建议

2021 年 8 月　　关于完善国家公园体制改革法定程序的建议

2021 年 10 月　　关于优化医用胶片使用管理的建议

2022 年 1 月　　编纂环境法典　保障生态福利　促进共同富裕

2022 年 6 月　　关于健全碳市场数据质量责任的建议

2022 年 6 月　　编纂环境法典　促进和保障绿色低碳发展

2022 年 7 月　　关于对地方法规中"没收犬只"行政处罚进行合法性审查的建议

图书在版编目（CIP）数据

廿载履职录：写在绿水青山间的环境法论文 / 吕忠梅
著 . -- 北京：中国文史出版社，2024.10. --（政协委员文库）.
-- ISBN 978-7-5205-4921-9

Ⅰ . D922.684-53

中国国家版本馆 CIP 数据核字第 2024GY3419 号

责任编辑：李晓薇　装帧设计：杨飞羊

出版发行：中国文史出版社

社　　址：北京市海淀区西八里庄路 69 号　邮编：100142

电　　话：010-81136601 81136698 81136648（联络部）
　　　　　　010-81136606 81136602 81136603（发行部）

传　　真：010-81136677 81136655

印　　装：北京科信印刷有限公司

经　　销：全国新华书店

开　　本：710mm×1000mm　1/16

印　　张：23.75

字　　数：342 千字

版　　次：2025 年 3 月北京第 1 版

印　　次：2025 年 3 月第 1 次印刷

定　　价：78.00 元